"十三五"职业教育规划教材

汽车检测与维修基础技能训练

孙国君　张维军　主　编
马银余　谈春林　副主编

化学工业出版社

·北京·

本书内容包括汽车发动机构造与维修、汽车底盘构造与维修、汽车电器构造与维修、汽车发动机电控系统与检修、汽车底盘电控系统与检修、常用设备6个部分，每部分内容按照汽车维修工应知应会的原则分成若干项目进行检测维修的训练学习。书中项目均源于维修现场，每个项目后面有相关知识，便于理论与实际操作相结合，以达到快速掌握汽车维修知识，提高处理汽车实际故障的分析能力的目的。

本书可作为职业院校、成人高校汽车专业教材，也可用于维修工培训使用。同时，本书也适合汽车维修及相关人员学习使用。

图书在版编目（CIP）数据

汽车检测与维修基础技能训练/孙国君，张维军主编.
北京：化学工业出版社，2017.11（2022.9重印）
"十三五"职业教育规划教材
ISBN 978-7-122-30637-1

Ⅰ.①汽…　Ⅱ.①孙…②张…　Ⅲ.①汽车-故障检测②汽车-车辆修理　Ⅳ.①U472

中国版本图书馆CIP数据核字（2017）第227972号

责任编辑：韩庆利　　　　　　　　　　文字编辑：张绪瑞
责任校对：宋　夏　　　　　　　　　　装帧设计：史利平

出版发行：化学工业出版社（北京市东城区青年湖南街13号　邮政编码100011）
印　　装：天津盛通数码科技有限公司
787mm×1092mm　1/16　印张13¼　字数349千字　2022年9月北京第1版第3次印刷

购书咨询：010-64518888　　　　　　　售后服务：010-64518899
网　　址：http://www.cip.com.cn
凡购买本书，如有缺损质量问题，本社销售中心负责调换。

定　价：32.00元　　　　　　　　　　　　　　　　　　版权所有　违者必究

近年来，我国汽车产销量连续保持世界第一。汽车工业在我国已经得到快速的发展，汽车工业和相关产业已经占到国民经济发展的很大比例。

汽车工业的发展，带动了汽车服务产业人才需求，汽车营销、汽车维修、汽车养护等人才需求放大。如何培养动手能力强，理论知识丰富，适应能力强的汽车维修、养护等相关技术人员，是我们的目标。

本书内容包括汽车发动机构造与维修、汽车底盘构造与维修、汽车电器构造与维修、汽车发动机电控系统与检修、汽车底盘电控系统与检修、常用汽车维修保养设备六个方面，是汽车专业教师及企业专家多年共同推荐整理出的，针对汽车维修工应知应会内容的训练项目。内容的设计，理论以够用为度，加大综合性、设计性、应用性内容的比重，选择的内容均是源于维修现场，做到"真题真做"，以培养训练获取和处理实际故障的分析能力，以及对典型装置的组装、测试和性能实验的能力，做到了与维修现场零距离。

本书由孙国君、张维军主编，马银余、谈春林副主编，杜文锁、王加升、胡天明参编。郑劲教授帮助严格筛选项目内容，并会同孙怀君、冯乐雯、颉方正等商议选定，在此一并表示感谢。

本书可作为职业院校、成人高校汽车专业教材，也可用于维修工培训使用。同时，本书也适合汽车维修及相关人员学习使用。

最后，编写过程可能会有一定的疏漏，恳请同行予以指正。

编　者

目录 Contents

◎ 汽车发动机构造与维修　　　　　　　　　　　　　　1

一、气缸体检测 ……………………………………………………………… 1
二、气缸缸压检测 …………………………………………………………… 3
三、气缸磨损检测 …………………………………………………………… 5
四、气缸盖检测 ……………………………………………………………… 7
五、气缸垫检测 ……………………………………………………………… 9
六、油底壳检测 …………………………………………………………… 12
七、活塞检测 ……………………………………………………………… 13
八、活塞环检测 …………………………………………………………… 16
九、连杆检测 ……………………………………………………………… 19
十、曲轴检测 ……………………………………………………………… 22
十一、飞轮检测 …………………………………………………………… 26
十二、气门间隙调整 ……………………………………………………… 28
十三、气门检测 …………………………………………………………… 30
十四、气门传动组检测 …………………………………………………… 33
十五、气门座圈检测 ……………………………………………………… 36
十六、正时皮带检测 ……………………………………………………… 39
十七、电动油泵检测 ……………………………………………………… 40
十八、活性炭罐检测 ……………………………………………………… 42
十九、汽油滤清器更换 …………………………………………………… 44
二十、喷油器检测 ………………………………………………………… 46
二十一、燃油压力检测 …………………………………………………… 49
二十二、燃油压力调节器检测 …………………………………………… 52
二十三、机油检测与更换 ………………………………………………… 54
二十四、机油压力检测 …………………………………………………… 56
二十五、机油泵检测 ……………………………………………………… 58
二十六、水泵检测 ………………………………………………………… 61
二十七、节温器及散热器检测 …………………………………………… 63
二十八、电动风扇及热敏开关检测 ……………………………………… 68
二十九、冷却系渗漏检测 ………………………………………………… 71

◎ 汽车底盘构造与维修　　　　　　　　　　　　　　73

一、鼓式制动器检测 ……………………………………………………… 73
二、盘式制动器检测 ……………………………………………………… 74

三、液压制动系统检测 …… 75
四、离合器自由间隙检测 …… 76
五、减震器检测 …… 77
六、单级圆锥齿轮检测 …… 78
七、变速器检测 …… 79

◎ 汽车电器构造与检修　81

一、常用检测工具使用 …… 81
二、蓄电池技术状况检测及充电 …… 83
三、发电机拆装与检验 …… 84
四、充电系电路及故障检测 …… 86
五、启动机拆装、调整及检测 …… 87
六、启动系电路检测及故障诊断 …… 89
七、点火系电路检测及故障诊断 …… 91
八、点火正时检查与调整 …… 93
九、前照灯检查与调整 …… 94
十、转向灯与危险报警灯电路故障诊断与排除 …… 95
十一、汽车喇叭故障诊断与排除 …… 96
十二、仪表故障诊断 …… 98
十三、汽车雨刮与喷水清洗系统故障诊断与检修 …… 100
十四、汽车电动车窗故障诊断与排除 …… 101
十五、汽车中控锁故障诊断与排除 …… 103
十六、汽车空调的常规检测及抽真空与充注制冷剂 …… 104

◎ 汽车发动机电控系统与检修　106

一、电控发动机传感器及执行器的认识 …… 106
二、电控系统电路识图 …… 107
三、空气流量计检测 …… 115
四、节气门位置传感器检测 …… 119
五、冷却液温度传感器检测 …… 124
六、曲轴位置传感器检测 …… 126
七、凸轮轴位置传感器检测 …… 130
八、氧传感器检测 …… 131
九、爆震传感器检测 …… 135
十、电动汽油泵检测 …… 137
十一、燃油压力调节器检测 …… 140
十二、喷油器检测 …… 142
十三、炭罐电磁阀检测 …… 144
十四、点火模块检测 …… 147
十五、进气歧管压力传感器检测 …… 150

◎ 汽车底盘电控系统与检修　152

一、液力变矩器检测 …… 152

二、内啮合油泵拆装及检测 …………………………………………… 156

三、离合器检测 …………………………………………………………… 160

四、制动器检测 …………………………………………………………… 164

五、行星排及单向离合器检测 ………………………………………… 167

六、AT主要传感器、执行器检测 ……………………………………… 171

七、自动变速器油检查及更换 ………………………………………… 177

八、选挡杆位置、空挡启动开关检测 ………………………………… 179

九、时滞试验 ……………………………………………………………… 183

○ 常用汽车维修保养设备　　185

一、亨特四轮定位操作 ………………………………………………… 185

二、自动变速箱换油机的使用 ………………………………………… 194

三、汽车剪式举升机的使用 …………………………………………… 196

四、汽车两柱举升机的使用 …………………………………………… 198

五、制冷剂回收加注机的操作说明 …………………………………… 200

六、万用表的使用 ………………………………………………………… 205

○ 参考文献　　208

汽车发动机构造与维修

一、气缸体检测

项目卡号：001

班级		姓名		学号	
类别	汽车发动机的检修		项目		气缸体检测
工量具	刀口尺、直尺、塞尺等				
检测要点	(1)气缸体的主要损伤是裂纹和变形 (2)裂纹的检验应先目测是否有裂纹，必要时作水压试验，且裂纹多发生在进、排气门座之间 (3)变形多为气缸盖与气缸体结合面的平面度误差过大，即测量气缸下平面和气缸体的上平面的平面度误差				
技术标准及要求	(1)气缸体变形，上平面最大变形量为 0.05mm (2)气缸盖变形，下平面表面最大变形量为 0.05mm，进气歧管侧平面为 0.10mm，排气歧管侧平面为 0.10mm				
注意事项	(1)气缸体的上平面、气缸盖的下平面不能直接放在工作台上或地面上，下面应垫木方 (2)清洁气缸体的上平面、气缸盖的下平面时不能用榔头敲击，以免造成新的变形或损坏 (3)用压缩空气吹净气缸体的上平面和气缸盖的下平面上的清洁物时，要戴好护目镜，气枪不能朝向人吹 (4)刀口尺要轻拿轻放，避免与测量表面冲击而产生变形或损坏 (5)清洁液溅到地面上要及时清洁，以避免因地面湿滑而造成人身伤害				
实测数据	裂纹的检查： 变形的测量：				
计算结果	每 50×50 范围最大值	气缸体		整个平面的平面度误差	气缸体
平面度误差标准	每 50×50 范围	≤0.05mm		整个平面的平面度误差	≤0.20mm
是否修理	○是　　○否		修理意见		
检测方法及步骤	(1)量具使用(示范) (2)测量方法(示范) (3)测量数据分析(讲解)				
得分		考评人签名		日期	年　月　日

 气缸体检测相关知识

水冷发动机的气缸体与上曲轴箱制成一体。气缸体上部为圆柱形空腔（气缸），下半部为支承曲轴的曲轴箱。气缸体内部铸有水套、润滑油道和加强筋。

1. 气缸体应具有的性能
① 足够的强度和刚度。
② 良好的冷却性能。
③ 足够的耐磨性。

2. 气缸体的分类
根据气缸体与油底壳安装平面位置的不同，可以将其分为 3 种形式：一般式气缸体、龙门式气缸体和隧道式气缸体。

3. 气缸的排列方式
汽车发动机气缸的排列方式基本有 3 种形式：直列式、V 形和对置式。其中，常用的有两种：直列式，多用于六缸以下的发动机；V 形，多用于六缸以上的发动机。

4. 检查维修事项
（1）裂纹　气缸体产生裂纹的原因主要有：曲轴在高速转动时产生振动，在气缸体的薄弱部位发生裂纹；发动机处于高温状态时突然加入大量冷水，或因水垢积聚过多而散热不良，使水道壁产生裂纹；在冬天及寒冷地区未加注防冻液的车辆，致使水道冻裂；镶换气缸套时，过盈量选择过大或压装工艺不当造成气缸局部裂纹；装配螺栓时拧紧力矩过大，或镶套修复损坏的螺纹孔时其过盈量选择过大等，产生原螺纹孔裂损。

（2）变形　气缸体在使用过程中发生变形是普遍存在的。由于拆装螺栓时力矩过大或不均，或不按顺序拧紧以及在高温拆卸气缸盖等原因，也会造成气缸体与气缸盖的结合平面翘曲变形。在发动机修理中，各主轴承与主轴颈的径向间隙不均匀，主轴承与座孔贴紧度不足，使气缸体承受额外力的作用，也会引起气缸体的变形。

气缸体上、下平面在螺纹孔周围产生凸起，其多数是由于装配时气缸盖螺栓扭紧力过大，装配时螺纹孔内污物清理不净，螺孔承受的工作拉力过大而引起的。

气缸盖变形是指与气缸体的结合平面翘曲变形，是一种常见的损伤形式。这种损伤通常是由于拆卸气缸盖时操作不当，以及未按气缸盖规定的顺序和拧紧力矩操作所致。

（3）磨损

① 气缸的磨损特点：在正常情况下，气缸的磨损特点是不均匀磨损。气缸沿工作表面在活塞环运动区域内呈上大下小的不规则锥形磨损（如图 1-1 所示）。磨损的最大部位是活塞在上止点位置时第一道活塞环相对应的气缸壁，而活塞环接触不到的上口几乎没有磨损而形成了明显的"缸肩"。气缸沿圆周方向的磨损形成不规则的椭圆形。其最大磨损部位往往随气缸结构、使用条件不同而不同，一般前后或左右方向磨损最大。

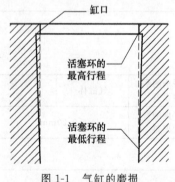

图 1-1　气缸的磨损

② 气缸磨损原因：气缸是在润滑不良、高温、高压、交变负荷和有腐蚀性物质作用的恶劣环境下工作的，同时由于活塞、活塞环在气缸内高速往复运动，使气缸工作表面发生磨损。

二、气缸缸压检测

项目卡号：002

班级		姓名		学号	
类别	汽车发动机的检修		项目		气缸缸压检测
工量具	火花塞套筒、缸压表、发动机总成等				
检测要点	(1) 必须保证有足够的启动转速，蓄电池电量充足，发动机水温在正常温度(80℃)以上 (2) 完全打开节气门和阻风门 (3) 发动机应达到正常工作温度 (4) 对于电子点火式发动机，应将插接在分电器盖上的中心高压线拔掉，并将其搭铁，防止电子元件被高压电击坏 (5) 对于装有燃油切断电磁阀的应拆开燃油切断电磁阀插接件 (6) 拆除全部火花塞及空气滤清器，并切断油路				
技术标准及要求	(1) 汽油机压缩压力不低于原厂规定标准值的 8%～10% (2) 柴油机压缩压力不低于原厂规定标准值的 10%～15% (3) 用缸压表逐缸测量，每缸测量3次，取最大值 (4) 启动发动机时，连续打车不超过5s，两次启动发动机时间间隔不少于30s (5) 各缸缸压不低于规定值的 8%，各缸缸压差应不大于 3%				
实测数据					
检测方法及步骤	(1) 发动机正常运转，使水温达 75℃以上 (2) 停机后，拆下空气滤清器，用压缩空气吹净火花塞或喷油器周围的灰尘和脏物，然后卸下全部火花塞或喷油器，并按气缸次序放置 (3) 对于汽油发动机，还应把分电器中央电极高压线拔下并可靠搭铁，以防止电击和着火，然后把气缸压力表的橡胶接头插在被测缸的火花塞孔内，扶正压紧 (4) 节气门和阻风门置于全开位置，用启动机转动曲轴 3～5s(不少于四个压缩行程)，待压力表头指针指示并保持最大压力后停止转动。取下气缸压力表，记下读数，按下单向阀使压力表指针回零。按上述方法依次测量各缸，每缸测量次数不少于两次 注：就车检测柴油机气缸压力时，应使用螺纹接头的气缸压力表。如果该机要求在较高转速下测量，此种情况除受检气缸外，其余气缸均应工作。其他检测条件和检测方法同汽油机				
得分		考评人签名		日期	年 月 日

气缸缸压检测相关知识

1. 测量方法及数值的确定

在测量气缸压力之前，应先卸下所有的火花塞，将回至零位的测量表触在被测气缸火花塞座孔处（有的气缸压力表旋拧在火花塞孔上）。启动发动机，观察并记住表针第一次跳动所指的数值。松开启动机，使表针回零位。经同样程序反复测量，但每次测量应以表针第一次跳动所能达到的最高数值为标准。表针第一次所能跳到的数值就是该缸的真实压力。如前后测量出现高低不均时，低数值说明活塞不是在充分进气和压缩时刻启动的。值得强调的是，每个气缸必须反复测量几次才能认定该缸的确切数值。

2. 为什么要测量气缸压力

（1）因气缸压力标志着气缸的压缩性能，气缸的压缩压力是衡量发动机技术状况的一个重要参数。通常采用测量气缸压力来确定发动机技术状况是否正常，或者借以判断发动机动力不足的故障所在。

（2）由于气缸压力的大小与气缸的密封有直接关系，所以通过检查气缸压力，判断活塞环、气门是否漏气，气缸垫是否损坏而窜气。

（3）测量发动机各缸压力普遍较低，一般是由于气缸与活塞环的磨损而造成漏气；如个别气缸压力较低，一般是由于气缸拉伤，活塞环端口相对，气门烧蚀，关闭不严，气缸衬垫损坏等原因造成。如相邻两气缸压力较低，且两缸压力相等或近似，一般是由于两气缸间衬垫损坏或缸盖螺栓松动所致。

3. 测量气缸压力的具体方法

（1）测量气缸压力必须在发动机温度正常（75～85℃）后进行，必要时预热发动机。

（2）节气门、阻风门开启至最大位置，同时卸下空气滤清器。

（3）测量汽油机时，拆下全部火花塞，将气缸压力表紧压在被测气缸的火花塞孔上，用启动机使曲轴旋转三圈以上（发动机转速应为100～150r/min）；柴油车应拆下全部喷油嘴，压力表接于喷油嘴安装孔上，用启动机带动发动机旋转（发动机转速应为500r/min时）。

（4）取下气缸压力表，正确读数，为确保测得数据准确，各缸依次测量两次。并做好记录，逐缸测量，其数值应符合原厂规定。对于汽油机来讲，同一台发动机各缸压力差一般不应超过其平均值的5%，柴油机一般不应超过其平均值的8%。

（5）测量气缸压力时，还应注意海拔高度对气缸压力的影响，随海拔升高，大气压力降低，气缸进气量不足，会导致气缸压力下降。海拔高度每上升1km，气缸压力约下降60kPa。

三、气缸磨损检测

项目卡号：003

班级		姓名		学号		
类别	汽车发动机的检修		项目		气缸磨损检测	
工量具	外径千分尺、量缸表等					
检测要点	(1)测量气缸磨损程度是确定发动机技术状况的重要手段。通过测量,主要是确定气缸磨损后的圆度、圆柱度,根据气缸的磨损程度,确定发动机是否需要进行大修,以及确定修理尺寸 (2)上止点位置:一般是距离气缸上边缘10mm处对应的气缸壁 (3)中间支点位置,一般是上、下止点之间的中间位置;下支点位置,一般是距气缸下边缘10mm左右处 (4)在每个测量平面分别测量垂直和平行于曲轴轴线方向的气缸直径 (5)前、后两缸或"缸肩"较深的气缸作为重点测量对象 (6)圆度误差就是指:被测气缸同一断面上不同方向最大与最小直径差值之半 (7)圆柱度误差就是指:被测气缸不同截面上所测最大最小直径差值之半					
技术标准及要求	(1)用量缸表进行测量时,应注意使测杆与气缸轴线保持垂直,以确保测量的准确性。当摆动量缸表时,其指针指示到最小读数时,即表示测杆已垂直于气缸轴线,此时才能记录读数 (2)大多数气缸发动机前后2缸磨损最为严重。这是因为前后2缸冷却强度大,在低温条件下工作时间长,腐蚀磨损严重的缘故。因此,量缸的目的如果是为了确定是否修理,应重点测量前后2缸 (3)气缸圆度公差:汽油机为0.05mm,柴油机为0.065mm (4)气缸圆柱度公差:汽油机为0.20mm,柴油机为0.25mm (5)气缸修理标准:前后两个气缸中任意一个气缸圆度误差达到0.05~0.063mm或圆柱度误差达到0.175~0.250mm时需要大修 (6)大修标准:能换缸套者换缸套,不能换缸套的镗缸。镗缸0.25为一级,轿车通常最高为四级,而货车最高为六级,第一级不修,从第二级开始镗					
检测方法及步骤	(1)根据气缸的公称尺寸选择合适的接杆,固定在量缸表的下端。接杆固定好后与活动测杆的总长度应大于被测气缸的公称尺寸 (2)将百分尺校准到被测气缸的公称尺寸,再用百分尺将量缸表的活动测杆校正到该尺寸,并使伸缩杆有2mm左右的压缩行程,旋转表盘使表针对正"0"位 (3)在气缸距气缸体上平面约25mm的某一截面上,沿气缸壁内圆作多点测量,所测得的最大数值为该截面上的长轴数值,在同一截面上,与长轴成垂直方向测出该截面的最小直径,该直径数值为短轴数值 (4)在气缸全长的中间部位用相同方法测出该截面的长轴和短轴数值 (5)在距气缸下沿10mm范围内测出同一截面的长轴和短轴数值 (6)以最大磨损截面处长轴和短轴差值的一半为所测气缸的圆度偏差;以气缸全长范围内所测全部6个数值中,最大直径与最小直径差值的一半为该气缸的圆柱度偏差					
计算结果	圆度误差			圆柱度误差		
是否修理	○是 ○否		修理意见			
得分		考评人签名		日期	年 月 日	

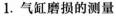

气缸磨损检测相关知识

1. 气缸磨损的测量

测量气缸的磨损程度是确定发动机技术状况的重要手段。通过测量,主要是确定气缸磨损后的圆度、圆柱度,根据气缸的磨损程度,确定发动机是否需要进行大修,以及确定修理尺寸。

测量气缸磨损通常使用量缸表（见图1-2）,测量方法如下。

① 根据气缸直径的尺寸,选择合适的接杆,装入量缸表的下端。接杆装好后与活动伸缩杆的总长度应与被测气缸尺寸相适应。

② 校正量缸表的尺寸。将外径千分尺校准到被测气缸的标准尺寸,再将量缸表校准到外径千分尺的尺寸,并使伸缩杆有 1~2mm 的压缩行程,旋转表盘使表针对准零位。

③ 将量缸表的测杆伸入到气缸的上部,根据气缸磨损规律测量第一道活塞环在上止点位置时所对应的气缸壁 S_1 平面。

④ 量缸表下移,测量气缸中部和下部的磨损。气缸中部为上、下止点中间的位置 S_2 平面,气缸下部为距离气缸下边缘 10~20mm 处 S_3 平面。

用量缸表进行测量时,应注意使测杆与气缸轴线保持垂直位置,以达到测量的准确性。当摆动量缸表,其指针指示到最小读数时,即表示测杆已垂直于气缸轴线,这时才能记录读数,否则,测量不准确。

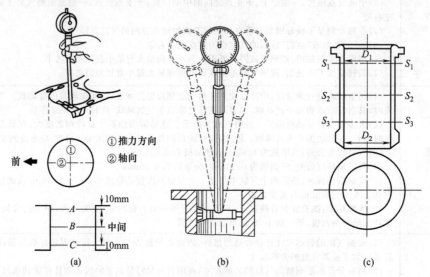

图 1-2　量缸表的方法和主要测量点

2. 圆度误差和同柱度误差

圆度误差是指同一横截面上磨损的不均匀性。用同一横截面上不同方向测得的最大与最小直径差值之半作为圆度误差。圆柱度误差是指沿气缸轴线的轴向截面上磨损的不均匀性。其数值是被测气缸表面任意方向所测得的最大与最小直径差值之半。

气缸圆度公差:汽油机为 0.05mm,柴油机为 0.065mm。气缸圆柱度公差:汽油机为 0.20mm,柴油机为 0.25mm。如超出此范围,则应进行镗缸修理。

四、气缸盖检测

项目卡号：004

班级		姓名		学号	
类别	汽车发动机的检修		项目		气缸盖检测
工具	直尺、塞尺、刀口尺等				
检测要点	(1)气缸盖的主要损伤是裂纹和变形 (2)裂纹的检验应先目测是否有裂纹，必要时作水压试验，且裂纹多发生在进、排气门座之间 (3)变形多为气缸盖与气缸体结合面的平面度误差过大，即测量气缸下平面和气缸体上平面的平面度误差 (4)变形的气缸盖经过铣削或磨削修复后，将使燃烧室容积减少，压缩比增大，从而影响发动机的正常工作。因此对修复后的气缸盖必须进行燃烧室容积的测定。燃烧室的数值很难通过计算方法获得，通常是采用实际测量的方法，即由某种液体对燃烧室容积的充满量来确定燃烧室的近似值				
实训技术标准及要求	(1)下平面表面最大变形量为 0.05mm (2)进气歧管侧平面为 0.10mm (3)排气歧管侧平面为 0.10mm				
实训注意事项	(1)气缸盖的下平面不能直接放在工作台上或地面上，下面应垫木方 (2)清洁气缸盖的下平面时，不能用榔头敲击以免造成新的变形或损坏 (3)用压缩空气吹净气缸盖的上平面和气缸盖的下平面上的清洁物时，要戴好护目镜，气枪不能朝向人吹 (4)刀口尺要轻拿轻放，避免与测量表面冲击而产生变形或损坏 (5)清洁液溅到地面上要及时清洁，以避免因地面湿滑而造成人身伤害				
检测方法及步骤	(1)在燃烧室周围平面上涂以润滑油，铺上带中心小孔的平板玻璃使其与气缸平面有效配合 (2)用注射剂输入 200mL 的混合油液，然后从玻璃板的小孔向燃烧室里注入油液，直至液面同平板玻璃接触时停注 (3)观察注射器内剩余的油液，计算该燃烧室的实际容积 (4)依次测量并计算各缸燃烧室的实际容积 (5)彻底清洗检验的气缸盖的燃烧室，清除积炭、结胶和油污等，清洗后要呈现出金属颜色 (6)将火花塞拧入各缸火花塞螺孔，并按规定力矩拧紧 (7)将进排气门组按规定装在气门座上 (8)将气缸盖下平面朝上搁置在工作台上，并用水平尺调整至水平位置				
计算结果	每50×50范围最大值	气缸盖		整个平面的平面度误差	气缸盖
平面度误差标准	每50×50范围	≤0.05mm		整个平面的平面度误差	≤0.20mm
是否修理	○是　○否		修理意见		
得分		考评人签名		日期	年　月　日

气缸盖检测相关知识

1. 气缸盖

气缸盖用来封闭气缸的上部，并与活塞顶、气缸壁共同构成燃烧室。

气缸盖内有与气缸体相通的冷却水套、燃烧室、火花塞座孔（汽油机）或喷油器座孔（柴油机）、进排气道等，如图1-3所示。为制造和维修方便，减小变形对密封的影响，功率较大的柴油机多采用分开式气缸盖，即一缸、二缸或三缸一盖。而汽油机因缸径较小，缸盖负荷较轻，多采用整体式气缸盖。

气缸盖的材料常为优质灰铸铁或合金铸铁。目前铝合金气缸盖正在推广，且有取代铸铁的趋势。

图 1-3　气缸盖

裂纹：气缸盖的裂纹多发生在进、排气门座之间的过梁处，这是由于气门座或气门导管配合过盈量过大与镶换工艺不当所引起。

变形：气缸盖变形是指与气缸体的结合平面翘曲变形，是一种常见的损伤形式。这种损伤通常是由于拆卸气缸盖时操作不当，以及未按气缸盖规定的顺序和拧紧力矩操作所致。

2. 气缸体与气缸盖结合平面的检测

（1）气缸体与气缸盖结合平面的外观检验，检查有无磨损、损伤及裂纹。

（2）气缸体与气缸盖结合平面的平面度误差的检测。将刀口尺放在气缸体上平面，如图 1-4 所示的六个位置上，用塞尺测量刀口尺与上平面间的间隙，塞入塞尺的最大厚度值就是变形量，即为平面度误差。

气缸体与气缸盖结合平面的平面度要求见表 1-1，气缸体与气缸盖结合平面的平面度超过标准范围时，应予修复。

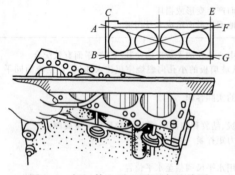

图 1-4　气缸体上平面平面度的检测

表 1-1　气缸体与气缸盖结合平面的平面度要求　　　　　　　　　　　　　　　　mm

测量范围	气缸长度	铸铁		铝合金	
		气缸体上平面	气缸盖下平面	气缸体上平面	气缸盖下平面
任意 50×50	—	0.05	0.025	0.05	0.05
整个平面	≤600	0.15	0.10	0.15	0.15
	>600	0.25	—	0.35	—

3. 气缸体与气缸盖裂纹的检修

气缸体裂纹的检查一般采用水压试验法。试验时，应用专用的装置封住气缸体水道口，用水压机将水压入缸体水道中，要求在 0.3~0.4MPa 的压力下，保持约 5min，应没有任何渗漏现象。

五、气缸垫检测

项目卡号:005

班级		姓名		学号	
类别	汽车发动机的检修	项目		气缸垫检测	
工具	直尺、塞尺等				
测量要点	(1)气缸垫的主要损伤是烧蚀、裂纹和变形 (2)气缸垫还应该检查和气缸盖各孔间的良好配合				
实训技术标准及要求	(1)气缸垫装于缸盖与缸体之间,通过缸盖螺栓保证气缸的密封,防止燃气、冷却水润滑油窜漏 (2)必须严密密封气缸内所产生的高温高压气体和贯穿缸垫的具有一定压力流速的冷却水与机油,并能经受住水、气和油的腐蚀 (3)常见缸垫烧蚀是由于高温高压燃气冲击缸垫,烧坏包口、护圈及石棉板,导致气缸漏气,润滑油、冷却水窜漏 (4)出现冲蚀气缸垫故障时,发动机动力性下降,气缸压力不足,加速性差,取下空滤器,发动机怠速时,进气管口可听见"啪啪"声 (5)缸垫烧损部位与水套孔相通:水箱出现冒气泡、开锅,出现排气冒白烟现象 (6)缸垫烧损部位与油道相通:部分机油会窜入缸内烧蚀掉,出现排气冒蓝烟现象 (7)缸垫烧损部位与外部大气环境相通:发动机动力性差,经济性恶化,并且从垫的破损处发出激烈的嚓嚓声				
缸垫烧蚀原因	(1)发动机长时间大负荷下工作,经常产生爆震燃烧,导致缸内局部高温高压而烧蚀缸垫 (2)紧固缸盖螺栓时,没有按规定要求进行操作,扭力不均会使缸垫没有平整地贴在缸体与缸盖的接合面上导致窜气 (3)点火提前角或喷油提前角过大,使之循环最高压力、最高温度过高 (4)缸垫质量较差、厚薄不均;包口内存有气泡,石棉铺设不均或包边不紧 (5)缸盖翘曲变形,缸体平面不平度超差,个别缸盖螺栓松动,导致密封不严 (6)驾驶操作方法不当,习惯猛加油门和急加速、高速运行,过大的压力加剧缸垫冲蚀				
缸垫烧蚀技术标准	(1)使用中除了通过检测气缸压力判断缸垫是否烧蚀外,还可取下水箱盖,启动发动机中速运转,观察水箱内有无气泡冒出,若发现水箱加水口不断有气泡冒出,称为缸垫烧蚀;其水面波动随发动机转速提高而加剧,同时有水喷出,则为气缸垫水道周围部分冲毁。这时可逐缸断火查出不工作的气缸,拆下火花塞电极检查是否有水珠;启动发动机,观察是否有水或水蒸气从火花塞孔喷出,即可确定缸垫是否烧损 (2)发动机工作时,用手沿缸垫四周移动,若感觉到有气体冲手谓之烧蚀。当缸垫损坏严重时,可在缸盖与缸体接合处有气泡冒出为缸垫密封失效 (3)使用中当发现水箱中水位下降较快,拔出机油尺检查发现机油中有水(机油颜色发黄甚至发白),谓之缸垫漏水;另外水箱中冷却水温度上升太快,经常开锅,加水口翻水花,而进水管无凹瘪现象,冷却水无明显消耗,为缸垫漏气,遇上述现象应予更换新缸垫				
得分		考评人签名		日期	年 月 日

  气缸垫检测相关知识

1. 检测事项

气缸垫用来保证气缸体与气缸盖结合面间的密封。气缸垫因接触高温、高压燃气,在使用中易被烧蚀,故要求它耐热、耐腐蚀,有足够的强度和一定的弹性,且拆装方便,能重复使用,寿命长。目前应用较多的有两种气缸垫:一种是金属-石棉气缸垫,如图1-5(a)~(d)所示;另一种为纯金属气缸垫,如图1-5(e)所示。近年来,国外一些发动机开始使用耐热密封胶以取代传统的气缸垫,要求气缸盖和气缸体的接合面有较高的加工精度。另外,国内正在试验用膨胀石墨作为气缸垫材料。

安装气缸垫时,首先要检查气缸垫的质量和完好程度,注意气缸垫的方向,所有气缸垫上的孔要和气缸体上的孔对正。其次要严格按说明书上的要求上好气缸盖螺栓。拧紧气缸盖螺栓时，必须以由中央对称地向四周扩展的顺序分2～3次进行，最后一次拧紧到规定的力矩。

气缸盖罩位于气缸盖上部，起封闭及防尘作用，一般由薄钢板冲压而成，其上设有注油孔。

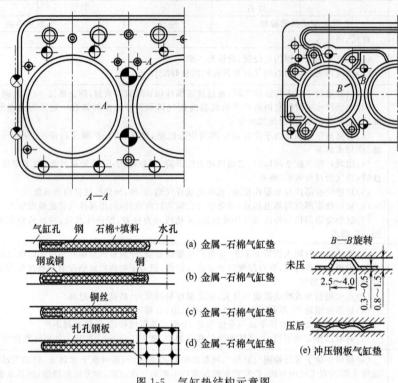

图 1-5 气缸垫结构示意图

2. 气缸盖的拆装与气缸垫的更换方法

（1）拆卸气缸盖螺母一定要在发动机冷却后进行。在热机状态下拆卸缸盖螺栓（部分发动机为螺母），气缸盖冷却后，会由于缸盖和缸盖螺栓冷却后的收缩力不同，发生挠曲变形，造成缸盖报废。

（2）拆卸顺序从缸盖两端对角逐渐向中间进行，螺栓分两次拧松，对于内六角或外六角螺栓必须使用专用套筒头，见图1-6。

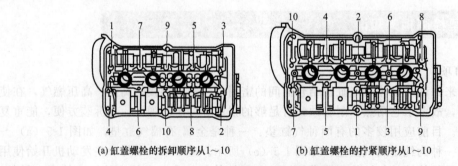

(a) 缸盖螺栓的拆卸顺序从1～10　　　(b) 缸盖螺栓的拧紧顺序从1～10

图 1-6 缸盖螺栓的拆卸和拧紧顺序

（3）缸盖紧的不要用铁器硬撬，可晃动进气歧管或排气歧管，也可旋转曲轴，比较紧的气缸盖就可以顺利地拆下来。

（4）装配前先将新的缸盖垫、气缸盖和气缸体的结合面擦洗干净。

（5）安装缸盖垫时一定要注意缸盖垫的装配方向，缸盖垫上有标识的，有"TOP"的一面应向上（朝缸盖）。气缸盖和气缸体都是铸铝的光滑面朝上。气缸盖和气缸体都是铸铁的，光滑面朝下（朝缸体）。装错方向容易漏水、漏气、冲坏缸盖垫。

（6）紧固缸盖螺栓时要从中间对角逐渐向两端进行。轿车气缸盖螺母要严格按规定的拧紧力矩要求进行紧固。常见为分2~3次拧紧，但也有四级拧紧法。

如CA488发动机规定螺栓转矩不低于122N·m。

第一级全部螺栓按顺序都拧到61N·m。

第二级全部螺栓按顺序都拧到88N·m。

第三级（复查）全部螺栓按顺序都拧到88N·m。

第四级在第三级基础上，全部螺栓按顺序再拧1/4圈，全部螺栓转矩应不低于122N·m。使用定扭扳手时，第三级全部螺栓按顺序和螺栓转矩紧完即可。

铝缸盖热机冷却后应按规定转矩和顺序再紧一遍。由于螺栓是钢的，缸盖是铝的，二者膨胀系数不同，在热机状态下紧螺栓，冷却后缸盖会发生变形，造成漏气、漏水。

注：缸盖螺栓转矩各厂家规定略有差异，但通常M12的螺母转矩为60N·m左右，M14的螺母转矩为90N·m左右，M16的螺母转矩为115N·m左右。

六、油底壳检测

项目卡号：006

班级		姓名		学号	
类别	汽车发动机的检修		项目		油底壳检测
工具	直尺、塞尺、套筒工具等				
测量要点	(1)油底壳的主要损伤是裂纹和变形 (2)油底壳还应该检查和气缸体之间的配合，检查放油螺栓的密封性能				
技术标准及要求	(1)油底壳是曲轴箱的下半部，又称为下曲轴箱。它是封闭曲轴箱作为储油槽的外壳，防止杂质进入，并收集和储存由柴油机各摩擦表面流回的润滑油，散去部分热量，防止润滑油氧化 (2)油底壳多由薄钢板冲压而成，形状较为复杂的一般采用铸铁或铝合金浇铸成形。内部装有稳油挡板，以避免柴油机颠簸时造成的油面震荡激溅，有利于润滑油杂质的沉淀，侧面装有量油尺，用来检查油量。此外，油底壳底部最低处还装有放油螺塞 (3)市面上见到的大多数车都是湿式油底壳，油底壳之所以命名为湿式油底壳是由于发动机的曲轴拐和连杆大头在曲轴每旋转一周会浸入油底壳的润滑油内一次，起到润滑作用，同时由于曲轴的高速运转，曲拐每次高速浸入油池内会激起一定的油花和油雾，对曲轴和轴瓦进行润滑，称之为飞溅润滑。这种润滑方式结构简单，不需另设机油箱，但车辆工作的倾斜度不可过大，否则会因断油、漏油而引发烧瓦拉缸事故 (4)干式油底壳用在很多赛车的发动机上。它没有在油底壳中储存机油，更为准确地说是没有油底壳。在曲轴箱的这些运动的摩擦表面都是通过一个个量孔压出机油进行润滑。由于干式油底壳发动机取消了油底壳的储存机油的功能，所以原油底壳的高度就大大降低了，发动机的高度也随之降低，重心降低带来的好处就是有利于操控。最主要的优点就是避免了发生湿式油底壳那些由于激烈驾驶而产生的种种不利的现象				
损伤原因	(1)油底壳更换时螺栓的拧紧方法错误 (2)油底壳密封垫长时间老化、龟裂 (3)油底壳放油螺栓拧紧力矩过大				
油底壳损伤技术标准	(1)油底壳周边出现漏油现象，应及时更换 (2)放油螺丝出现卡滞、垫片损坏应及时更换 (3)损伤不太严重的油底壳可以进行焊接				
得分		考评人签名		日期	年 月 日

油底壳检测相关知识

油底壳的作用是储存机油并封闭曲轴箱。油底壳一般用薄钢板冲压而成，如图1-7（a）所示；也有的发动机为达到良好的散热效果，而采用带散热片的铝合金铸造的轻金属油底壳，如图1-7（b）所示。

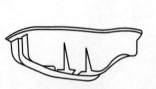
(a) 薄钢板油底壳

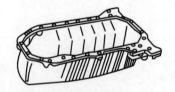
(b) 轻金属油底壳

图1-7　油底壳结构示意图

为保证发动机纵向倾斜时机油泵仍能吸到机油，油底壳中部或后部做得较深。有时在油底壳中还设有挡油板，以减轻油面波动。底部装有磁性的放油螺栓，可吸附润滑油中的铁屑，减少发动机的磨损。

七、活塞检测

项目卡号：007

班级		姓名		学号	
类别	汽车发动机的检修		项目		活塞检测
工具	外径千分尺、塞尺等				
测量要点	(1)活塞的常见损伤 (2)活塞的选配 (3)活塞销与座孔和连杆小头的连接检测				
技术标准及要求	(1)成套活塞中，其尺寸差一般为 0.02～0.025mm，质量差一般为 4～8g (2)活塞与缸壁的间隙通常在 0.0254mm 左右(越高档的车，间隙越小) (3)活塞的修理尺寸级别为+0.25mm，+0.50mm，+0.75mm，+1.00mm 四级，相邻两组的直径差为 0.010～0.015mm (4)在发动机大修过程中，活塞、活塞环和活塞销等作为易损件更换的，这些零件的选配是一项重要的工艺技术措施。所谓选配，即不完全互换性，就是以较大的公差加工零件通过分组选用来得到较高配合精度的工艺 (5)活塞的磨损主要是活塞环槽的磨损、活塞裙部的磨损和活塞销销孔的磨损 (6)活塞选配的要求：①选用同一修理尺寸和同一分组尺寸的活塞；②同一发动机必须选用同一厂牌的活塞；③在选配的成套活塞中，尺寸差和质量差应符合要求 注：活塞与缸壁间隙要合适				
检测方法及步骤	(1)活塞顶部：是燃烧室的组成部分，用来承受气体压力。主要检测有无严重烧蚀 (2)活塞头部：是活塞环槽以上的部分，用来承受气体压力，并传给连杆。主要检测环槽和环之间的配合间隙 (3)活塞裙部：是活塞在气缸内作往复运动导向和承受压力。主要检测其冷态情况下的活塞裙部的直径				
注意事项	(1)活塞销全浮式连接：活塞销能在连杆衬套和活塞销座孔中自由转动。主要检查连杆小头、活塞销、卡簧有没有磨损、发卡、卡簧脱落等 (2)半浮式连接：活塞销只能在活塞销座孔内自由摆动，和连杆小头没有相对运动 (3)在发动机正常工作时，全浮式活塞销与活塞销座和连杆衬套存在微小的间隙。因此，活塞销可以在销座和连杆衬套内自由转动，使得活塞销的颈向磨损比较均匀，磨损速率也较低 (4)选配原则：①同一台发动机应选用同一厂牌、同一修理尺寸的成组活塞销；②活塞销表面应没有任何锈蚀和斑点；③质量差在 10g 的范围内				
计算结果	尺寸差			缸壁间隙	
	质量差				
标准测量范围值	尺寸差	0.02～0.025mm		缸壁间隙	0.0254mm
	质量差	4～8g			
是否修理	○是 ○否		修理意见		
得分		考评人签名		日期	年 月 日

活塞检测相关知识

1. 活塞的工作条件与性能要求

由于活塞顶部直接与高温燃气接触，燃气的最高温度可达 2500K 以上，其散热条件又较差，致使活塞承受很高的热负荷。活塞顶部在做功行程时，承受着燃气冲击性的高压力，高温、高压引起活塞变形，磨损增加。活塞在气缸中高速运动，高速会产生很大的惯性力，它使曲柄连杆机构的各零件和轴承承受附加载荷。活塞连杆组如图1-8所示。

活塞承受的气体压力和惯性力是呈周期性变化的，因此，活塞的不同部分会受到交变的拉伸、压缩或弯曲载荷；并且由于活塞各部分的温度极不均匀，将在活塞内部产生一定的热应力。所以要求活塞应有足够的强度和刚度，质量尽可能小，导热性能要好，要有良好的耐热性、耐磨性，温度变化时，尺寸及形状的变化要小。

2. 活塞的结构

活塞的基本结构可分为顶部、头部和裙部三个部分（见图1-9）。

活塞顶部是燃烧室的组成部分，用来承受气体压力。为了提高刚度和强度，并加强其散热能力，背面多有加强筋。根据不同的目的和要求，活塞顶部制成各种不同的形状，它的选用与燃烧室形式有关。一般活塞顶均有朝向标记，安装活塞时应使标记记号朝向发动机的前方。汽油机活塞顶部多采用下列几种形式（见图1-10）。

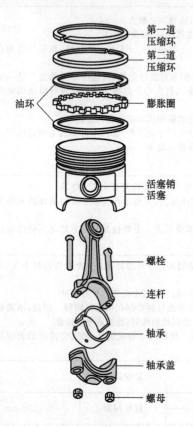

图1-8 活塞连杆组

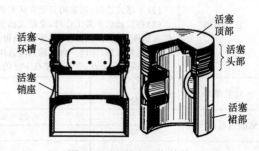

图1-9 活塞的基本结构

平顶活塞：结构简单，加工方便，受热面积小，在汽油机上广泛采用。

凸顶活塞：顶部刚度较大，制造时可减薄顶部的厚度，因而质量较小，但顶部温度较高，主要适用于二冲程发动机。

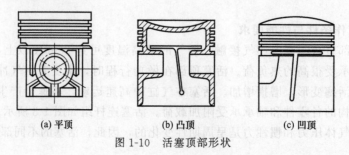

(a) 平顶　　　　　　(b) 凸顶　　　　　　(c) 凹顶

图1-10 活塞顶部形状

凹顶活塞：可以用来调节发动机的压缩比，且可以改善燃烧室形状，但顶部受热量大，易形成积炭，加工制造比较困难。

3. 活塞销

活塞销的功用是连接活塞和连杆，将活塞所承受的气体压力传给连杆。

活塞销在高温下承受极大的周期性冲击载荷，润滑条件差。因此要求活塞销具有足够的强度、刚度和耐磨性，且质量要小。为此，活塞销通常是制成一个厚壁空心圆柱体。活塞销的材料一般为低合金渗碳钢（如20Mn、20Cr或20MnV等）。外表面渗碳淬硬，再经精磨和抛光等加工。这样既提高了表面硬度和耐磨性，又保证有较高的强度和冲击韧性。

活塞销与活塞销座孔和连杆小头的连接方式，一般有全浮式和半浮式两种。如图1-11所示。活塞的修理尺寸级别一般分为+0.25mm、+0.50mm、+0.75mm、+1.00mm等四级，有的只有1～2个级别。每一个修理尺寸级别中又分为若干组，通常分为3～6组不等，相邻两组的直径差为0.010～0.015mm。

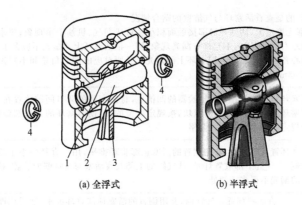

(a) 全浮式　　　　　(b) 半浮式

图1-11　活塞销连接方式
1—连杆小头衬套；2—活塞销；3—连杆；4—卡环

八、活塞环检测

项目卡号：008

班级		姓名		学号	
类别	汽车发动机的检修		项目		活塞环检测
工具	检测器、塞尺、带深度的游标卡尺等				
检测要点	(1)弹力的检测 (2)漏光度的检测 (3)活塞环端隙、背隙、侧隙的检测 (4)活塞环的安装；注意环口的布置要求				
技术标准及要求	(1)弹力过大会增加摩擦损耗 (2)弹力过小，不能起到良好的密封作用，引起气缸的漏气、窜油 (3)活塞环的弹力检测应在检验器上进行，弹力大小应符合规定的技术要求，活塞环的弹性即为合格 (4)目的是查看活塞环与气缸壁的贴合情况 (5)漏光度过大，活塞环局部接触面积小易造成漏气、机油上窜现象；要求活塞环漏光度在活塞环开口端左右30°范围内不允许有漏光现象，同一根活塞环上的漏光不应多于两处，每处漏光弧长所对应的圆心角不得超过25°，同一环上的漏光弧长所对应的圆心角总和不超过45°，漏光处的缝隙应不大于0.03mm				
检查方法及步骤	弹力	将活塞环竖直地放在弹力检验器的凹槽里，将活塞环的开口间隙放置在水平向外的位置，将杠杆压在活塞环上，移动杠杆上的量块，按规定所需的力，使活塞环的开口端隙压至标准数值时，弹力大小符合规定的技术要求即为合格			
	漏光度	将活塞环置入气缸内，并用倒置的活塞顶部将环推平，用一直径略小于活塞环外径的圆形板盖在环的上侧，在气缸下部放置灯光，从气缸的上部观察活塞与气缸壁的缝隙，确定其漏光情况。同一活塞环上的漏光不得多于两处			
	三隙	端隙	将活塞环置入气缸内，并用倒置的活塞顶部将环推平，然后用厚薄规测量开口间隙。若大于规定值应更换，若小于规定值应进行锉修		
		背隙	将环放在环槽内，围绕环槽滚动一周，应能自由滚动，既不能松动，又不能有阻滞现象。一般用环槽的宽度减去环的高度来衡量		
		侧隙	以环槽深度与活塞环颈向厚度的差值来衡量		
	安装	气环安装	要使用活塞环装卸钳，以免将环折断。有镀铬、锌的活塞环一般装在第一道；扭曲环应装在第二、三道，安装方向视环的具体作用而定；用作刮油的正扭曲环，其内缺口或内倒角朝上，外缺口或外倒角朝下，否则活塞环的泵油作用加强，使机油大量窜入燃烧室而引起积炭		
		环口位置	环口位置应正确地按圆周均匀分布，绝对不能端口重叠造成漏气、窜油。第一道环应该处于活塞销中心线相交的45°处；若为三道环，彼此错开120°；若为四道环，彼此错开180°		
标准	缸径每100mm端隙	0.25～0.45mm	侧隙	0.02～0.07mm	背隙	0～0.35mm
计算结果	端隙		侧隙		背隙	
是否修理	○是 ○否	修理意见			
得分		考评人签名		日期	年 月 日

活塞环检测相关知识

1. 活塞环的分类

活塞环分为气环和油环，如图1-12所示。

2. 活塞环的"三隙"、漏光度

发动机工作时，活塞和活塞环都会发生热膨胀。并且，活塞环随活塞在气缸内作往复运动时，有径向涨缩变形现象。因此，活塞环在气缸内应有开口间隙，与活塞环槽间应有侧隙与背隙（见图1-13）。

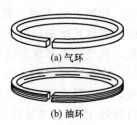

图1-12 活塞环

开口间隙Δ_1又称端隙（见图1-13），是活塞冷状态下装入气缸后开口处的间隙。此间隙随缸径增大而增大，柴油机略大于汽油机，第一道气环略大于第二、第三道环。为减少气体的泄漏，装入气缸时，第一道环的开口位置应避开做功行程受压面，各道环的开口应相互错开。如有三道环，则各道环应沿圆周成120°夹角互相错开；如有四道环，则第一、二道互错180°；第二、三道互错90°；第三、四道互错180°。从而获得较长的、迷宫式的漏气路线，增大漏气阻力，减少漏气量。

侧隙Δ_2又称边隙，是环高方向上与环槽之间的间隙。第一道环因工作温度较高，一般间隙比其他环大些，油环侧隙较气环小。

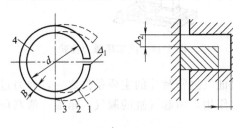

图1-13 活塞环的间隙
1—活塞环工作状态；2—活塞环自由状态；
3—工作面；4—内表面；
Δ_1—开口间隙；Δ_2—侧隙；Δ_3—背隙

背隙Δ_3是活塞和活塞环装入气缸后，活塞环背面与环槽底部间的间隙。油环的背隙较气环大，目的是增大存油间隙，以利减压泄油。为测量方便，维修中以环的厚度与环槽的深度差来表示背隙，此数值比实际背隙要小。

（1）端隙检验：将活塞环置入气缸内，并用倒置的活塞顶部将环推平（对未加工的气缸应推至下止点，即磨损最小处），然后用厚薄规测量，见图1-14（a）。若端隙大于规定值，则应重新选配活塞环；若端隙小于规定值时，应用细平锉刀对环的端口进行锉修，见图1-14（b）。锉修时，只能锉削一端环口且应平整；锉修后，应去除毛刺，以免在工作时刮伤气缸壁。

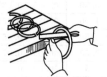

图1-14 检查活塞环端隙

图1-15 检查活塞环侧隙

（2）侧隙检验：将环放在槽内，围绕环槽滚动一周，应能自由滚动，既不能松动，又不能有阻滞现象。用厚薄规检测应符合表1-2中要求（见图1-15）。

（3）背隙检验：为测量方便通常是将活塞环装入活塞内，以环槽深度与活塞环径向厚度的差值来衡量。测量时，将环落入环槽底，再用深度游标卡尺测出环外圆柱面沉入环岸的数值，该数值一般为0～0.35mm。

（4）活塞环的漏光度检验：活塞环的漏光度检验旨在检测环的外圆表面与缸壁的接触和密封程度，其目的是避免漏光度过大，使活塞环与气缸的接触面积减小，造成漏气和窜机油的隐患。

如图 1-16 所示，常用的活塞环漏光度的简易检查方法是：活塞环置于气缸内，用倒置的活塞将其推平，用一直径略小于活塞环外径的圆形板盖在环的上侧，在气缸下部放置灯光，从气缸上部观察活塞与气缸壁的缝隙，确定其漏光情况。对活塞环漏光度的技术要求是：在活塞环端口左右 30°范围内，不应有漏光点；在同一根活塞环上的漏光不得多于两处，每次漏光弧长所对应的圆心角不得超过 25°，同一环上漏光弧长所对应的圆心角之和不得超过 45°；漏光处的缝隙，应不大于 0.03mm。

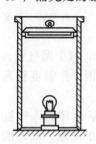

图 1-16 活塞环漏光度检测

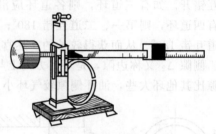

图 1-17 活塞环弹力检验

（5）活塞环弹力的检测：活塞环的适当弹力是保证气缸密封性的主要条件之一，弹力过大会增加摩擦损耗；弹力过小，不能起到良好的密封作用，引起气缸的漏气、窜油。活塞环的弹力检测应在检验器上进行，如图 1-17 所示。

将活塞环竖直地放在弹力检验器的凹槽里，把活塞环的开口间隙放置在水平向外的位置。将杠杆压在活塞环上，移动杠杆上的量块，按规定所需的力，使活塞环的开口端隙压至标准数值时，弹力大小符合规定的技术要求，活塞环的弹性即为合格。

（6）活塞环"三隙"的检验：活塞环的三隙是指端隙、侧隙和背隙。一般说来，活塞环的三隙是上环大于下环、柴油机环大于汽油机环、气缸直径大的环大于直径小的环、发动机压缩比大的环大于压缩比小的环。几种常用汽车发动机活塞环的三隙见表 1-2。

表 1-2 活塞环各部端隙

发动机型号	活塞环开口间隙/mm			活塞环侧隙/mm		
	第一道气环	第二道气环	油环	第一道气环	第二道气环	油环
解放 CA6102	0.50～0.70	0.40～0.60	0.30～0.50	0.055～0.087	0.055～0.087	0.04～0.08
东风 6100	0.35～0.55	0.35～0.55	0.50～1.00	0.055～0.087	0.04～0.072	0.09～0.24
桑塔纳	0.30～0.45	0.25～0.40	0.25～0.50	0.02～0.05	0.02～0.05	0.03～0.08
捷达	0.30～0.45	0.25～0.40	0.25～0.50	0.03～0.07	0.02～0.06	0.02～0.06
奥迪	0.30～0.45	0.25～0.40	0.25～0.50	0.02～0.05	0.02～0.05	0.02～0.05
切诺基 2131	0.15～0.35	0.15～0.35	0.15～0.35	0.043～0.081	0.043～0.081	0.03～0.20

九、连杆检测

项目卡号:009

班级		姓名		学号	
类别	汽车发动机的检修		项目		连杆检测
工具	检测器、塞尺、三点规等				
检测要点	(1)弯曲 (2)扭曲 (3)弯、扭曲并存 (4)双重弯曲				
技术标准及要求	(1)若上测点与平板接触,下面两测点与平板不接触,且与平板的间隙相等,或下面的两测点与平板接触,而上测点与平板不接触,则表明连杆发生了弯曲,这时测得的间隙值,即为连杆在100mm长度上的弯曲度值 (2)如果只有一个下测点与平板相接触,且上测点与平板的间隙等于另一个测点与平板间隙的一半,此时,下测点与平板的间隙值即为连杆在100mm长度上的扭曲度值 (3)当一个下测点与平板接触时,另一个下测点与平板的间隙,即连杆在100mm长度上的扭曲度值;上测点与平板的间隙或下测点与平板间隙的一半的差值,即连杆在100mm长度上的弯曲度值。如果只有一个上测点与平板接触时,两下测点与平板的间隙差为扭曲度值;两下测点与平板的间隙和值的一半为弯曲度值 (4)如果上测点到两下测点连线的垂直距离、下平面两测点间的距离不是100mm,则需要将测得的间隙值折算到100mm上的间隙值,即为弯曲度值、扭曲度值 (5)检测时,将连杆大端端面与平板靠紧,测出连杆小端端面与平板的距离 a;将连杆翻转180°,用同样的方法测出距离 b。若两次测得的数值不等,说明连杆有双重弯曲,两次测得的数值之差($a-b$)即为双重弯曲值				
检测方法及步骤	测量	(1)将连杆大端的轴承盖装好,不装连杆轴承,并按规定的力矩拧紧连杆螺栓,同时将心轴装入小端衬套的承孔中 (2)将连杆大头套装在支撑轴上,通过调整定位螺钉使支撑轴扩张,并将连杆固定在校验仪上,测量工具是一个带有V形槽的"三点规" (3)三点规上的三点构成的平面与V形槽的对称平面垂直,两下测点的距离为100mm,上测点与两下测点的连线距离也是100mm			
	校正	(1)校正时先校正扭曲,再校正弯曲 (2)校正扭曲:先将连杆下盖按规定装配和拧紧,然后用台钳夹紧连杆大端侧面,使用专用扳钳在连杆身上、下部位,校正扭曲变形 (3)校正弯曲:将弯曲的连杆置入专用的压具,弯曲的凸起部位朝上,扳转丝杠使连杆产生反向变形并停留一定时间,待金属组织稳定后再卸下,检查连杆的回位量,经反复校正,直至连杆校正合格为止			
误差标准	弯曲度	100mm:0.03mm	扭曲度	100mm:0.06mm	误差标准	弯曲度
计算结果	竖直	弯曲度	扭曲度	双重弯曲度	计算结果	竖直
是否修理	○是 ○否		修理意见			
得分		考评人签名		日期	年 月 日

  连杆检测相关知识

1. 连杆的功用

连杆组由杆身、连杆盖、连杆螺栓和连杆轴承等部分组成(见图1-18)。其功用是将活塞承受的力传给曲轴,使活塞的往复运动转变为曲轴的旋转运动。

2. 连杆结构

(1) 连杆小头 对于全浮式活塞销,工作时小头与活塞销之间有相对转动,因此小头孔中一般有减摩的青铜衬套。为润滑活塞销与衬套,在小头和衬套上钻有集油槽,用来收集发

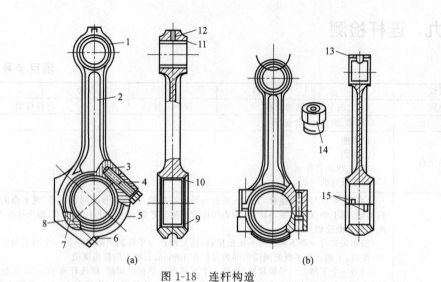

图 1-18 连杆构造

1—连杆小头；2—连杆杆身；3—连杆大头；4—连杆螺钉；5—连杆盖；6—连杆螺钉锁止铁丝；
7—锯齿；8—定位销；9—连杆下轴承；10—连杆上轴承；11—连杆衬套；
12—集油孔；13—集油槽；14—自锁螺母；15—轴瓦定位槽

动机运转而被激溅到上面的机油，以便润滑。有的发动机连杆小头采用压力润滑，则在连杆杆身内钻有纵向的压力油通道。

（2）连杆杆身　连杆杆身通常制成"工"字形断面，以求在强度和刚度足够的前提下减小质量。

（3）连杆大头　连杆大头与曲轴的连杆轴颈相连，连杆大头一般都制成分开式，被分开的部分称为连杆盖，用特制的连杆螺栓紧固在连杆大头上。

连杆大头的切口形式分为平切口和斜切口两种。平切连杆的剖切面垂直于连杆轴线。一般汽油机连杆大头尺寸都小于气缸直径，可采用平切口。

3. 连杆的检修

连杆组的检修主要有连杆变形的检验与校正、连杆小端衬套的压装与铰削和连杆大端与下盖结合平面损伤的修理等。

（1）连杆变形的检验　连杆变形的检验在连杆校验仪上进行，如图 1-19 所示。连杆校验仪能检验连杆的弯曲、扭曲、双重弯曲的程度及方位。校验仪上的棱形支撑轴，它能保证连杆大端承孔轴向与检验平板相垂直。检验时，首先将连杆大端的轴承盖装好，不装连杆轴承，并按规定的拧紧力矩将连杆螺栓拧紧，同时将芯轴装入小端衬套的承孔中。然后将连杆大端套装在支承轴上，通过调整定位螺钉使支承轴扩张，并将连杆固定在校验仪上。测量工具是一个带有 V 形槽的"三点规"。三点规上的三点构成的平面与 V 形槽的对称平面垂直，两下测点的距离为 100mm，上测点与两下测点连线的距离也是 100mm。

测量时，将三点规的 V 形槽靠在芯轴上并推向检验平板。如三点规的三个测点都与检验仪的平板接触，说明连杆不变形。若上测点与平板接触，两下测点不接触且与平板的间隙一致，或下两测点与平板接触，而上测点不接触，表明连杆弯曲。可用厚薄规测出测点与平板之间的间隙，即为连杆在 100mm 长度上的弯曲度，见图 1-20 (a)。若只有一个下测点与平板接触，另一下测点与平板不接触，且间隙为上测点与平板间隙的两倍，这时下测点与平板的间隙，即为连杆在 100mm 长度上的扭曲度，见图 1-20 (b)。

有时在测量连杆变形时，会遇到下面两种情况：一是连杆同时存在弯曲和扭曲，反映在一个下测点与平板接触，但另一个下测点的间隙不等于上测点间隙的两倍，这时，下测点与平板的间隙为连杆扭曲度，而上测点间隙与下测点间隙差值的一半为连杆弯曲度；二是连杆存在如图 1-21 所示的双重弯曲，检验时先测量出连杆小端端面与平板距离，再将连杆翻转 180°后，按同样方法测出此距离。若两次测出的距离数值不等，即说明连杆有双重弯曲，两次测量数值之差为连杆双重弯曲度。

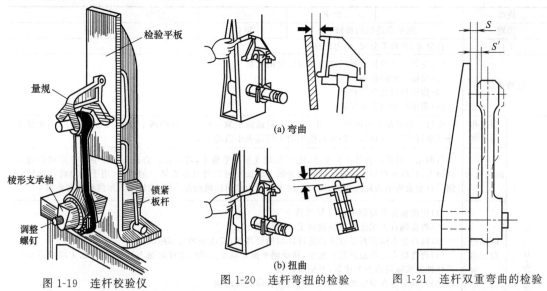

图 1-19　连杆校验仪　　　图 1-20　连杆弯扭的检验　　　图 1-21　连杆双重弯曲的检验

若连杆的弯曲度和扭曲度超过公差值时，都需冷态校正。连杆的双重弯曲，通常不予校正，因为连杆大、小端对称平面偏移的双重弯曲极难校正，而双重弯曲对曲柄连杆机构的工作极为有害，因此应更换连杆。

（2）连杆变形的校正　在校正连杆时，首先要记下连杆弯曲与扭曲的方向和数值，用连杆校正器进行校正。通常是先校正扭曲，再校正弯曲。校正时，应避免反复的过校正。

校正扭曲时，先将连杆下盖按规定装配和拧紧，然后用台钳（钳口垫以软金属垫片）夹紧连杆大端侧面，使用专用扳钳在连杆杆身上、下部位，校正扭曲变形，如图 1-22 所示。

校正弯曲时，将弯曲的连杆置入专用的压器（见图 1-23），弯曲的凸起部位朝上，扳转丝杠使连杆产生反向变形并停留一定时间，待金属组织稳定后再卸下，检查连杆的回位量，经反复校正，直至连杆校正至合格为止。

在常温下校正连杆，由于材料弹性后效的作用，在卸去负荷后连杆有恢复原状的趋势，从而影响连杆的正常使用。因此，在校正变形量较大的连杆后，必须进行时效处理。方法是：将连杆加热至 573K，保温一定时间即可。校正变形量较小的连杆，只需在校正负荷下保持一定时间，不必进行时效处理。

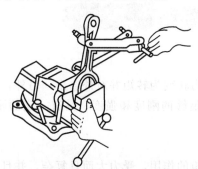 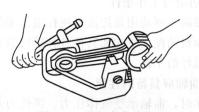

图 1-22　连杆扭曲的校正　　　　　　图 1-23　连杆弯曲的校正

十、曲轴检测

项目卡号：010

班级		姓名		学号	
类别	汽车发动机的检修		项目		曲轴检测
工具	百分表、外径千分尺、磁力表座				
检测要点	（1）主轴颈和连杆轴颈的圆度和圆柱度的测量 （2）曲轴弯曲的检测 （3）曲轴扭曲变形的检测 （4）曲轴径向间隙的检测				
检测方法及步骤	圆度和圆柱度	在每一道轴颈上选取两个截面，在每一道截面上取平行及垂直的两个方向 A-A 和 B-B，用外径千分尺进行测量；圆柱度是四组数据中的大值减去小值的一半			
	曲轴弯曲	以两端主轴颈的公共线为基准，用V形块支承在平板上，将百分表的表头抵在中间一道或两道主轴颈上，且应将百分表的量头放在轴颈的一端而不可以将其放在轴径的中间，用手慢慢转动曲轴一圈后百分表所示的最大摆差，即为中间主轴颈的径向圆跳动误差值（除以2表示曲轴的弯曲度）			
	曲轴扭曲变形	（1）将曲轴置于检验平台的V形铁上 （2）将曲轴首末端连杆轴颈旋转至水平位置 （3）将百分表压在首端或末端连杆轴颈的最高线，找该轴颈的实际最高点，记录读数 （4）再将磁力表座总成托住底座，移至同平面末端或首端的连杆轴颈上；同样的方法末端或首端的连杆轴颈实际最高点的读数，并记录读数 （5）判断是否在规定的范围，如超出范围，应更换曲轴			
	曲轴轴向、径向间隙	（1）径向间隙的检测：利用检验连杆和曲轴径向间隙的专用塑料线规，检测时，把线规纵向放入轴承中，按原厂发动机的拧紧力矩紧固轴承盖，在拧紧的过程中应注意防止曲轴转动。然后拆下轴承盖，取出压展的塑料线规，与附带的不同宽度色标的量规或第一道主轴颈侧面上不同宽度的刻线相对比，与塑料规压展宽度相等的刻线所标的值，即为轴承的间隙值（例如红色表示的间隙为0.05～0.15mm，蓝色表示间隙为0.10～0.23mm） （2）轴间隙的检测：曲轴轴向间隙一般为0.05～0.20mm，使用极限为0.35mm。检测时，可用撬棒将曲轴移动靠近一侧，然后用厚薄规测量另一侧的间隙。曲轴通常用止推片来调整控制曲轴的轴向间隙。不同发动机止推片安装位置也不相同，但曲轴的轴向间隙都是由止推片的厚度来控制			
计算结果					
误差标准	径向圆跳动		≤0.15mm	轴颈直径在80mm以下的圆度、圆柱度	≤0.025mm
				轴颈直径在80mm以上的圆度、圆柱度	≤0.040mm
是否修理	○是　○否	修理意见			
得分		考评人签名		日期	年　月　日

曲轴检测相关知识

1. 功用与工作条件

曲轴的主要功用是把活塞连杆组传来的气体压力转变为转矩并对外输出；另外，还用来驱动发动机的配气机构和其他各种辅助装置。具有足够的刚度和强度，具有一定的耐磨性，并需要很好的平衡。

2. 曲轴应具备的性能

工作时，曲轴承受气体压力、惯性力及惯性力矩的作用，受力大而且复杂，并且承受交变载荷的冲击作用。同时，曲轴又是高速旋转件，因此，要求曲轴具有足够的刚度和强度，具有良好的承受冲击载荷的能力，耐磨损且润滑良好。

3. 曲轴的结构

曲轴一般由主轴颈、连杆轴颈、曲柄、平衡重、前端和后端等组成。一个主轴颈、一个连杆轴颈和一个曲柄组成了一个曲拐，曲拐的数目取决于发动机的气缸数目及其排列方式。直列式发动机曲轴的曲拐数目等于气缸数；V型发动机曲轴的曲拐数等于气缸数的一半。

主轴颈是曲轴的支承部分，通过主轴承支承在曲轴箱的主轴承座中。主轴承的数目不仅与发动机气缸数目有关，还取决于曲轴的支承方式。

曲轴的支承方式一般有两种，一种是全支承曲轴，另一种是非全支承曲轴，如图1-24所示。

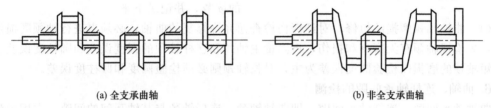

(a) 全支承曲轴　　　　　　　　　　(b) 非全支承曲轴

图1-24　曲轴的支承方式

（1）全支承曲轴　曲轴的主轴颈数比气缸数目多一个，即每一个连杆轴颈两边都有一个主轴颈。如六缸发动机全支承曲轴有七个主轴颈，四缸发动机全支承曲轴有五个主轴颈。全支承曲轴的强度和刚度都比较好，并且减轻了主轴承载荷，减小了磨损。柴油机和大部分汽油机多采用这种形式。

（2）非全支承曲轴　曲轴的主轴颈数比气缸数目少或与气缸数目相等。这种支承方式叫非全支承曲轴，虽然这种支承的主轴承载荷较大，但缩短了曲轴的总长度，使发动机的总体长度有所减小。有些承受载荷较小的汽油机，可以采用这种曲轴形式。

4. 曲轴的常见损伤

曲轴的常见损伤形式有轴颈磨损、弯扭变形和裂纹等。

（1）轴颈的磨损　曲轴主轴颈和连杆轴颈的磨损是不均匀的，且磨损部位有一定的规律性。

主轴颈和连杆轴颈径向最大磨损部位相互对应，即各主轴颈的最大磨损靠近连杆轴颈一侧；而连杆轴颈的最大磨损部位在主轴颈一侧。

（2）曲轴的弯扭变形　所谓曲轴弯曲是指主轴颈的同轴度误差大于0.05mm，称为弯曲。若连杆轴颈分配角误差大于0°30′，则称为曲轴扭曲。

（3）曲轴的裂纹　曲轴的裂纹多发生在曲柄臂与轴颈之间的过渡圆角处，以及油孔处。前者是径向裂纹，严重时将造成曲轴断裂；后者多为轴向裂纹，沿斜置油孔的锐边顺轴向发展。曲轴的径向、轴向裂纹主要是应力集中引起的，曲轴变形和修磨不慎也会使过渡区的应力陡增，加剧曲轴的疲劳断裂倾向。

5. 曲轴的检验

（1）裂纹的检修　曲轴清洗后，首先应检查有无裂纹。这可用磁力探伤器或染色渗透剂进行裂纹的检验。曲轴检验出裂纹，一般应报废。

（2）曲轴弯曲的检修　将曲轴的两端用V形块支承在平台上，用百分表的触头抵在中间主轴颈表面，如图1-25所示。然后转动曲轴一周，百分表指针的最大与最小读数之差，即为曲轴主轴颈的同轴度偏差。同轴度偏差如超过规定值，则应更换曲轴。

（3）曲轴扭曲变形的检修　检验曲轴扭曲变形时仍可采用上述设备，其操作步骤如下。

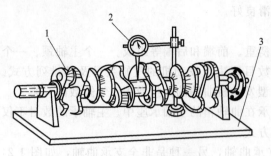

图 1-25 曲轴弯曲的检验
1—曲轴；2—百分表；3—V 形架及平台

① 将曲轴置于检验平台的 V 形块上。
② 检测曲轴扭曲变形时，将曲轴首末端连杆轴颈旋转至水平位置。
③ 将百分表压在首端或末端连杆轴颈的最高素线上，找该轴颈的实际最高点，记录该读数。
④ 将磁力表座总成托住底座，移至同平面末端或首端的连杆轴颈上，用同样的方法，测出末端或首端的连杆轴颈实际最高点的读数，并记录下来。

（4）曲轴轴颈磨损的检修　对经探伤检查而允许修复的曲轴，必须再进行轴颈磨损量的检查：先检视轴颈有无磨痕和损伤，再测量主轴颈和连杆轴颈的圆度误差和圆柱度误差。对曲轴短轴颈的磨损以检验圆度误差为主，对长轴颈则必须检验圆度和圆柱度误差。

6. 曲轴、连杆轴承间隙的检测

曲轴轴承间隙、连杆轴承间隙，即曲轴轴颈、连杆轴颈与其轴瓦间的间隙，常用测量规测量。曲轴轴承径向间隙，也可用量缸表测量。现在有许多汽车配有检验连杆和曲轴径向间隙的专用塑料线规。检验时，把线规纵向放入轴承中（见图 1-26），按原厂规定的拧紧力矩紧固轴承盖（见图 1-27），在拧紧过程中应注意防止曲轴转动。然后拆下轴承盖，取出已压展的塑料线规，与附带有的不同宽度色标的量规或第一道主轴承侧

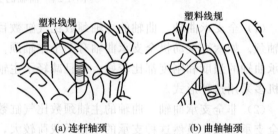

(a) 连杆轴颈　　(b) 曲轴轴颈
图 1-26　专用线规的放置

面上不同宽度的刻线相对比，与塑料规压展宽度相等的刻线所标示的值，即为轴承的间隙值（见图 1-28）。例如，上海桑塔纳轿车的测量线规用颜色来标识间隙值，如绿色表示间隙为 0.025～0.076mm，红色表示间隙为 0.05～0.15mm，蓝色表示间隙为 0.10～0.23mm。

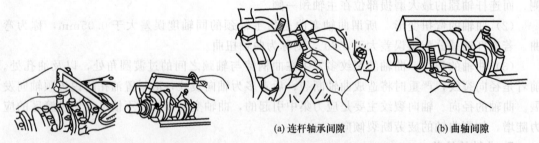

图 1-27　拧紧连杆和曲轴轴承的螺栓　　(a) 连杆轴承间隙　(b) 曲轴间隙
图 1-28　用专用量规检查轴承的间隙

技术熟练的工人，多用手感法来检验轴承的径向间隙。当单个主轴承的配合间隙符合标准时，曲轴的转动力矩不大于 10N·m。连杆轴承的配合间隙符合标准时，应将连杆按规定装在轴颈上，然后用手甩动连杆小端，连杆应能够转动 1.25～1.75 转。

如果径向间隙不符合要求，应重新选配轴承。

部分车型主轴承和连杆轴承径向间隙见表 1-3。

表 1-3　部分车型轴承的径向间隙　　　　　　　　　　　　　　　　mm

车型	主轴承		连杆轴承	
	标准间隙	极限值	标准间隙	极限值
解放 CA6102	0.046～0.109	0.20	0.046～0.109	0.15
东风 EQ6100-1	0.040～0.110	0.20	0.046～0.109	0.15
上海桑塔纳	0.030～0.080	0.17	0.046～0.109	0.12
北京切诺基	0.030～0.060	0.10	0.046～0.109	0.12
一汽奥迪 100	0.030～0.080	0.12	0.046～0.109	0.12
南京依维柯	0.043～0.094	0.20	0.046～0.109	0.15
天津夏利	0.020～0.070	0.10	0.046～0.109	0.10
丰田 2Y,3Y	0.020～0.051	0.10	0.046～0.109	0.10

十一、飞轮检测

项目卡号：011

班级		姓名		学号	
类别	汽车发动机的检修		项目		飞轮检测
工 具	百分表、磁力表座、刀口尺等				
检测要点	(1)目测断齿情况 (2)端面磨损检查 (3)端面圆跳动检查				
检测方法及步骤	(1)断齿检查：牙齿断齿3个以上或连续断齿2个以上或齿圈松动或齿磨损超过齿长的30%,应更换齿圈 (2)端面磨损检查：飞轮工作面磨损成波浪形或拉伤的沟槽深度大于0.5mm,应光磨飞轮工作面；检查时用刀口尺观察其背光度或用塞尺测量,波浪形或拉伤的沟槽深度较深超过其标准值时应维修 (3)端面圆跳动检查：飞轮工作面的端跳动量(径向跳动量)和飞轮后平面的端面圆跳动量的测量；将百分表吸附在发动机机体上,百分表表针抵在飞轮的最外圈,转动飞轮一周,测量飞轮的端面圆跳动,应小于0.1mm。如果端面圆跳动超过标准,应修理或更换飞轮 (4)飞轮是与离合器相接触的平面,如有严重烧蚀、龟裂或磨损,沟槽深度大于0.5mm时应进行光磨,否则会引起离合器发抖、打滑和加速摩擦片的磨损,光磨后的工作面,只许有不多于两道的环形沟痕存在。飞轮齿环的牙齿单面或端面磨损及个别损坏时,可根据情况将齿环移位或翻转使用。如相邻牙齿损坏四个以上或有严重损伤,应焊修或更换齿环。压入齿环时,须对齿环加热到300～400℃				
计算结果					
误差标准	端跳动量	≤0.20	端面圆跳动量		≤0.20
是否修理	○是 ○否		修理意见		
得分		考评人签名		日期	年 月 日

飞轮检测相关知识

1. 飞轮的功用

飞轮的主要功用是储存做功行程的能量,用于克服进气、压缩和排气行程的阻力和其他阻力,使曲轴能均匀地旋转。飞轮外缘压有的齿圈与启动电机的驱动齿轮啮合,供启动发动机用；汽车离合器（或变矩器）也装在飞轮上,用来对外传递动力。

2. 飞轮应具备的性能

飞轮是高速旋转件,因此,飞轮应与曲轴装配后一起进行静态和动态平衡校验,通过曲轴上的平衡重和飞轮圆周的钻孔达到质量平衡。为保证拆装时不破坏其平衡状态及上述确定位置的标记,飞轮与曲轴的装配采用周向定位装置,如定位销、不对称布置的螺孔或两种不同直径的螺栓等。

3. 飞轮的结构

飞轮是一个很重的铸铁圆盘,用螺栓固定在曲轴后端的接盘上,具有很大的转动惯量。飞轮多用灰铸铁制造,也可采用球墨铸铁或铸钢制造。飞轮轮缘上镶有齿圈,齿圈与飞轮紧配合,有一定的过盈量。

4. 飞轮的检修

(1) 更换齿圈　飞轮齿圈有断齿或齿端冲击耗损（如断齿或齿端耗损严重）,与启动机齿轮啮合困难时，应更换齿圈或飞轮组件。齿圈与飞轮配合过盈为 0.30~0.60mm，更换时，应先将齿圈加热至 623~673K，再进行热压配合。

(2) 修整飞轮工作平面　飞轮工作平面有严重烧灼或磨损沟槽深 0.50mm 时，应进行修整。修整后，工作平面的平面度误差不得大于 0.10mm；飞轮厚度极限减薄量为 1mm；与曲轴装配后的端面圆跳动误差不得大于 0.15mm。

(3) 曲轴、飞轮、离合器总成组装后进行动平衡试验　组件动不平衡量应不大于原厂规定。东风 EQ1090、解放 CA1091 等汽车不大于 100g·cm；国产轻型载货汽车、客车以及进口载货汽车一般不大于 70g·cm；轿车不大于 30g·cm。组件的不平衡量过大，使组件共振临界转速降低。假若共振临界转速降至发动机经济转速内，曲轴就会长期在共振条件下工作，会造成曲轴早期疲劳断裂，飞轮壳早期产生纵向裂纹等故障。因此，更换飞轮或齿圈、离合器压盘或总成之后，都应重新进行组件的动平衡试验。

十二、气门间隙调整

项目卡号：012

班级		姓名		学号		
类别	汽车发动机的检修		项目		气门间隙调整	
工具	塞尺、螺丝刀、梅花扳手等					
检测要点	(1)汽车发动机在使用的过程中，由于配气机构某些零件的磨损或松动，会导致原有气门间隙的变化，因此一般行驶一万公里左右维护时，应检查和调整气门间隙 (2)常见的气门间隙检查和调整的方法有两种：①逐缸调整法；②两次调整法					
检测方法及步骤	逐缸调整法：即根据气缸的点火次序，确定某缸活塞在压缩上止点位置后，可对此缸进、排气门进行调整。调整时一边转动调整螺钉，一边用厚薄规插入气门杆端与摇臂之间来回拉动，感到有轻微阻力为宜，然后重新检查一遍，直到合适为止。用此法摇转的曲轴次数多，检调所花费时间多，但对于磨损较严重的发动机，用逐缸法检调气门间隙比较精确 两次调整法：即所谓的"双排不进"法。其中的"双"是指气缸的进排气门间隙均可调，"排"是指气缸仅排气门间隙可调，"不"是指气缸进排气门间隙均不可调，"进"是指气缸的进气门间隙可调 "双排不进"法的操作程序如下 (1)先将发动机的气缸按工作顺序等分为两组 (2)第一遍，将一缸活塞转到压缩终了上止点，按双、排、不、进调整法，调整一半气门的间隙 (3)第二遍，曲轴转动一周，使最后一缸达到压缩上止点，按不、进、双、排调整余下的一半气门的间隙					
注意事项	(1)根据汽车生产厂家对气门间隙调整的具体要求和规定进行 (2)调整时应注意温度影响：气门摇臂、气门杆的温度会对气门间隙产生影响，一般来说热机时气门间隙调整应比冷机时要求的间隙值小，有些汽车要求在冷机时调整，有的汽车在热、冷态时均可调整，但其间隙值各不相同 (3)各缸气门间隙应调整一致，以免在工作中发动机运转不平衡 (4)气门间隙调整时，所调的气门应完全在关闭状态，这时调整的间隙值才是准确的 (5)调整前应检查摇臂工作面					
计算结果						
误差标准	进气门	热	0.25±0.05	排气门	热	0.45±0.05
		冷	0.20±0.05		冷	0.45±0.05
得分		考评人签名		日期	年　月　日	

气门间隙调整相关知识

汽车发动机在使用过程中，由于配气机构某些零件的磨损或松动，会导致原有气门间隙的变化，因此一般行驶一万公里左右维护时，应检查和调整气门间隙。

1. 气门间隙调整方法

常见气门间隙检查和调整的方法有两种：一是逐缸调整法，即根据气缸点火次序，确定某缸活塞在压缩上止点位置后，可对此缸进、排气门间隙进行调整，摇转曲轴按此法逐步调整其他各缸气门间隙；二是采用两次调整法，即摇转曲轴使第一缸活塞处于压缩上止点，飞轮记号与检查孔刻线对正（EQ6100型发动机），这时可调1、2、4、5和8、9气门（气门由前向后排列顺序）；然后摇转曲轴一圈，使六缸活塞处于压缩行程上止点，再调3、6、7、10、11、12，这实际上是记忆法调整。调整时一边转动调整螺钉，一边用厚薄规插入气门杆端与摇臂之间来回拉动，感到有轻微阻力为宜，然后重新检查一遍，直到合适为止。用逐缸法摇转的曲轴次数多，检调所花费时间多，但对于磨损较严重的发动机，用逐缸法检调气门间隙比较精确。两次法调整气门间隙比较省时省力，但对于不同车型需记忆不同的可调气门顺序号，车型复杂，对维修人员记忆就有些难度。为便于记忆这里介绍一种简单确认气门间隙可调性的方法，即所谓的"双排不进"法。其中的"双"是指气缸的进、排气门间隙均可调，"排"是指气缸仅排气门间隙可调，"不"是指进、排气门的间隙均不可调，"进"是指气缸的进气门间隙可调。

"双排不进"法的操作程序如下：

① 先将发动机的气缸按工作顺序等分为两组。

② 第一遍，将一缸活塞转到压缩终了上止点，按双、排、不、进调整法，调整一半气门的间隙。

③ 第二遍，曲轴转动一周，使最后一缸达到压缩行程上止点，按不、进、双、排调整余下的一半气门的间隙。

2. 气门间隙检查调整注意事项

① 根据汽车生产厂家对气门间隙调整的具体要求和规定进行。

② 调整时应注意温度影响：气门摇臂、气门杆的温度会对气门间隙产生影响，一般来说热机时气门间隙调整应比冷机时要求的间隙值小，有些汽车要求在冷机时调整，有的汽车在热、冷态时均可调整，但其间隙值各不相同。

③ 各缸气门间隙应调整一致，以免在工作中发动机运转不平衡。

④ 气门间隙调整时，所调的气门应完全在关闭状态，这时调整的间隙值才是准确的。

⑤ 调整前注意检查摇臂工作面。

气门间隙调整是维修、保养发动机时必须完成的项目之一，也是一项重要作业内容，调整是否得当，将直接影响发动机的动力性和经济性。

3. 常见汽车发动机的气门间隙（见表 1-4）

表 1-4　常见汽车发动机的气门间隙　　　　　　　　　　　　　　　mm

发动机型号	进气门		排气门	
	热车	冷车	热车	冷车
解放 CA6102		0.20～0.30		0.20～0.30
东风 EQ6100-I		0.20～0.25		0.20～0.25
一汽奥迪 100	0.20～0.30	0.15～0.25	0.40～0.50	0.35～0.45
上海桑塔纳	0.25±0.05	0.20±0.05	0.45±0.05	0.45±0.05
南京依维柯		0.50		0.50
天津大发	0.20		0.20	

十三、气门检测

项目卡号：013

班级		姓名		学号		
类别	汽车发动机的检修		项目		气门检测	
工具	塞尺、螺丝刀、梅花扳手等					
检测要点	(1) 气门杆与气门导管之间的配合间隙检查 (2) 气门工作锥面的检查 (3) 为了保证气门头的强度，头部圆柱面的厚度应不小于0.5mm，排气门不小于0.8～1.0mm，否则应更换气门 (4) 气门杆和工作锥面的径向圆跳动公差分别为不大于0.03mm和0.05mm					
检测方法及步骤	(1) 气门杆与气门导管之间的配合间隙检查：气门导管的最大磨损是在最高端和最低端部位，呈喇叭口形状，使用千分尺测量气门的外径，用分球形内径百分量表检测气门导管，两者之间的直径之差的一半即为配合间隙〔或将气门提起至气缸盖平面的一定高度（一般15～20mm），用千分表抵在气门头的边缘处，然后反复左右摆动，气门百分表测得一个摆差B，摆差B除以2就是实际间隙〕 (2) 气门工作锥面的检查：接触带宽度，一般进气门约为1.0～2.0mm；排气门约为1.5～2.5mm。接触面过窄，影响密封和散热；过宽容易积炭，不能紧密吻合					
注意事项	(1) 拆卸气门时，应注意拆卸工具的正确使用和锁片的安装方向 (2) 在整个操作过程中应当注意测量工具的正确使用，防止工具落地和损坏 (3) 测量时须清洁被测工件，无油泥，双手须干净					
计算结果						
误差标准	进气门	热	0.25±0.05	排气门	热	0.45±0.05
		冷	0.20±0.05		冷	0.45±0.05
得分		考评人签名		日期	年 月 日	

气门检测相关知识

1. 组成分类

配气机构按气门的布置形式分类，主要有顶置气门式和侧置气门式两种。

气门按其功能分为进气门和排气门。但无论是进气门还是排气门均由头部和杆部两部分组成。头部与气门座配合，封闭气缸的进、排气通道，杆部则主要是利用气门导管为气门的运动起导向作用。

2. 气门顶部结构

气门按气门头部的结构形式分为平顶、凹顶和凸顶等三种类型，如图1-29所示。

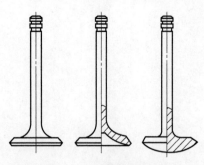

图1-29　气门头部的结构

平顶式气门结构简单，加工方便，与气缸内气体的接触面积小，受热小，质量轻，惯性小，各类发动机广泛采用。凹顶式气门质量小，惯性小，能形成良好的挤气涡流，多用于进气门。凸顶式气门刚度大，受热面积大，用于某些发动机的排气门。

气门头部不但要承受高温气体的作用，而且还要承受气体压力、气门弹簧力以及传动组零件惯性力的作用，其冷却和润滑条件又差，因此要求气门必须具有足够的强度、刚度、耐热和耐磨能力。

气门头部与气门座接触的工作面,是一个密封锥面。通常这一锥面与气门顶平面的夹角称为气门锥角,一般做成30°或45°。如图1-30所示。头部的边缘应保持一定厚度,一般为1～3mm,以防止工作中由于气门与气门座之间的冲击而损坏或被高温气体烧蚀。为了减少进气阻力,提高气缸的充气效率,多数发动机进气门的头部直径比排气门的大。

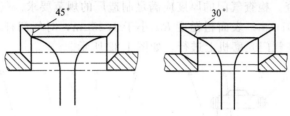

图1-30　气门锥角

3. 气门杆

气门杆呈圆柱形,随着发动机的工作,在气门导管中不断进行往复运动,引导气门头部准确落座,以密封进、排气道。其表面应具有较高的加工精度和较低的粗糙度,并经热处理以保证同气门导管的配合精度和耐磨性,起到良好的导向和散热作用。气门杆尾部形状决定于气门弹簧座的固定方式,如图1-31所示。常用的结构是用剖分或两半的锥形锁片来固定气门弹簧座,如图1-31(a)所示,这时,气门杆的端部可切出环槽来安装锁片。有些发动机的气门弹簧座用锁销来固定,如图1-31(b)所示,故其气门杆端有一个用来安装锁销的径向孔。

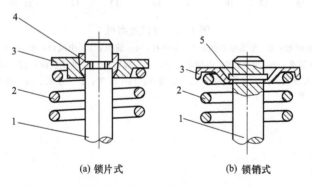

图1-31　气门弹簧座的固定方式
1—气门杆;2—气门弹簧;3—气门弹簧座;4—锥形锁片;5—锁销

4. 气门检验

气门检验出现下列情况时,对气门进行更换,不予修理:
(1) 轿车气门杆的磨损大于0.05mm,载货汽车气门杆的磨损大于0.10mm,或出现明显的台阶形磨损。
(2) 气门头圆柱面的厚度小于1.0mm。因为气门头圆柱部分厚度过小会增加燃烧室容积,影响发动机工作的平稳性,同时使气门头的强度降低。
(3) 气门尾端的磨损大于0.5mm。
(4) 气门杆的直线度误差大于0.05mm。

5. 气门工作面的光磨工艺

(1) 光磨前应先将气门进行校直。
(2) 正确安装气门。将校直的气门杆紧固在夹架上,气门头部伸出长度约40mm,并按气门规定的工作锥面角度调整夹架。

(3) 查看砂轮工作面是否平整。

(4) 试磨。将气门移向砂轮,打开冷却液,保证冷却液能流到气门杆部。

(5) 光磨。慢慢地进给和磨削,一次进给量不宜过大,直到蚀点和磨痕均被磨去为止。

(6) 光磨后的检查。检查气门的厚度应满足制造厂的规范要求。气门工作锥面的径向圆跳动误差应不大于 0.01mm,表面粗糙度 Ra 小于 $1.25\mu m$,对气门杆部的同轴度误差应不大于 0.05mm。光磨在气门光磨机上进行,如图 1-32 所示。

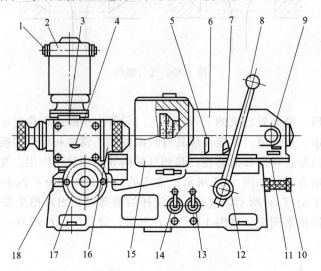

图 1-32 气门光磨机

1—电刷架;2—车头电动机;3—加油孔;4—油窗;5—出风口;6—磨头体;
7—注油孔;8—扳杆;9—电刷架;10—定位螺钉;11—纵导轨面;12—插销;
13—磨头开关;14—车头开关;15—玻璃罩;16—车头;17—手轮;18—横向导面

十四、气门传动组检测

项目卡号：014

班级		姓名		学号		
类别	汽车发动机的检修		项目		气门传动组检测	
工具	百分表、外径千分尺、磁力表座					
检测要点	(1)凸轮轴的检修 (2)凸轮轴轴承检修 (3)凸轮轴轴向间隙的调整 (4)挺柱的检修					
检测方法及步骤	凸轮轴	(1)凸轮磨损的检修：凸轮的磨损使气门的升程规律改变和最大升程减小，凸轮的最大升程减小值是凸轮检验分类的主要依据。当凸轮最大升程减小值或凸轮表面累积磨损量超过极限时，则更换凸轮轴 (2)凸轮轴轴颈的磨削：凸轮轴轴颈的圆度误差大于 0.15mm，各轴颈的同轴度误差超过 0.05mm 时，应按修理尺寸法进行校正并修磨				
	凸轮轴轴承	(1)凸轮轴轴承的配合间隙超过使用限度，一般轿车为 0.15mm，载货汽车为 0.20mm 时，应该换新轴承 (2)轴承内径与其承孔的位置顺序相适应 (3)安装时，应使用专用的压装工具压入				
	凸轮轴轴向间隙	凸轮轴轴向间隙的调整有两种方式。一种是增减固定在气缸体的前端面上，位于凸轮轴第一道轴颈端面与正时齿轮或链轮之间的推力凸缘的厚度来调整。轴向间隙过大，应更换加厚的推力凸缘。安装时，推力凸缘有推力凸台的一侧面向正时齿轮或链轮。另一种由轴承定位，如上海桑塔纳轿车发动机的凸轮轴轴向限位由第一道和第五道轴承台肩完成，如轴向间隙大于使用限度 0.15mm，则应更换台肩的凸轮轴轴承				
	挺柱	(1)挺柱底部出现疲劳剥落时，更换新件 (2)底部出现环形光环，说明磨损不均匀，应尽早更换新件 (3)底部出现擦伤划痕时，应更换新件 (4)挺柱圆柱部分与导孔的配合间隙，一般应为 0.03~0.10mm，如超过 0.12mm 时应视情更换挺柱或导孔支架。装有衬套的结构可更换衬套 (5)液力挺柱的检修：液力挺柱检修前应进行分解清洗。检查液力挺柱与轴承孔的配合间隙，一般应为 0.01~0.04mm，使用限度为 0.10mm，超限后应更换液力挺柱 检查各部件有无损坏，应特别注意检查液力挺柱体外侧面及底部有无过度磨损。可用直钢板尺放在液力挺柱地面上检查底面有无凹陷磨损，如果底面呈凹型，更换液力挺柱。发动机总成修理时，如果气门出现开启高度不足时，一般应更换液力挺柱。在液力挺柱清洗、检查组装后，应在液力挺柱回降测度仪上检测各个液力挺柱的泄漏回降时间是否在规定范围内，以确保发动机配气机构传动系统的正常工作。还应排出液力挺柱渗入的空气，恢复气门的最大升程				
计算结果						
误差标准	径向圆跳动	≤0.15mm	轴颈直径在80mm以下的圆度、圆柱度		≤0.025	
			轴颈直径在80mm以上的圆度、圆柱度		≤0.040	
是否修理	○是 ○否		修理意见			
得分		考评人签名		日期	年 月 日	

气门传动组检测相关知识

为了使发动机进气充分，排气彻底，进气门应在上止点前打开，下止点后关闭；而排气门应在下止点前打开，上止点后关闭。用曲轴转角表示进、排气门实际开闭时刻和持续时间，称为配气相位，也称为配气定时。通常将进、排气门的实际开闭时刻和持续时间用曲轴转角的环形图来表示，这种图形称为配气相位图，如图1-33所示。

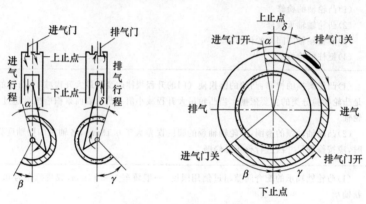

图1-33　配气相位图

理论上，四冲程发动机的进气门是在活塞处于上止点时开启，下止点时关闭。排气门则在活塞处在下止点时开启，上止点时关闭。进气持续时间和排气持续时间各占180°曲轴转角。但实际上由于发动机转速很高，活塞每一行程大约有0.003～0.006s左右的时间，在这样短的时间内换气，势必会造成进气不足和排气不净，从而使发动机功率下降，为了增加进气量，发动机气门实际开闭时刻不是在上、下止点位置，而是进排气门均提前开、迟后关一定的曲轴转角，来延长进、排气时间，以改善进、排气状况，从而改善发动机的性能。

1. 气门传动组的检修

（1）凸轮轴的检修

① 凸轮磨损的检修。凸轮的磨损使气门的升程规律改变和最大升程减小，凸轮的最大升程减小值是凸轮检验分类的主要依据。当凸轮最大升程减小值或凸轮表面累积磨损量超过极限时，则更换凸轮轴。

② 凸轮轴轴颈的磨削。凸轮轴轴颈的圆度误差大于0.015mm，各轴颈的同轴度误差超过0.05mm时，应按修理尺寸法进行校正并修磨。

（2）凸轮轴轴承检修

① 凸轮轴轴承的配合间隙超过使用限度，一般轿车为0.15mm，载货汽车为0.20mm时，应更换新轴承。

② 轴承内径与其承孔的位置顺序相适应。

③ 安装时，应使用专用的压装工具压入。

（3）凸轮轴轴向间隙的调整　凸轮轴轴向间隙的调整有两种方式。一种是增减固定在气缸体前端面上，位于凸轮轴第一道轴颈端面与正时齿轮（或链轮）之间的推力凸缘的厚度来调整。轴向间隙过大，应更换加厚的推力凸缘。安装时，推力凸缘有推力凸台的一侧应面向正时齿轮（或链轮）。另一种由轴承定位，如上海桑塔纳轿车发动机的凸轮轴轴向限位由第一道和第五道轴承台肩完成，如轴向间隙大于使用限度0.15mm，则应更换台肩的凸轮轴轴承。

2. 挺柱的检修

(1) 普通挺柱的检修　普通挺柱的主要耗损是：挺柱底部出现剥落、裂纹、擦伤划痕和挺柱与导孔配合松旷等。

① 挺柱底部出现疲劳剥落时，更换新件。
② 底部出现环形光环，说明磨损不均匀，应尽早更换新件。
③ 底部出现擦伤划痕时，应更换新件。
④ 挺柱圆柱部分与导孔的配合间隙，一般应为 0.03～0.10mm。如超过 0.12mm 时应视情况更换挺柱或导孔支架。装有衬套的结构可更换衬套。

(2) 液力挺柱的检修　液力挺柱检修前应进行分解清洗。检查液力挺柱与承孔的配合间隙，一般应为 0.01～0.04mm，使用限度为 0.10mm。超限后应更换液力挺柱。

检查各部件有无损坏，应特别注意检查液力挺柱体外侧面及底部有无过度磨损。可用直钢板尺放在液力挺柱底面上检查底面有无凹型磨损，如果底面呈凹形，更换磨损的液力挺柱。

发动机总成修理时，如气门出现开启高度不足时，一般应更换液力挺柱。在液力挺柱清洗、检查组装后，应在液力挺柱回降测度仪上检测各个液力挺柱的泄漏回降时间是否在规定范围内，以确保发动机配气机构传动系统的正常工作。还应排除液力挺柱渗入的空气，恢复气门的最大升程。

3. 推杆的修理

气门推杆一般都是空心细长杆，工作时易发生弯曲，直线度误差应不大于规定值，若气门推杆弯曲，则应进行校直。杆身应平直，不得有锈蚀和裂纹，上端凹球端面和下端凸球面半径磨损不应过大，否则应更换。

4. 摇臂轴和摇臂的修理

摇臂的损伤主要是摇臂头的磨损。检查时，摇臂头部应光洁无损。摇臂与摇臂轴的配合间隙如超过规定应更换衬套，并按轴的尺寸进行铰削或镗削修理。镶套时，要使衬套油孔与摇臂上的油孔重合，以免影响润滑。

摇臂上调整螺钉的螺纹孔损坏时，一般应更换。

摇臂轴轴颈的磨损量大于 0.02mm 或摇臂轴与摇臂承孔的配合间隙超过规定应更换。摇臂轴弯曲应冷压校直，使其直线度误差在 100mm 长度上不大于 0.03mm。

十五、气门座圈检测

项目卡号：015

班级		姓名		学号	
类别	汽车发动机的检修		项目		气门座圈检测
工具	气门皮锉、气门铰刀、气门研磨膏等				
检测要点	(1)气门座铰削：铰削时，铰刀是以插入气门导管内的铰刀导杆来定中心的，以保证铰出的气门座中心与气门导管的中心相重合。因此，要求气门导管镶入后和气门杆相配合适后，再进行气门座的铰削；并且铰削时，导杆应竖直，两手用力要均匀、平稳 (2)气门与气门座的配合研磨：为了使气门与气门座的工作结合面获得良好的配合，可采用研磨方法 (3)研磨方法有机动研磨和手工研磨，手工研磨比较可靠简便，机动研磨效率比较高，均被广泛采用 (4)手工研磨时，使用橡胶捻子将气门在座上往复旋转和提升，变换气门与座的相对位置，以保证研磨均匀。研磨时，不应过分用力，也不要提起气门用力在气门座上敲打，否则会将气门工作面磨宽或磨成凹形槽痕 (5)气门与气门座密封性的检验。①用软铅笔在气门工作面上均匀地（约每隔4mm 画一条线）划上若干道线条，与相配气门座工作面接触，并转动气门1/8～1/4 转，然后取出气门，检查铅笔线条。如果铅笔线条均被切断，则表示密封良好；如果有的线条未断，则表示密封不严，需要重新研磨。②用汽油渗漏法进行检验。③用带有气压表的专门检验气门密封性的检验器检验				
检测方法及步骤	(1)轻拍法，将气门与气门座圈的密封带面擦干净，将气门装上后，在气门头距离气门座20～30mm 时，用手将气门轻拍数下，气门与气门座的工作面均能出现一条完整的光环为正常 (2)划线法：在研磨过的气门工作面上，每隔8mm 左右用软铅笔画一条线，然后将相配的气门放在气门座上旋转1/4 圈。如所划的线条均被切断，则表示密封性良好；如有的线条未被切断，则说明密封不良，需重新研磨 (3)加压法：从进、排气管接口处各注入50mL 煤油，然后施加0.020～0.030MPa 的气压，看是否有煤油经气门渗出。如果有煤油渗出，应拆出气门进行再次研磨，直到气门密封性能良好为止 (4)涂色法：在气门工作面上涂上一层红色印泥，在气门自然压下气门座时，相对气门座旋转气门。此时，如果气门座密封面360°内都出现均匀的印泥，则说明气门是同心的，且密封带面研磨良好；反之则应重新研磨或更换气门				
计算结果					
误差标准	进气门	热	0.25±0.05	排气门	热 0.45±0.05
		冷	0.20±0.05		冷 0.45±0.05
得分		考评人签名		日期	年　月　日

气门座圈检测相关知识

气缸盖的进排气道与气门锥面相贴合的部分称为气门座。它与气门头部共同对气缸起密封作用，并接受气门传来的热量。气门座可在气缸盖上直接镗出，加工有与气门头部锥角相适应的锥面。由于气门座在高温条件下工作，磨损严重，故用耐热合金钢的材料单独制作，称为气门座圈，然后镶嵌到气缸盖上，以提高使用寿命和便于维修更换，如图1-34 所示。采用铝合金气缸盖的发动机，由于铝合金材质软，均用镶嵌式进、排气门座圈。

1. 气门与气门座的配合要求

① 为保证气门的可靠密封，气门与气门座工作锥面角度应保持一致。

② 气门与气门座接触时形成的密封带位置应在中部偏向气门杆。

③ 气门与气门座的密封带宽度应符合原厂设计规定，一般为1.2～2.5mm。排气门大于进气门的宽度，柴油机大于汽油机的宽度。

④ 气门工作锥面与杆部的同轴度和气门座与导管的同轴度误差应不大于0.05mm。
⑤ 气门杆与导管的配合间隙应符合原厂规定。

2. 气门座的更换

① 拉出旧气门座。

② 选择新气门座。用外径千分尺测量气门座外径，用内径量表测量气门座承孔内径，根据气门座和缸盖承孔的材质选择合适的过盈量。

③ 气门座的镶换。将检验合格的新气门座用干冰或液氮冷却，时间不少于10min。同时将缸盖的气门座承孔用汽油喷灯或在箱式炉中加热至373～423K，将气门座压入承孔中。

3. 气门座的铰削

气门座铰削时，应根据气门头部直径及斜面角度选用不同规格的铰刀。如图1-35所示，常用气门座铰刀一般为15°、30°、45°、75°四种规格。每种规格有直径不同的铰刀数把，以适应不同直径尺寸的气门头部的铰削需要。铰刀有粗、细铰刀之分，粗铰刀在刃口上有锯齿状缺口。

75°铰刀用来铰削气门座上的平面角，以使气门头部的下沉量符合要求，一般为0.5～1.0mm，并使气门座工作斜面下移，铰后的切削面与水平面夹角为15°。30°或45°铰刀为气门座工作面铰刀，根据气门工作锥面角度选用。15°铰刀用来扩大气门座孔内径，使气门座工作斜面上移，其切削面与气门座轴线夹角为15°，与水平面夹角为75°。如图1-36所示。

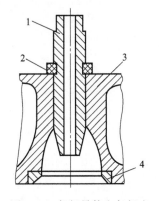

图1-34 气门导管和气门座
1—气门导管；2—卡环；
3—气缸盖；4—气门座

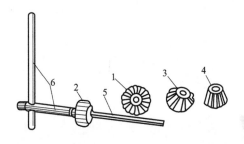

图1-35 气门铰刀
1—75°铰刀；2—45°铰刀；3—30°铰刀；
4—15°铰刀；5—定位杆；6—扳杆

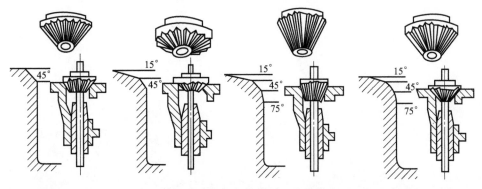

图1-36 气门座的铰削工艺顺序

气门座的铰削通常是用手工进行。铰削的工艺方法如下。

① 根据气门导管内径选择铰刀导杆，导杆插入气门导管内不能过紧，无松动为宜。

② 把粗砂纸垫在铰刀下，磨除座口硬化层，以防止铰刀打滑和减小铰刀过度磨损，延长铰刀的使用寿命。

③ 用与气门锥角相同的粗铰刀铰削工作锥面，直到凹陷、斑点全部去除并形成 2.5mm 以上的完整锥面为止。铰削时两手用力要均衡并保持顺时针方向转动。

④ 气门座和气门的选配，气门进行涂色试配，查看印迹。接触环带应在气门和斜面的中部靠下位置，若过上或过下，可用 15°或 75°锥角的铰刀铰削调整接触带的位置。接触面宽度一般进气门为 1.0～2.0mm，排气门为 1.5～2.5mm。

⑤ 最后用与工作面角度相同的细刃铰刀进行精铰，并在铰刀下垫细砂布磨修，以降低气门座口表面粗糙度。

十六、正时皮带检测

项目卡号：016

班级		姓名		学号		
类别	汽车发动机的检修		项目		正时皮带检测	
工具	皮带张紧器、螺丝刀、梅花扳手等					
检测要点	(1)皮带张紧度的检查 (2)皮带磨损老化的检查					
检测方法及步骤	(1)检查时，如果皮带有硬度降低、磨蚀、纤维断裂或者裂纹、裂缝的现象，就表明皮带已破损，不可以继续使用 (2)接下来，检查链轮故障。损坏的链轮能"烧毁"皮带材料，并加剧皮带齿磨损。链轮故障还可能使气门机构对正时皮带产生更大的阻力 (3)用拇指按压皮带中间部位，挠度应为 10~15mm (4)检查正时皮带或多楔带的张紧度，用手扭转正时皮带刚好可转 90°为适中 (5)作为定期维护，全面检查的一项内容，正时皮带的维护应该加在定期维护的程序中。如果忽视了这一点，没有定期检查、及时更换有故障的正时皮带，可能会导致严重的后果					
注意事项	(1)正时皮带属于耗损品，而且正时皮带一旦断裂，凸轮轴当然不会照着正时运转，此时极有可能导致气门与活塞撞击而造成严重损毁，所以正时皮带一定要依据原厂指定的里程或时间更换 (2)正时皮带属于橡胶部件，随着发动机工作时间的增加，正时皮带和正时皮带的附件，如正时皮带张紧轮、正时皮带张紧器和水泵等都会发生磨损或老化 (3)因此，凡是装有正时皮带的发动机，厂家都会有严格要求，在规定的周期内定期更换正时皮带及附件，更换周期则随着发动机的结构不同而有所不同，一般在车辆行驶到 6 万~10 万公里时应该更换，具体的更换周期应该以车辆的保养手册说明为准 (4)有许多高档车为保证工作稳定，采用金属链条来替代皮带。由于车辆正时齿形带断裂后会造成发动机内部气门损坏，危害较大，故一般厂家都对正时皮带规定有更换周期 (5)正时皮带一般是在 8 万公里时考虑更换。就算车上备有正时皮带，一旦发生其断裂，自己也无法更换。因此，当总行驶路程到达 8 万公里时，建议考虑更换之。正时皮带在水箱风扇的后面					
计算结果						
误差标准	进气门	热	0.25±0.05	排气门	热	0.45±0.05
		冷	0.20±0.05		冷	0.45±0.05
得分		考评人签名		日期	年 月 日	

  正时皮带检测相关知识

（1）曲轴带轮和正时带轮上都有标记（通常以"O"作标记）。装配时都要将标记和气缸体上正时齿轮室上的标记对齐，以保证配气相位的正确性，如图 1-37 所示。

（2）装上正时齿形带并检查确认齿形带不开裂，齿数、齿形不残缺，否则应更换。

（3）正时齿形带张紧度的检查。如图 1-38 所示，检查正时齿形带的张紧度，用手指在正时齿轮和中间齿轮之间捏住正时齿形带，以刚好能转 90°为合适，调整张紧轮固定螺母并拧紧。将曲轴转 2~3 圈后，复查确认。

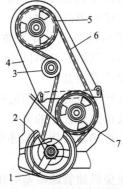

图 1-37　正时齿轮安装
1—曲轴皮带；2—正时记号；3—胀紧轮；4—护罩；
5—正时齿轮；6—齿形皮带；7—中间轴齿形轮

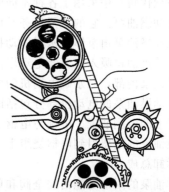

图 1-38　正时齿形带张紧度检查

十七、电动油泵检测

项目卡号：017

班级		姓名		学号	
类别	汽车发动机的检修		项目		电动油泵检测
工量具	万用表、诊断仪等				
检测要点	(1)掌握电动燃油泵工作状况的检测方法 (2)掌握电动汽油泵供油量检测的方法 (3)掌握燃油泵电路的检测方法、燃油泵继电器和保险丝的检测方法				
技术标准及要求	(1)点火开关一旦接通，电动燃油泵就会工作1～2s。此时，如果发动机转速高于30r/min，电动燃油泵才连续运转；如果发动机转速低于30r/min，那么即使点火开关接通，电动燃油泵也会停止运转 (2)当点火开关接通时，直流电动机电路接通，电枢受电磁力的作用而开始转动，油泵转子便随电动机一同转动，将燃油从油箱经输油管和进油口泵入燃油泵。当燃油泵内油压超过单向阀处弹簧压力时，燃油便从出油口经输油管泵入供油总管，再分配给各个喷油器 (3)当燃油泵停止工作时，在燃油泵出口单向阀弹簧压力的作用下，单向阀将阻止汽油回流，使供油系统中保存的燃油具有一定压力，以便于发动机再次启动 (4)当燃油泵中的燃油压力超过规定值(一般为320kPa)时，油压克服泵体上限压阀弹簧的压力将限压阀顶开，部分汽油返回到进油口一侧，使油压不至于过高而损坏燃油泵				
检测方法及步骤	(1)接通点火开关，听油泵声音，应该能够听到汽油泵启动的声音 (2)如汽油泵未启动，则关闭点火开关，连接线路(此时从中央接线板上拔下汽油泵继电器，短接油泵继电器的两个触电端子) (3)启动发动机，观察汽油泵工作情况，如果汽油泵工作，应检查汽油泵继电器 (4)如继电器良好，但汽油泵仍不工作，测量汽油泵导线端子电压，12V左右 (5)若电压额定值没达到，则检查测量点前的电路故障，如达到额定电压值，检测密封凸缘和油泵之间导线(旋下密封凸缘紧固大螺母，检测密封凸缘和汽油之间的导线是否有断路故障) (6)如无断路故障，检测汽油泵本体，测量燃油泵两端子之间电阻，应为2～3Ω				
检查数据					
是否修理	○是 ○否	修理意见			
得分		考评人签名		日期	年 月 日

电动油泵检测相关知识

1. 汽油泵的介绍

在现代轿车中采用了各种不同的汽油喷射系统，它们的供油方式也有所不同，但必须安装有电动燃油泵。它的主要任务是供给燃油系统足够的且有一定压力的燃油。

电动燃油泵由泵体、永磁电动机和外壳三部分组成。永磁电动机通电即带动泵体旋转，将燃油从进油口吸入，流经电动燃油泵内部，再从出油口压出，供给燃油系供油。燃油流经电动燃油泵内部，对永磁电动机的电枢起到冷却作用，又称湿式燃油泵。

电动燃油泵的电动机部分包括固定在外壳上的永久磁铁和产生电磁力矩的电枢以及安装在外壳上的电刷装置。电刷与电枢上的换向器相接触，其引线接到外壳上的接柱上，将控制电动燃油泵的电压引到电枢绕组上。电动燃油泵的外壳两端卷边铆紧，使各部件组装成一个不可拆卸总成。

燃油泵的附加功能由安全阀和单向阀完成。安全阀可以避免燃油管路阻塞时压力过分升高，而造成油管破裂或燃油泵损伤现象发生。单向阀设置目的是为了在燃油泵停止工作时密封油路，使燃油系统保持一定残压，以便发动机下次启动容易。

泵体是电动燃油泵泵油的主体，根据其结构不同可分滚柱式和平板叶片式。最常见的是滚柱式电动燃油泵。

电动燃油泵在车上安装在燃油箱外和燃油箱内。还有少数车型在燃油箱内、外各安装一个电动燃油泵，两者串联在油路上。

2. 汽油泵的检修

对汽油泵的基本技术要求是有足够的泵油量、良好的泵油压力和可靠的密封性。机械膜片式汽油泵有可拆式和不可拆式两种，不可拆式汽油泵发生故障时只能更换。

（1）汽油泵泵油能力的就车检查　在车上检查汽油泵泵油能力的方法如图1-39所示，检查时，用一个四通接头将压力表和流量管连接在汽油泵与化油器之间的管路上，先关闭流量开关，并使发动机在一定转速下空转，此时压力表读数即为汽油泵的泵油压力。然后打开流量开关，用流量瓶测量30s内的泵油量。若泵油量和泵油压力不符合标准，应检修或更换汽油泵。

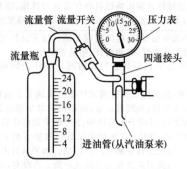

图1-39　汽油泵泵油能力检查

（2）汽油泵的离车检修　汽油泵从发动机上拆下或装配完后，可用简单方法对汽油泵进行一般检查。

① 进油阀密封性的检查。用手指堵住出油管接头和回油管接头，扳动外摇臂使汽油泵"吸油"，松开外摇臂后内摇臂应不回位，再扳动外摇臂时只能空转，否则说明进油阀密封不良，应研磨或更换。

② 出油阀密封性的检查。用手指堵住进油管接头，扳动外摇臂时应不能扳动，否则说明出油阀密封不良，应研磨或更换。

③ 膜片的检查。用手指分别堵住进、出油管接头和回油管接头，扳动外摇臂时若能扳动，说明膜片破裂，应予以更换。

④ 检查汽油泵膜片拉杆油封。堵住汽油泵下体泄油孔，扳动外摇臂时应不能扳动，否则说明油封密封不良，应更换。

⑤ 检查膜片弹簧。若弹力不足或折断，应更换。

⑥ 检查外摇臂与偏心轮接触处的磨损。若磨损超过0.5mm，应堆焊修理或更换外摇臂，不可拆式汽油泵则应更换汽油泵总成。同时还应检查偏心轮的磨损情况，必要时更换凸轮轴或中间轴。

⑦ 检查内、外摇臂之间间隙。若间隙过大，应焊修或更换。

⑧ 检查摇臂轴与摇臂孔配合。若摇臂轴因磨损而转动（间隙超过0.2mm），应更换。

⑨ 汽油泵性能的检查。用手指堵住进油管接头，扳动外摇臂应感觉有较强的吸力；在汽油泵进、出油管接头处接上软管，使进油软管浸入汽油中，在出油软管端接一容器，扳动外摇臂时出油软管应有急促的油柱喷出。

十八、活性炭罐检测

项目卡号：018

班级		姓名		学号	
类别	汽车发动机的检修		项目		活性炭罐检测
工量具	套筒工具、螺丝刀、油盆等				
检测要点	(1) 能根据故障现象分析活性炭罐的故障 (2) 能正确规范使用工量具及检测仪器 (3) 能借助检测仪器及工量具对活性炭罐部件进行检测，并判断故障点 (4) 能提出故障点维修方案并对故障点进行恢复				
技术标准及要求	(1) 活性炭罐电磁阀是在发动机达到一定工作温度和转速时才打开，让进气系统从活性炭罐中抽出汽油蒸汽。电磁阀由发动机 ECU 操纵，发动机不工作及怠速时是关闭的，此时 ECU 切断了电磁阀的搭铁电路 (2) 活性炭罐的功能好坏直接影响燃料净化系统的性能，净化系统出现问题不仅影响净化而且还可能造成发动机动力不足、发动机抖动、工作不稳定等故障现象				
检测方法及步骤	(1) 泄漏的检测：当无电信号时，电磁阀应关闭。拔下活性炭罐电磁阀，在两端子上直接接蓄电池电压。对准电磁阀进气孔吹气，检测阀开、闭是否良好 (2) 电阻的检测：用数字式万用表"Ω"挡测量活性炭罐电磁阀两触点间的电阻，其阻值应为 22～30Ω (3) 供电电压的检测：用发光二极管测试灯使插头端子 1 搭铁时，试灯应闪亮。若灯不亮，先检测端子 1 和保险丝间有无开路；如线路正常，则检测汽油泵继电器。若灯常亮，检测端子 2 到 ECU 间线路有无对地短路现象（1号端子为搭铁端，2号端子为信号端） (4) ACF 阀动作的检测：用发光二极管测试灯连接插头端子 1 和端子 2，进入最终控制诊断，选择活性炭罐电磁阀 N80，发光二极管测试灯应闪动。如果试灯不闪或者常亮，检测 ACF 阀插头端子 2 和测试盒端子 15 间的线路对正极有无开路或短路。若没有，则更换发动机控制单元 ECU（1号端子为搭铁端，2号端子为信号端）				
注意事项	(1) 活性炭过滤系统组成 (2) 电磁阀连接线路： 　1—搭铁 　2—信号端子 　15—与 ECU 连接端子				
检查记录	里程		VIN		
	车型		使用品牌		
是否更换	○是　○否		更换意见		
得分		考评人签名		日期	年　月　日

活性炭罐检测相关知识

1. 炭罐的原理及作用

炭罐其实是隶属于汽油蒸发控制系统（EVAP）的一部分，该系统是为了避免发动机停止运转后燃油蒸汽逸入大气而被引入的。如图 1-40 所示。

发动机熄火后，汽油蒸汽与新鲜空气在罐内混合并储存在活性炭罐中，当发动机启动后，装在活性炭罐与进气歧管之间的电磁阀门打开，活性炭罐内的汽油蒸汽在进气管的真空度作用下被洁净空气带入气缸内参加燃烧。这样做不但降低了排放，而且也降低了油耗。如

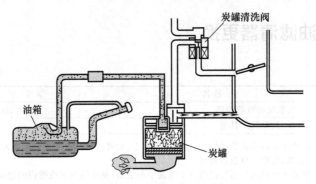

图1-40 炭罐工作原理图

图1-41所示为燃油蒸发控制系统原理图,而炭罐就是这个系统中最为关键的装置,收集和储存汽油蒸汽的工作主要就是由它来完成的,装在车上的炭罐其实是一个总成,它的外壳一般都是用塑料制造,内部填充可以吸附蒸汽的活性炭颗粒,顶部还设有用来控制进入进气歧管的汽油蒸汽及空气数量的清洗控制阀,用来净化汽油蒸汽的滤网等。

2. 炭罐的形状和位置

有些炭罐是圆柱形,有些则呈现长方体形,而且在每款车上的安装位置也不尽相同,有装在车架上的,也有装在发动机前罩附近的。虽然炭罐的位置因车款而异,但其实在我们的车上找到它并不是件难事。油箱上一般都只有三根管子,给发动机供油的管子和回油管都是与发动机相关的,而沿着剩下的那个管子顺藤摸瓜就能够找到这么个小小的装置了。由于油箱的油管一般在车底,按照这种方法做如果有难度的话可以考虑另外一种办法:顺着节气门后面接出的管子找,有时电磁阀组件会与炭罐做成一个整体部件,这时会在塑料外壳上发现一个长方形的小盒子,而这就是炭罐的所在地。

3. 与炭罐相关的故障及注意事项

(1) 车辆行驶异响。非怠速运转的发动机工作时,时不时可以听到"哒哒"的响声。遇到这种状况不要惊慌,要做的第一件事情是找到车上的炭罐电磁阀,判断"哒哒"的响声是不是它发出的,如果是那就不必理会了。因为炭罐电磁阀在油门打开时会产生断续的开关动作,从而发出声音,而这属于正常现象。

(2) 踩油门唑车,车内油味较大。如果遇到踩油门加速时唑车,且车内的汽油味比较大的故障,此时要格外注意炭罐系统中的管路是否破损。汽油蒸汽会沿着破损处直接排入大气中,造成车内汽油味大。而如果这时管路漏油,造成进入发动机进气道的是空气而不是燃油蒸汽,势必会造成发动机混合气过稀,从而导致不定时的唑车现象。

(3) 发动机怠速忽高忽低且加速无力。

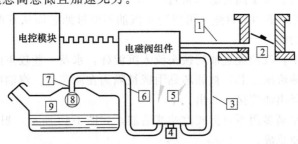

图1-41 燃油蒸发控制系统原理图
1—管路;2—节气门体;3—管路;4—空气入口;5—炭罐;
6—油箱管路;7—油箱阻尼器;8—TPCV阀;9—油箱

十九、汽油滤清器更换

项目卡号：019

班级		姓名		学号	
类别	汽车发动机的检修		项目		汽油滤清器更换
工量具	评估螺丝刀、套筒工具等				
更换要点	（1）汽油滤清器不在发动机上，而是在车架上，它可以把汽油过滤了再进入喷油器以免油中的渣子堵塞喷油器，给发动机造成损坏 （2）燃油滤清器的作用是过滤汽车燃油中的杂质，使供给发动机燃烧的燃油更纯净，一般的汽油滤清器每隔 20000 公里需要更换一次				
技术标准及要求	（1）电喷式发动机的汽油滤清器位于输油泵的出口一侧，工作压力较高，通常采用金属外壳。汽油滤清器的滤芯多采用滤纸，也有使用尼龙布、高分子材料的 （2）汽油滤清器一般安装在车辆后部底板处（有些车型也是内置的）。因为燃油管路可能会存在一定的压力，如果在这个时候拆卸相关部件会导致燃油喷出，从而引发火灾或喷入眼睛。为了安全起见，在进行更换作业之前，必须对压力进行释放				
更换方法及步骤	（1）打开发动机舱盖铺好三件套，防止划伤车辆 （2）按照对应车型的手册，找到并拔下油泵保险，启动车辆，等到车辆自行熄火 （3）检查车辆支撑情况，举升车辆到工作高度，并可靠锁止（油滤外置式） （4）拆除汽油滤清器，使用抹布遮挡				
注意事项	（1）汽油滤清器的型号必须和原车匹配 （2）拔掉保险或继电器启动车的时候，可以启动多次但是之间相隔的时间应比较长 （3）拆卸时应使用相对较为专业的工具，防止损坏卡扣 （4）安装时应该注意汽油滤清器的方向，防止装反				
检查数据	里程		VIN		
	车型		使用品牌		
是否更换	○是 ○否		更换意见		
得分		考评人签名		日期	年 月 日

汽油滤清器更换相关知识

汽油进入汽油泵之前，应经过汽油滤清器除去其中的水分和杂质，以保证汽油泵等正常工作。

国产 282 型汽油滤清器的构造如图 1-42 所示。进油管接头 12、陶瓷滤芯 5 外表面空间相通。沉淀杯 9 滤清器、盖 1 间有滤芯密封垫 3，并用螺栓固定。多孔性陶瓷滤芯 5 用螺杆 8 固定在盖上，滤芯密封垫和密封垫 3 可以防止汽油不经过滤芯而从其两端直接短路流入滤芯内腔，降低其滤清的能力。

在汽油泵的作用下，汽油经进油管接头流入沉淀杯，水及一些较重的杂质颗粒沉淀于杯底；较轻的杂质随汽油流向滤芯，被滤芯黏附或被隔离在滤芯外。汽油则由陶瓷滤芯的微孔渗入滤芯的内部后，经出油管接头 2 出。

目前轿车及小型车辆多用不可拆式汽油滤清器，如图 1-43 所示，根据生产厂家的规定，应定期更换整个滤清器总成。

滤芯根据材质的不同，可以分为金属网式、金属片缝隙式、多孔陶瓷式和纸质式等多种。其中，纸质式滤芯因性能良好、结构简单、使用方便而被广泛使用。

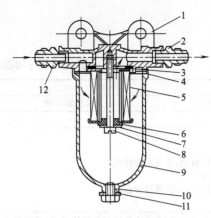 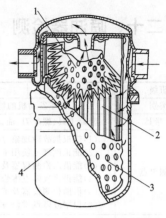

图 1-42　282 型汽油滤清器
1—滤清器盖；2—出油管接头；3,4,6,11—密封垫；
5—滤芯；7—垫圈；8—螺杆；9—沉淀杯；
10—螺塞；12—进油管接头

图 1-43　不可拆式汽油滤清器
1—中央多孔筒；2—纸质滤芯；3—多孔滤纸
外筒；4—滤清器壳体

二十、喷油器检测

项目卡号：020

班级		姓名		学号	
类别	汽车发动机的检修		项目	喷油器检测	
工量具	套筒工具、螺丝刀、油盆等				
检测要点	(1)能根据故障现象分析喷油器的故障 (2)能正确规范使用工量具及检测仪器 (3)能借助检测仪器及工量具对喷油器部件进行检测，并判断故障点 (4)能提出故障点维修方案并对故障点进行恢复 (5)借助检测仪器及工量具对喷油器部件进行检测，并判断故障点 (6)根据故障点维修方案并对故障点进行恢复				
技术标准及要求	(1)电喷发动机对点火系统和燃料供给系统要求都很高,在点火系统正常的情况下,燃料供给系出现了异常也会造成发动机动力不足、发动机抖动、工作不稳定等故障现象 (2)喷油器的功能好坏直接影响燃料供给系统的性能,所以要按正常步骤使用检测仪器对喷油器进行检测,并按规定对仪器和喷油器进行保养,对场地进行清理、维护 (3)喷油器是接受发动机控制单元送来的喷油脉冲信号,将计算精确的燃油喷入进气歧管内。喷油量的多少只与喷油时间的长短有关,与其他因素无关。而喷油时间的长短只取决于喷油脉冲信号的宽度 (4)当喷油嘴发生阻塞、滴漏等故障时,发动机控制单元不能检测,必须人工检查及排除				
检测方法及步骤	接触检测:发动机运转时,用手指接触喷油器,应可察觉喷油脉动 听觉检测:将喷油器两个接线端子通12V电压时,应可听到接通和断开的声音(注意通电时间不能超过4s,再次试验间隔30s,以防喷油器发热烧坏) 检测喷油器电阻值:拔开喷油器导线连接器,将万用表调至"200"挡,测量喷油器两个接线端子间电阻,阻值应该在13～18Ω,发动机处于正常工作温度时,电阻值会增加4～6Ω。如果阻值不符,则应更换喷油器(区分高阻和低阻) 检测喷油器控制端:拔下喷油器插头端子,将试灯连接到喷油器插头两端子之间。启动发动机时,试灯会闪亮,说明传感器和电脑无问题;若试灯不亮,说明线路、传感器或电脑有故障,须检查线路、曲轴位置传感器、凸轮轴位置传感器和电脑 检测喷油器供电电压:打开点火开关时,端子1对地电压应等于蓄电池电压。如果符合要求(应为12V),则应检查端子1到附加保险丝S间线路有无断路或接触不良 喷油器滴漏检测:拔下汽油压力调节器上的真空管和喷油器的插头及凸轮轴位置传感器插头,从进气歧管上拆下汽油分配管连带4个喷油器,将4个喷油器头部放入4个量杯内,把喷油器的一个触点与V.A.G1594测试线连接,测试线另一端夹住发动机接地点,把喷油器的另一个触点与V.A.G1348/3A遥控开关、V.A.G1348-2相配的导线连接,导线另一端夹住蓄电池的正极。使汽油泵运转,目测每个喷油器的滴漏。油泵运转时,每个喷油器在1min内允许滴油1～2滴。否则更换喷油器 喷油量检测:关闭点火开关2s后再打开。按V.A.G1348/3A遥控开关的按钮30s,测量喷油器喷油量,规定值为70～80mL/30s,各喷油器喷油量误差为5mL,如不符合要求,检查汽油压力或喷油器,同时可以观察喷射形状				
注意事项	喷油器的结构 1—O形密封圈;2—进油管与阀体组件;3—喷油器壳体;4—电磁线圈;5—弹簧;6—针阀(带衔铁);7—滤网;8—插头;9—阀座;10—喷油孔		喷油器的连接电路 ECU控制4个喷油器顺序开启(与点火顺序相对应:1—3—4—2),喷油器的供电来自燃油泵继电器,当ECU接通喷油器的搭铁线后,喷油器开启喷油。喷油量只取决于ECU控制的喷油器开启时间的长短			
是否更换	○是 ○否	更换意见			
得分		考评人签名		日期	年　月　日

喷油器检测相关知识

1. 喷油器的分类

(1) 按喷射位置分类　按喷射部位的不同可分为缸内喷射和缸外喷射两种。

如图 1-44 所示，缸内喷射是通过安装在气缸盖上的喷油器，将汽油直接喷入气缸内。这种喷射系统需要较高的喷射压力，约 3～5MPa。因而喷油器的结构和布置都比较复杂，目前极少应用。

如图 1-45 所示，缸外喷射是将喷油器安装在进气管或进气歧管上，以 0.20～0.35MPa 的喷射压力将汽油喷入进气管或进气道内。缸外喷射系统又分单点喷射系统（SPI）和多点喷射系统（MPI）。

单点喷射系统：在节气门上方装一个中央喷射装置（相当于化油器式发动机安装化油器的位置），由 1～2 个喷油器集中喷射。因此，单点喷射系统又称节气门体喷射（TBI）。由于一台发动机只装有 1 或 2 个喷油器在节气门体上。单点喷射系统（SPI）结构简单，故障少、维修调整方便，广泛地应用于普通轿车和货车，如图 1-45（a）所示。

多点喷射系统：每缸进气门处装有一个喷射器（如图 1-46 进气门处安装喷油器），由 ECU 控制喷射。其燃油分配均匀性好，但控制系统复杂，成本高，主要用于中、高级轿车，如图 1-45（b）所示。

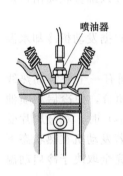

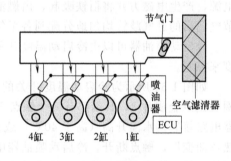

(a) 单点喷射系统(SPI)　　　　(b) 多点喷射系统(MPI)

图 1-44　缸内喷射　　　　　　图 1-45　缸外喷射
（高压直接喷射）

(2) 按喷射的连续性分类　按喷射的连续性将汽油喷射系统分为连续喷射式和间歇喷射式。连续喷射式是指在发动机工作期间，喷油器连续不断地向进气道内喷油。这种喷射方式大多用于节气门体喷射（TBI）式汽油喷射系统。间歇喷射式是指在发动机工作期间，汽油被间歇地喷入进气道内。多点汽油喷射系统都采用间歇喷射方式。

(3) 按喷射方式分类

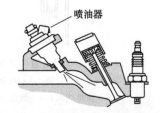

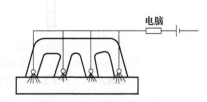

图 1-46　进气门处安装喷油器　　　　图 1-47　同时喷射示意图

① 同时喷射：将各气缸的喷油器并联，所有喷油器由电脑的同一个指令控制，同时喷油，同时断油。如图 1-47 所示。

② 分组喷射：将各气缸的喷油器分成几组，同一组喷油器同时喷油或断油。如图 1-48 所示。

③ 顺序喷射：喷油器由电脑分别控制，按发动机各气缸的工作顺序喷油。如图 1-49 所示。

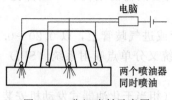

图 1-48　分组喷射示意图

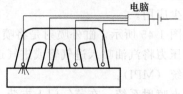

图 1-49　顺序喷射示意图

2. 冷启动喷油器

冷启动喷油器的功用是在发动机低温环境下启动时，向进气管喷入一定数量附加的燃油，以加浓可燃混合气。

冷启动喷油器的结构如图 1-50 所示。它也是一个电磁阀，在冷启动喷油器内有一个电磁线圈 2，针阀 1 与电磁线圈制成一体，被弹簧 5 紧压在阀座上。冷启动时，电磁线圈接通电源，产生电磁力并将衔铁吸起，由燃油导轨来的燃油通过旋流式喷嘴 6 以细雾状喷出，从节气门后的进气歧管均匀地分配到各个气缸。

冷启动喷油器可以由冷启动温度开关直接控制，也可以由电控单元根据发动机冷却水温度来控制。

如图 1-51 所示为冷启动温度开关的结构。它是一个中空螺钉，里面有一个外绕加热线圈 4 的双金属片 3，其端部有一个触点 5。水温低时（低于 30℃）触点闭合，使冷启动喷油器电路接通；水温升高（高于 40℃）或加热线圈加热时间较长（大于 15s）时，双金属片受热弯曲变形，触点断开，冷启动喷油器电磁线圈电路断开，喷油结束。若发动机在热状态下工作，触点始终断开。因此，冷启动喷油器燃油喷射及喷油的持续时间完全取决于冷启动温度开关的受热状态。

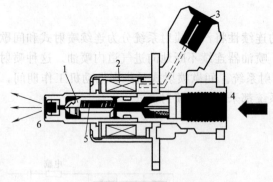

图 1-50　冷启动喷油器
1—针阀；2—电磁线圈；3—电源接头；
4—燃油入口；5—弹簧；6—喷嘴

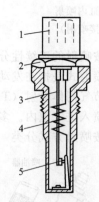

图 1-51　冷启动温度开关
1—电源接头；2—壳体；3—双金属片；
4—加热线圈；5—触点

二十一、燃油压力检测

项目卡号：021

班级		姓名		学号	
类别	汽车发动机的检修		项目		燃油压力检测
工量具	套筒工具、螺丝刀、油盆、燃油压力表组等				
检测要点	(1)能根据故障现象分析发动机燃料供给系故障原因 (2)能正确规范使用工量具及检测仪器 (3)能借助检测仪器及工量具对发动机燃料供给系零部件进行检测，并判断故障点 (4)能提出故障点维修方案并对故障点进行修复				
技术标准及要求	发动机抖动、工作不稳定、动力不足、加速无力出现这些故障现象可能是电路或者油路故障。要确诊造成上述现象的原因，在熟悉燃油系统基本组成的基础上，还要明确发动机燃油供给系统检测及操作步骤。应能按正确步骤使用燃油压力表，并要求学生按规定对燃油压力表进行保养，对场地进行清理、维护 燃油压力检测条件：油泵继电器正常工作、汽油泵正常工作、汽油滤清器正常、蓄电池电压正常，必须在怠速及发动机高转速下进行				
检测方法及步骤	燃油压力的释放	(1)关闭点火开关，使点火钥匙处于"ACC"位置，打开油箱盖 (2)拔下油泵继电器或油泵的电源接线，使整个燃油系统不能工作。使发动机自行熄火，再启动发动机 2~3 次，即可完全释放系统压力 (3)关闭点火开关，装上油泵继电器、油泵电源接线			
	测量供油系统压力和保持压力	(1)将压力表安装在汽油分配管的供油管上，打开汽油压力表开关 (2)启动发动机，怠速运转，检测油压[怠速时，AJR 发动机系统标准压力为：拔下油压调节器真空管为(300±20)kPa；不拔真空管为(250±20)kPa] (3)加油门，看油压变化(接上真空管，踩踏油门踏板，汽油压力表指针应在 280~300kPa 之间跳动) (4)关闭点火开关，10min 后，汽油保持压力应大于 150kPa。如保持压力小于 150kPa，启动发动机，怠速运转。当汽油压力建立起来后，关闭点火开关，同时关闭汽油压力表开关，继续观察压力表指针是否会下降 (5)测量完成后拆下燃油压力表，释放燃油压力，用抹布包裹连接接头，慢慢松开放压，拆开燃油压力表检测系统，重新接回原来的燃油管道 (6)测漏，启动发动机，测试有无渗漏，若无渗漏工作完成			
燃油系统油压不正常的原因	(1)油压不足 ①管接头或管子渗漏 ②汽油滤清器过脏 ③汽油泵不良 ④蓄电池电压不足 ⑤汽油压力调节器损坏		(2)油压过高 汽油压力调节器损坏		
数据记录					
是否更换	○是 ○否		更换意见		
得分		考评人签名		日期	年　月　日

燃油压力检测相关知识

1. 为什么要测量气缸压力

因气缸压力标志着气缸的压缩性能，气缸的压缩压力是衡量发动机技术状况的一个重要参数。通常采用测量气缸压力来确定发动机技术状况是否正常，或者借以判断发动机动力不足的故障所在。由于气缸压力的大小与气缸的密封有直接关系，所以通过检查气缸压力，判断活塞环、气门是否漏气，气缸垫是否损坏而窜气。测量发动机各缸压力普遍较低，一般是由于气缸与活塞环的磨损而造成漏气；如个别气缸压力较低，一般是由于气缸拉伤，活塞环端口相对，气门烧蚀，关闭不严，气缸衬垫损坏等原因造成。如相邻两气缸压力较低，且两缸压力相等或近似，一般是由于两气缸间衬垫损坏或缸盖螺栓松动所致。

2. 测量气缸压力的具体方法

（1）测量气缸压力必须在发动机温度正常（75~85℃）后进行，必要时预热发动机。

（2）节气门、阻风门开启至最大位置，同时卸下空气滤清器。

（3）测量汽油机时，拆下全部火花塞，将气缸压力表紧压在被测气缸的火花塞孔上，用启动机使曲轴旋转三圈以上（发动机转速应为100~150r/min）；柴油车应拆下全部喷油嘴，压力表接于喷油嘴安装孔上，用启动机带动发动机旋转（发动机转速应为500r/min时）。

（4）取下气缸压力表，正确读数，为确保测得数据准确，各缸依次测量两次，并做好记录，逐缸测量，其数值应符合原厂规定。对于汽油机来讲，同一台发动机各缸压力差一般不应超过其平均值的5%，柴油机一般不应超过其平均值的8%。测量气缸压力时，还应注意海拔高度对气缸压力的影响，随海拔升高，大气压力降低，气缸进气量不足，会导致气缸压力下降。海拔高度每上升1km，气缸压力约下降60kPa。

3. 测量方法及数值的确定

在测量气缸压力之前，应先卸下所有的火花塞，将回至零位的测量表触在被测气缸火花塞座孔处（有的气缸压力表旋拧在火花塞孔上）。启动发动机，观察并记住表针第一次跳动所指的数值。松开启动机，使表针回零位。经同样程序反复测量，但每次测量应以表针第一次跳动所能达到的最高数值为标准。表针第一次所能跳到的数值就是该缸的真实压力。如前后测量出现高低不均时，低数值说明活塞不是在充分进气和压缩时刻启动的。值得强调的是，每个气缸必须反复测量几次才能认定该缸的确切数值。另外一种测量缸压方式是把表头触在某一缸火花塞座孔后，接通启动机，在活塞压力作用下，气体压力推动表针从零位升至某一数值后，并不立即停止启动机运转，而是启动机不停地转动，活塞连续地反复压缩，屡次推动表针间歇跳动，直至表针不再升高为止，表针所达到的最高数值即为该缸的压力。这种以表针累计的最高数值作为气缸压力值有些不妥。如在同一气缸内，活塞第一次压缩行程表针达到800kPa，启动机不停运转，第二次压缩行程表针升至900kPa；曲轴还继续旋转，第三次压缩行程表针又在900kPa基础上升至1000kPa。在这三个数值中表针每向高跳动一次，说明有过一次压缩行程，就会跳动一次。表针在这三次间断性升高的压力属于在第一个压缩行程800kPa基础上接力性升到900kPa和1000kPa的。但这是三个压缩行程累积后的总压力，只能作为一种参考。在连续压缩的三个数值中，第一个压缩行程的800kPa才是被测气缸有效的工作压力。活塞连续压缩，表针间断性累积到再也不能升高的数值，此时被认为是某缸的工作压力是缺乏说服力的。如从发动机点火爆发时刻分析前述两者间的不同认识，便可一目了然。不论是两行程发动机还是四行程发动机，每个压缩行程终了时（即压力表第一次所跳到的数值）就是点火做功所产生的第一次动力。四行程发动机一个工作循环中，只有压缩行程时的有效压力才能达到爆发时的有效做功。而每一个压缩行程终了时（即点火时刻），恰是测量时表针第一次所能跳到的数值，也是某缸产生一次动力的基础时刻。如把表针几次跳动的压力总值说成是某缸的有效压力，如按此法测量和认识，每个气缸不是每一个压缩行程终了时点火做功一次，而是在二次、三次或几个压缩行程后，直到缸压不能再升高时，才点火做功产生一次动力。如图1-52所示，上述两种不同的测量和读法分析表明，在测量缸压时以活塞第一次压缩，即表针第一次跳动所指数值确定为某一缸的最高工作压力是否有一定道理，需值得进一步分析与探讨。任何发动机每个压缩行程终了时就点火产生一次动力，而在测量缸压时具体问题不作具体分析，就会给维修判断带来一定的假性结论，甚至导致错误的判断及维修。因此，认识了解缸压如何正确测量十分必要，而且也比较实用。

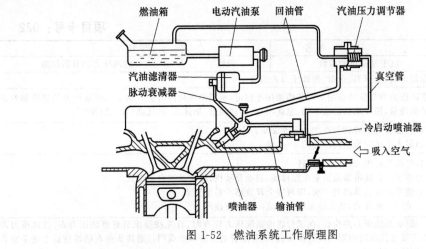

图 1-52 燃油系统工作原理图

二十二、燃油压力调节器检测

项目卡号：022

班级		姓名		学号		
类别		汽车发动机的检修		项目		燃油压力调节器检测
工量具		套筒工具、螺丝刀、油盆、燃油压力表组等				
检测要点		燃油压力调节器的作用是调节油压差恒定，所以出现故障时会直接影响喷油压差的高低和发动机的供油量，使发动机供油不稳、怠速不稳、启动困难、加速无力、耗油、冒黑烟等故障				
技术标准及要求		(1)燃油压力一般调节在250～350kPa范围 (2)最大油压应为供油压力的2～3倍				
检测方法及步骤	燃油压力的释放	(1)启动发动机，维持怠速运转 (2)拔下油泵继电器或油泵电源接线，启动发动机，使发动机自动熄火 (3)使发动机启动两到三次，即可完全释放燃油系统压力 (4)关闭点火开关，装上油泵继电器或油泵电源接线				
	测量供油系统压力和保持压力	(1)燃油系统压力的检查：在进行燃油系统压力检查时，首先按要求装好燃油压力表，燃油压力表可以安装在汽油滤清器的油管接头、燃油分配管的进油口处或用三通接头接在燃油管道上便于安装和观察的任何部位 (2)测试项目： ①供油压力：发动机怠速运转中燃油系统的实际工作油压，正常油压值在0.25～0.35MPa，如果表针剧烈摆动，油压不正常 ②调节压力：发动机怠速运转中，将油压调节器真空管拆开后，燃油系统升高后的油压减去供油压力的差值，应在28～70kPa之间 ③系统残压：发动机怠速运转时，读取燃油系统压力，然后将发动机熄火，并等待5min，其系统油压应保持在250kPa以上。如果无法保持残压，再将发动机启动，等建立油压后，关闭发动机，此时如果将回油管夹住后能保持残压，表示油压调节器漏油。如果夹住进油管后，才能保持残压，则表示燃油泵漏油。如果同时夹住进油管和回油管也无法保持残压，表示喷油器漏油				
燃油系统油压不正常的原因		(1)系统油压不足原因 ①管接头或管子泄漏 ②汽油滤清器过脏 ③汽油泵工作不良或蓄电池电压不足 ④汽油压力调节器损坏		(2)系统油压过高 燃油压力调节器损坏		
数据记录						
是否更换		○是　○否	更换意见			
得分		考评人签名		日期	年　月　日	

 燃油压力调节器检测相关知识

燃油压力调节器的作用是使系统油压（供油总管内油压）与进气歧管压力之差保持恒定，一般为250～300kPa，这样从喷油器喷出的燃油量便唯一地取决于喷油器的开启时间。

发动机需要的燃油量，除了取决于喷油器的持续喷油时间外，还与喷油压力有关。若喷油时间相同，喷油压力越大，喷油量就越多；反之，喷油量就越少。为了保持系统油压与进气歧管压差稳定，要求燃油压力调节器控制的系统油压，应随着进气歧管压力的变化作相应的变化。

燃油压力调节器的结构如图1-53所示。金属壳内有一膜片，膜片将内腔分成两部分：上腔为真空气室，弹簧紧压在膜片上，使回油阀关闭；下腔通往燃油分配管和燃油箱（见图1-54）。

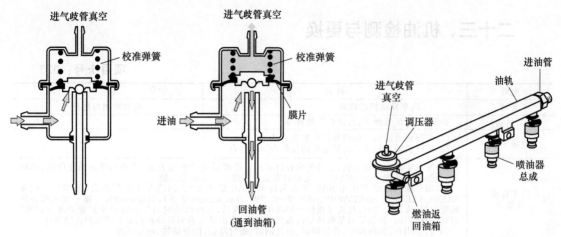

图 1-53 燃油压力调节器结构　　图 1-54 燃油压力调节器的安装位置

当燃油压力超过调定值时,膜片上方的燃油推动膜片向下并压缩弹簧,打开回油阀,超压的燃油流回燃油箱,以保持一定的燃油压力。下腔有一个通气管通进气歧管,这样燃油系统的压力就取决于进气歧管的绝对压力。

节气门开度变小或发动机转速升高时,进气管真空度变大,膜片克服弹簧弹力向下拱曲度增大,回油阀开度加大,燃油流回燃油箱的较多,系统压力下降。

节气门开度变大或发动机转速降低时,进气管真空度变小,膜片克服弹簧弹力向下拱曲度减小,回油阀开度减小,燃油流回燃油箱的较少,系统压力升高。

燃油供给装置的压力与进气管压力之差由弹簧的弹力决定。调节弹簧预紧力即可调节两者之差,达到改变喷油压力的目的。

二十三、机油检测与更换

项目卡号：023

班级		姓名		学号	
类别	汽车发动机的检修		项目		机油检测与更换
工量具	套筒扳手、机滤扳手、机油收集装置等				
检测要点	(1)掌握润滑油油量检测和品质鉴定方法 (2)掌握机油与机油滤清器更换的操作步骤及要点				
技术标准及要求	(1)发动机是汽车的心脏，发动机内有许多相互摩擦运动的金属表面，这些部件运动速度快、环境差，工作温度可达400~600℃，一定的润滑是发动机正常工作的关键 (2)润滑油的黏度多使用SAE等级别标识，SAE是英文"美国汽车工程师协会"的缩写。例如SAE40、SAE50或SAE15W-40、SAE5W-40，"W"表示winter(冬季)，其前面的数字越小说明机油的黏度越稀，流动性越好，代表可供使用的环境温度越低，在冷启动时对发动机的保护能力越好；"W"后面(一横后面)的数字则是机油耐高温性的指标，数值越大说明机油在高温下的保护性能越好 (3)其作用有：润滑减摩、冷却降温、清洗清洁、密封防漏、防锈防蚀、减震缓冲				
检测方法及步骤	油量检测	(1)检测时间：发动机启动前或熄火后一段时间 (2)检测条件：将车停于平坦的路面上 (3)检测方法：取出机油标尺，用抹布擦拭去除表面机油，然后再插入机油标尺孔，取出，观察机油油面高度，高度在标尺刻度"max"和"min"之间为合适，若低于"min"，油面过低，需添加；若高于"max"则过高，需放掉			
	油品检测	(1)一般检测：用手指捻拭机油尺上的机油，检查黏度是否适当，有无水泡和汽油味，是否过脏和变质。可以观察色泽和透明程度，颜色为黄色或黄褐色为正常，若发黑呈柏油状为不正常 (2)滤纸油斑法：在发动机急速运转时从主油道取样，或在发动机熄火后5min从油底壳放油孔取样，沉积环——机油被污染的程度；扩散环——机油中污染杂质的分散程度；油环——由浅黄到棕红，表示机油被氧化的程度			
	更换步骤	(1)车辆驶入车位(清理工位、准备工具。车辆驶入工位，拉紧驻车制动器并使变速器置于空挡位) (2)打开机舱盖，铺好叶子板护布 (3)预热发动机(进入驾驶室，横向摆动变速器挡位控制手柄，确认变速器处于空挡位置。打开点火开关，启动发动机并保持怠速运转3~5min。期间观察水温表指示数值的变化，当水温达到60~70℃时，关闭点火开关，停止发动机运转。将发动机预热，提高发动机的温度，使机油黏度变小，有利于发动机内机油排放彻底) (4)举升汽车，保证可靠锁止举升机 (5)排放机油(将机油回收桶置于发动机油底壳放油螺塞的正下方。用套筒、预制扭力扳手拧松放油螺塞。手缓缓旋动放油螺塞，当感觉到仅剩1~2丝扣时，继续旋出时要稍用力向上推放油螺塞，确定螺纹已全部旋出后，急速移开排油塞，让机油流入回收桶内) (6)检查放油螺塞并安装(检查放油螺塞垫片是否损坏，如有断裂要更换新垫片。使用棉纱擦净放油螺塞上吸附的金属屑) (7)拧下旧机油滤清器(使用机油滤清器扳手3417、接杆、扭力扳手旋松机油滤清器。用手旋下滤清器并放入废件回收桶中) (8)准备新机油滤清器(在新的滤清器内加注新鲜机油约为其容量的3/4后，在密封圈上均匀涂抹一薄层机油。①加注一定量的机油，目的是减少发动机启动期间建立润滑系统正常油压的时间，防止出现机件干摩擦；②在密封圈上涂抹一薄层干净机油，起到辅助密封的作用) (9)加注机油[当加注量接近油桶容量(4L)的3/4时，停止加注。过2~3min后，拔出机油尺，擦净刻度尺处的油液，将其插入机油尺套管内，取出机油标尺查看油面的高度，应位于上下刻度线中间偏上的位置。若油量不足，进行添加，不允许油面高于上刻度线] (10)检查添加量和有无渗漏(机油加注完毕，旋紧加油口盖)。进入驾驶室，打开点火开关，启动发动机并保持运转3~5min之后，关闭点火开关。待发动机停止运转3~5min之后，拔出机油尺，擦净刻度尺的机油，然后将其插回套筒内，确定插入到位后，再次拔出机油尺，观察油底壳中的油面在度尺上显示位置。如果油面显示于标尺的上下极限刻度线的中间偏上位置，为正常；偏下，则添加适量机油；高于上刻度线，应放出适量机油			
注意事项	(1)汽油机机油不能用于柴油机 (2)机油黏度应尽可能小些 (3)坚持经济适用的原则。在选择机油的使用级号时，高级机油可以在要求较低的发动机上使用，但过多降级使用时也不经济。切勿把使用级较低的机油加在要求较高的发动机中使用，否则会造成发动机早期磨损和损坏 (4)应尽量使用多级油。多级油的黏温性能好，在发动机中使用的时间长，节省燃料，而且四季通用，便于管理。使用多级油时，油色容易变黑，机油压力也比普通机油小些，这些都是正常现象，不影响使用				
检测数据		黏度级号		气温	
		5W/20		−25~20℃	
		10W/30		−20~30℃	
		10W/40		−20~40℃以上	
		15W/40		−15~40℃以上	
是否更换	○是 ○否		更换意见		
得分		考评人签名		日期	年 月 日

机油检测与更换相关知识

新车完成初始的行驶里程（磨合期）后，每行驶6000km更换一次润滑油，并同时更换机油滤清器。

热机后熄火，停几分钟，待各处润滑油都流回油底壳，再举升汽车，拧开油底壳底部的放油螺塞，放净原来用过的润滑油。然后拧紧放油螺塞，从气门室罩加油口向发动机加注厂家规定的润滑油，油面位置应在机油尺最上面两格之间，下格"ADD"（添加），上格"FULL"（充满）。

更换机油的同时更换机油滤清器。

现代轿车广泛采用一次性机油滤清器，其滤芯材料是纸质的，被过滤的杂质附着在滤芯外侧，长期使用会降低滤清器性能，因此使用到一定时间（一年或12000km）就应该更换机油滤清器。机油滤清器的更换步骤如下：

(1) 用专用工具拆卸机油滤清器，如图1-55所示。更换时，注意清洗滤清器安装表面。

(2) 安装新滤清器时，检查机油滤清器上的螺纹（A）和橡胶密封圈（B），清洁发动机气缸体底座，在新的机油滤清器内先灌满机油，再在密封圈上涂一层薄薄的机油。如图1-56所示。若不涂机油，安装时密封圈与接合面发生干摩擦，密封圈易翘曲和损坏，造成密封不良而漏油。

(3) 用手轻轻拧进机油滤清器，直到感觉有阻力为止，再用专用工具重新拧紧机油滤清器3/4圈，且不可拧得过紧。

机油滤清器安装后，一定要重新启动发动机，检查没有泄漏才行。机油型号的选择，主要是选择适合自己发动机黏温性的级别，对于中档以上汽车还必须选择多级油。因国内外各厂家机油的基础油和复合添加剂都大体相同，所以从经济角度考虑选本国知名品牌更合算。

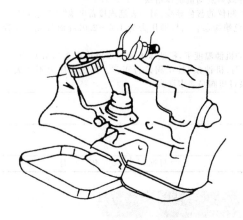

图1-55 拆卸机油滤清器

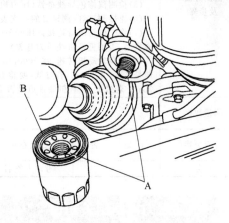

图1-56 检查、清洁及在密封圈上涂机油

二十四、机油压力检测

项目卡号：024

班级		姓名		学号		
类别	汽车发动机的检修			项目	机油压力检测	
工量具	机油压力表等					
检测要点	(1)掌握机油压力检测方法 (2)掌握机油压力检测仪和机油压力检测灯的使用 (3)能根据检测结果简单分析润滑系故障点					
技术标准及要求	(1)机油滤清器上没有旁通阀,启动压力为 0.18MPa (2)机油压力过低原因 ①发动机机油存储量过少,造成机油压力低 ②机油脏污、黏稠,导致机油泵不能将机油吸入、泵出,造成机油压力低或无压力 ③机油变稀,从发动机的各摩擦副间隙中泄漏,造成机油压力低 ④机油油管漏油、机油泵损坏或其零部件磨损超标,如曲轴与大小瓦之间的间隙超标,限压阀、泄压阀弹簧损伤或钢珠损伤造成阀的功能消失,都会导致机油的吸入、泵出量减少,导致机油压力低或无压力 ⑤机油感应塞、压力表或电路故障导致机油压力低 (3)机油压力高的危害 ①会加剧机油泵的早期磨损,并且机油管路及各处密封容易泄漏 ②造成燃烧机油过多,增加了机油的消耗,产生浪费 ③燃烧机油过多会造成燃烧室积炭过多、散热功能降低等不利因素 ④最终造成发动机动力不足					
检测方法及步骤	(1)检测条件:①机油液面正常;②当点火开关接通时,机油报警灯应该闪亮;③发动机机油温度约为 80℃ (2)拆下机油压力开关[低压开关(0.25bar,1bar=10^5Pa,棕色绝缘层)] (3)将机油压力开关拧到压力检测仪上 (4)将压力检测仪安装在发动机上(用机油压力检测仪取代机油压力开关安装在发动机上压力开关位置上) (5)检测仪棕色导线搭铁(压力检测仪棕色导线与发动机机体搭铁) (6)连接测试灯(测试灯的一支表笔接压力检测仪的蓝色导线,另一表笔连接蓄电池"+"接线柱) (7)将二极管试灯连接高压开关(1.8bar,白色绝缘层)。当机油压力为 1.6～2.0bar 时发光二极管应发亮,否则更换机油压力开关 (8)提高发动机转速(在 2000r/min 和 80℃的机油温度下,机油压力应至少维持在 2.0bar 以上,一般是 2.7～4.5bar。若过低,要检查机油泵滤网、机油泵、过压阀是否正常。但最大压力不能大于 7bar。若过大,检查机油油道是否堵塞、机油泵过压阀是否卡滞)					
测量数据						
是否更换	○是　○否		更换意见			
得分		考评人签名		日期	年　月　日	

 机油压力检测相关知识

如果机油压力表指针读数低于标准值,则表明机油压力过低。应立即停车修理,否则会造成主轴承或连杆轴承烧蚀等故障。

1. 机油压力过低的原因

(1) 机油方面:冷车时机油压力正常,热车后机油压力低,说明机油黏温性不好。另外机油运动黏度过低,则会造成冷车和热车时机油压力都低。机油液面低于规定值也会造成机油压力低。

(2) 机油集滤器堵塞或油泵发生早期磨损。

(3) 限压阀弹簧过软、折断或调整不当。

(4) 粗滤器后边的主油道堵塞。粗滤器装配不当，漏油。

(5) 曲轴主轴承、连杆轴承或凸轮轴轴承间隙过大，造成机油流失过快。

(6) 气缸垫损坏，冷却液进入曲轴箱。

(7) 机油表或传感器失效。

(8) 机油过脏，造成机油限压阀卡滞在泄油的一侧。

2. 机油压力过低的诊断方法

(1) 机油压力始终低，首先拔下机油尺检查机油高度、机油黏度，是否有水（有水机油会发白）和是否有汽油。

(2) 检查机油压力表和传感器是否良好。打开点火开关，拆下机油压力传感器使之搭铁，如机油压力表针不动，说明机油压力表有故障。这是因为机油压力越高，传感器输出电流越大。传感器导线搭铁，表针应迅速上升。

(3) 拆下机油感应塞，短时间发动，若机油喷射无力，应检查限压阀弹簧是否过软、折断，钢球是否磨损，如限压阀良好，拆油底壳，看集滤器是否发生堵塞。集滤器如没有发生堵塞，应重点检查主动齿轮与泵盖之间的间隙。

(4) 检查主轴承、连杆轴承和凸轮轴轴承间隙是否过大。

(5) 如发动机在运转中特别是刚维护完成试车时，机油压力突然下降，应立即熄火，检查润滑系各部位有无泄漏，重点检查机油滤清器密封垫处。

(6) 汽车行驶中突然出现"镗、镗"的沉闷响声，机油压力由正常突然变得没有了，说明曲轴主轴承合金脱落（曲轴主轴承合金脱落造成主轴承和曲轴的间隙过大，使油压迅速降低），应立即停车修理，或空车低速开到最近的修理厂修理。如继续强行行驶，会造成曲轴和轴瓦粘连。

发动机机油压力过低的诊断与维修建议见表1-5。

表1-5 发动机机油压力过低的诊断与维修建议

故障	诊　　断	维　　修
机油压力过低	(1) 机油油位低 (2) 量表、报警灯或传感器不准确 (3) 由于稀释、质量差或等级不对而导致机油过稀 (4) 机油温度过高 (5) 限压阀弹簧过软或卡滞在开启位置 (6) 机油泵进油管和集滤器堵塞或漏气 (7) 机油泵间隙过大 (8) 主轴承、连杆轴承或凸轮轴轴承间隙过大	(1) 将机油添加到正确的油位 (2) 检查或按需要更换 (3) 排干并重新加注推荐的机油 (4) 解决发动机过热的问题 (5) 拆下并检查机油限压阀 (6) 拆下并检查机油泵进油管和集滤器 (7) 检查并按需要更换 (8) 集滤器检查轴承间隙，按需要修理

二十五、机油泵检测

项目卡号：025

班级		姓名		学号	
类别	汽车发动机的检修		项目		机油泵检测
工量具	套筒工具、检测设备等				
检测要点	(1)掌握机油泵不解体检测方法 (2)能顺利拆装机油泵,并掌握机油泵三隙的检测方法、了解主要技术参数				
技术标准及要求	机油泵是在润滑系统中,可迫使机油自油底壳送到引擎运动件的装置。它是用来使机油压力升高和保证一定的油量,向各摩擦表面强制供油的部件。内燃机广泛采用齿轮式和转子式机油泵。齿轮式油泵结构简单,加工方便,工作可靠,使用寿命长,泵油压力高,得到广泛应用。转子泵转子形体复杂,多用粉末冶金压制,这种泵具有齿轮泵同样的优点,但结构紧凑,体积小,在内燃机上的应用越来越多				
检测方法及步骤	不解体检测	(1)检查主动轴间隙(径向晃动和轴向推拉主动轴,有间隙但不松旷,表明磨损不严重) (2)油泵出油量检测(把集滤器浸入清洁的机油中,按机油泵工作时主动轴的旋转方向转动机油泵主动轴,机油应从出口流出) (3)泵油压力的检测(如泵油无泡沫,用手堵住出油口,继续转动机油泵,手指应有压力感,同时感到转动主动轴的阻力明显增大,直到转不动或机油被压出,则表明机油泵技术状况良好)			
	解体检测	(1)分解机油泵 (2)检测限压阀(观察限压阀是否有刻痕或损坏,在阀门上涂上一层润滑油,检查其是否能够靠自重缓慢地降落到阀孔内,即阀芯在阀体内的移动要平顺,否则更换) (3)检测泵体间隙(即外转子与泵体之间的间隙。用塞尺纵向插入进行检测。当大于0.20mm时,则成套更换转子或泵体) (4)检测内外转子之间的间隙(用塞尺检测内外转子齿顶间隙。当大于0.20mm时,应成组更换转子) (5)检测端面间隙(端面间隙即内外转子端面与泵盖之间的间隙。用钢直尺或刀口尺垂直放于转子端面,然后用塞尺插入检测。当大于0.20mm时,应成套更换转子和泵体) (6)装复转子泵			
检测数据					
是否修理	○是 ○否	修理意见			
得分		考评人签名		日期	年 月 日

机油泵检测相关知识

1. 机油泵

机油泵的功用是将一定数量的机油建立起压力并输送到各摩擦表面,保证机油在润滑内连续不断地循环。汽车发动机常用的机油泵按结构形式分有齿轮式和转子式两种。齿轮式机油泵又分内接齿轮式和外接齿轮式,一般把后者称为齿轮式机油泵。

2. 结构

外接齿轮式机油泵通常安装在曲轴箱内,由凸轮轴上的斜齿轮或曲轴前端齿轮驱动,其结构如图1-57所示。

在机油泵壳内装有一对外啮合齿轮。在机油泵体上装有机油泵轴,机油泵轴的下端用半圆键与主动齿轮装配在一起。从动齿轮滑套在从动齿轮轴上,从动齿轮轴压入泵体内。

机油泵的使用性能取决于齿轮与泵体的配合间隙。两齿轮与机油泵壳体内壁间的间隙很小,齿轮与泵体的径向间隙一般不超过0.20mm,齿轮端面与泵盖之间的间隙不超过0.05~0.20mm。间隙过大,润滑油压力降低,泵油量就会减少。在泵体与泵盖之间有密封垫,既可以防止漏油，又可以用来调整齿轮的端面间隙。

3. 工作原理

齿轮式机油泵的工作原理如图 1-58 所示。发动机工作时，齿轮按图中所示箭头方向旋转，进油腔因齿轮脱离啮合使其容积增大，产生一定的真空度，润滑油便从进油口被吸入并充满进油腔。随着齿轮旋转，将齿间所存的润滑油带到出油腔 3。由于出油腔齿轮进入啮合状态，齿间容积减小，油压升高，润滑油便经出油口送进发动机油道。机油泵通常由凸轮轴上的齿轮或曲轴前端的齿轮驱动。在发动机工作时，机油泵齿轮不断旋转，从而保证润滑油在滑油路中连续不断地循环。

齿轮式机油泵结构简单，制造方便，工作可靠，效率高，功率损失小；但需中间传动机构驱动，制造成本较高。奥迪 100、捷达、上海桑塔纳等轿车发动机均采用齿轮式机油泵。

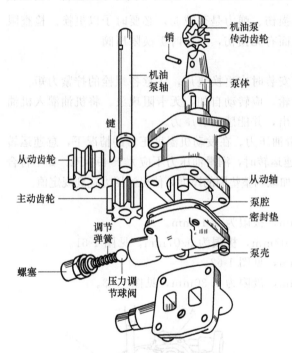

图 1-57 齿轮式机油泵的结构

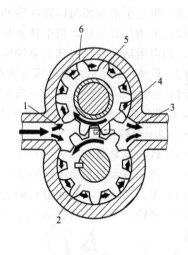

图 1-58 齿轮式机油泵工作原理
1—进油腔；2—机油泵主动齿轮；3—出油腔；
4—卸压槽；5—机油泵从动齿轮；6—机油泵体

4. 齿轮泵检修

（1）检查齿轮啮合间隙。检查时，将机油泵盖拆下，用厚薄规在互成 120°角三个位置处测量机油泵主、从动齿轮的啮合间隙，如图 1-59 所示。新机油泵齿轮啮合间隙为 0.05mm，磨损极限值为 0.20mm。

（2）检查机油泵主从动齿轮与机油泵盖接合面的间隙。主从动齿轮与机油泵盖接合面间隙的检查方法如图 1-60 所示，正常间隙应为 0.05mm，磨损极限值为 0.15mm。

（3）检查机油泵主动轴的弯曲度。将机油泵主动轴支承在 V 形架上，用百分表检查弯曲度。如果弯曲度超过 0.03mm，则应对其进行校正或更换。

（4）检查主动齿轮与机油泵壳配合间隙。主动齿轮轴与机油泵壳配合间隙应为 0.03～0.075mm，磨损极限值为 0.20mm。否则应对轴孔进行修复。

（5）检查机油泵盖。机油泵盖如有磨损、翘曲和凹陷超过 0.05mm，应以车、研磨等方法进行修复。

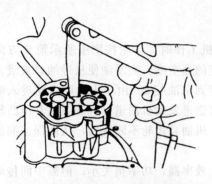 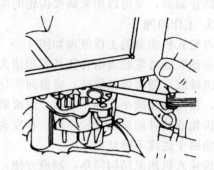

图 1-59 检查机油泵齿轮啮合间隙　　　图 1-60 检查机油泵主从动齿轮端面间隙

（6）检查限压阀。检查限压阀弹簧有无损伤、弹力是否减弱，必要时予以更换。检查限压阀配合是否良好、油道是否堵塞、滑动表面有无损伤，必要时更换限压阀。

5. 机油泵的安装与试验

（1）机油泵的安装与拆卸顺序相反。但安装时应更换垫片，注意各螺栓的拧紧力矩。

（2）机油泵装复后，用手转动机油泵齿轮，应转动自如，无卡阻现象。将机油灌入机油泵内，用拇指堵住油孔，转动泵轴应有油压出，并能感到有压力。

（3）机油泵装车后，通过压力表观察润滑油压力。在发动机温度正常的情况下，急速运转时，润滑油压力不应低于 30kPa；当发动机高速运转时，润滑油压力不应大于 490kPa。如不符合标准，应调整限压阀，可在限压阀弹簧的一端加减调整垫圈的厚度，使机油压力达到规定值。

6. 转子泵检查重点

（1）机油泵泵轴间隙为 0.045～0.085mm，极限为 0.10mm。

（2）转子端面与泵盖的间隙为 0.03～0.07mm，极限为 0.07mm，见图 1-61。

（3）主、从动转子间间隙极限为 0.12mm，见图 1-62。

（4）外转子和壳体间隙为 0.10～0.12mm，极限为 0.30mm，见图 1-63。

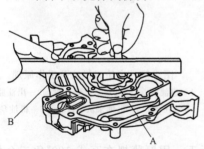 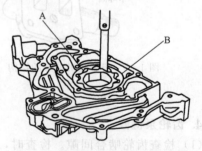

图 1-61 检查转子泵端面间隙　　　图 1-62 检查主、从动转子间间隙

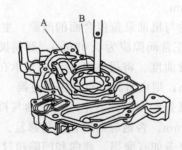

图 1-63 检查外转子和壳体间隙

二十六、水泵检测

项目卡号：026

班级		学号		姓名		学号	
类别	汽车发动机的检修			项目		水泵检测	
工量具	套筒工具、检测设备等						
检测要点	(1)了解冷却系的主要组成部分 (2)了解水泵的组成和工作原理						
技术标准 及要求	(1)冷却系的功用是将受热零件吸收的部分热量及时散发出去，保证发动机在最适宜的温度状态下工作 (2)发动机的冷却系有风冷和水冷之分。以空气为冷却介质的冷却系称为风冷系 (3)以冷却液为冷却介质的称为水冷系。汽车发动机常用的冷却系为强制循环水冷系，即利用水泵提高冷却液的压力，强制冷却液在发动机中循环流动 (4)水泵的功用是对冷却液加压，使之在发动机冷却系中加速循环流动。主要由水泵壳体和泵盖、叶轮与水泵轴以及轴承和水封等组成 (5)工作原理是：当叶轮旋转时，水泵中的冷却液被叶轮带动一起旋转，并在本身的离心力作用下，向外周甩出，产生压力，经叶轮后径向直接进入机体水套，然后流入气缸盖水套，由气缸盖前端的出水口流出						
检测方法及步骤	(1)水泵皮带张紧度的检查(在皮带中部用大约10kg的力下压时，应有6~8mm的下陷。皮带松紧度过大会消耗更多的发动机动力；过小会导致皮带打滑，水泵泵水能力下降) (2)打开发动机散热器盖(便于观察冷却液循环情况) (3)启动发动机，缓慢加速，观察冷却水循环(观察加水口内冷却水的循环，若不断加快，则水泵工作正常，叶轮也不打滑。反之，水泵有问题) (4)拆卸缸盖通过散热器上储水室接头胶管，检测水泵(当不易从加水口观察冷却水循环时，让发动机在水温较高时熄火，并迅速拆下气缸盖通往散热器上水室接头的胶管，再用布团将上水室接头塞住，从加水口向散热器内加注冷却水，再启动发动机，若气缸水套内和散热器中的水被水泵泵出胶管外200mm左右，说明水泵工作正常，叶轮也不打滑，反之则异常) (5)拆卸水泵 (6)检查带轮和水泵轴(检查水泵轴承转动是否平稳和有无噪声。如转动不顺或轴承间隙过大，应更换水泵) (7)安装水泵						
注意事项	(1)打开发动机散热器盖时，防止烫伤 (2)安装水泵，拧紧水泵螺栓力矩为15N·m						
检测数据							
是否修理	○是　○否		修理意见				
得分		考评人签名			日期	年　月　日	

 水泵检测相关知识

　　汽车发动机广泛采用离心式水泵。它具有结构简单、质量轻、尺寸小、泵水量大及维修方便等优点。其工作原理如图1-64所示。

　　当叶轮2旋转时，水泵内的冷却液被叶片带动一起旋转，并在离心力的作用下甩向壳体边缘，在轮廓线为对数螺旋线的水泵壳体1内，将动能转变为水的压力能，经与叶轮切线方向的出水口压入发动机的冷却液套。与此同时，在叶轮中心处因具有负压而使散热器中的水经进水管被吸入水泵叶轮中心。

　　如图1-65所示，在叶轮与球轴承之间装有水封，用来防止水泵内的冷却液沿水泵轴渗漏。水封中的弹簧通过水封环将水封皮碗的一端压在水封座圈上，而将皮碗的另一端压在夹布胶木密封垫圈上。夹布胶木密封垫圈在弹簧的压力下与水泵叶轮毂的端面贴合。密封垫圈上有两个凸耳卡在水泵上的槽孔内。因此，在水泵工作时，水封不随水泵轴旋转。水泵壳体上有排放口，位于水封之前。一旦有冷却液漏过水封，可从排放口泄出，以防止冷却液进入轴承而破坏轴承的润滑。

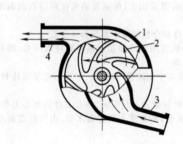

图 1-64　离心式水泵工作原理示意图
1—水泵壳体；2—叶轮；3—进水管；4—出水管

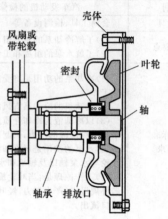

图 1-65　离心式水泵的结构示意图

二十七、节温器及散热器检测

项目卡号：027

班级		姓名		学号	
类别	汽车发动机的检修		项目		节温器及散热器检测
工量具	套筒工具、检测设备等				
检测要点	(1)了解节温器、散热器的工作原理 (2)掌握冷却系节温器、散热器的常规检测方法				
技术标准及要求	(1)节温器装在机体上的水泵进口处,节温器阀门在87℃时开始开启,在102℃时全开。短路循环是常开的,这样可使冷却系统的温度提高到一个较高的水平,改善发动机的热效率,同时可以确保冷却系统始终有冷却液在循环 (2)在水中加热节温器,观察节温器阀门开启温度和升程。节温器开始打开温度约为87℃±2℃,结束打开温度约为120℃,节温器最大升程约为8mm			(1)散热器又称水箱,其主要组成部分是上储水室、散热器芯和下储水室等。当冷却液流经散热器芯时,因其热量被通过散热器芯外的温度较低的空气带走而得到冷却。按照散热器中冷却液的流动方向,散热器分为横流式和纵流式两种 (2)散热器水管因杂质、油污、污垢多而堵塞时,就会因冷却水循环受堵而使水温过高	
检测方法及步骤	(1)拆下节温器(按拆卸要求从发动机上拆下节温器) (2)检测节温器(在水中加热节温器,观察节温器开启温度和升程。节温器开始打开温度为:87℃±2℃;结束打开温度约为120℃;升程约为8mm) (3)安装节温器(按安装要求装复节温器。清洁O形圈密封表面、节温器感温部分必须在气缸体内、用冷却液浸湿新O形密封圈)			(1)打开散热器加水口盖,调整散热器内液面高度(使上储水室的水位低于加水口10mm左右) (2)启动发动机,运转,观察水位变化,判断堵塞情况(启动发动机,先以怠速运转,注意观察水流和水位,随后使发动机转速提高到1200r/min左右,仔细观察转速提高时的水位变化。若高速比怠速时水位升高,甚至冷却水溢出加水口,则说明管道堵塞;若高速比怠速时水位略低,而且随着发动机转速的稳定,水位相对保持不变,则表明散热器畅通、水管无堵塞) (3)添加冷却液,盖上加水口盖,路试(检查水温是否偏高,检查冷却液数量等)	
注意事项	(1)拆卸时防止损坏节温器 (2)观察冷却系统水位和压力,防止爆管				
检测数据					
是否修理	○是　○否	修理意见			
得分		考评人签名		日期　　年　　月　　日	

  节温器及散热器检测相关知识

1. 节温器的结构与工作原理

目前汽车上多采用蜡式节温器,其核心部分为蜡质感温元件。蜡式双阀门节温器的结构如图1-66所示。主要由主阀门1、副阀门10、推杆11、壳体9和石蜡8等组成。推杆11的一端固定在支架3上,另一端插入胶管4的中心孔内。石蜡8装在胶管与节温器壳体9之间的腔体内。

发动机工作后,冷却液温度升高,石蜡8逐渐变为液态,体积开始膨胀。在发动机冷却液温度低于80℃时,石蜡产生的膨胀力小于主阀门弹簧12的预紧力,主阀门1在主阀门弹簧的作用下压在出水口上,从气缸盖出口流出的高温冷却液不经散热器直接返回水泵。此时冷却液的循环路线称为小循环,见图1-67（a）。

当发动机冷却液温度超过85℃时,石蜡产生的膨胀力克服了主阀门弹簧的预紧力,主阀门开始打开，水温达到 105℃时，主阀门完全打开，而副阀门 10 则彻底关闭了小循环通路，见图 1-67（b），这时来自气缸盖出水口的高温冷却液全部进入散热器进行冷却，之后再由水泵重新压入发动机的冷却液套内。此时冷却液的循环路线称为大循环。

当冷却液的温度在 85～105℃时，主、副阀门都打开一定的程度，此时，冷却系中的大、小循环同时进行。

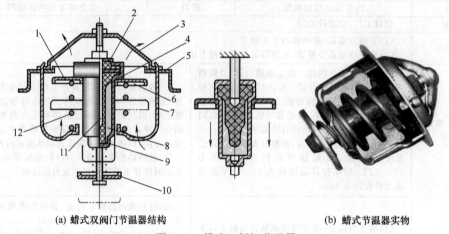

图 1-66 蜡式双阀门节温器
1—主阀门；2—隔圈；3—支架；4—胶管；5—阀座；6—弹簧座；
7—支架；8—石蜡；9—壳体；10—副阀门；11—推杆；12—弹簧

主阀门的开始开启到开到最大时的温度随不同的车型有所不同，如桑塔纳 AJR 型发动机节温器，主阀门开始开启温度应为 85℃，完全开启时的温度应为 105℃。一般载货汽车发动机节温器的开启温度较低，如 CA6102 发动机节温器，主阀门开始开启温度应为 76℃，完全开启时的温度应为 86℃。

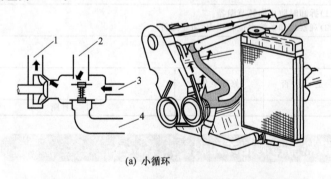

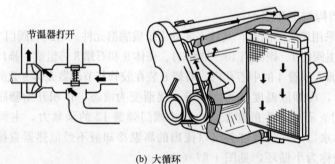

图 1-67 发动机冷却水循环工作示意图
1—通向发动机；2—来自发动机；3—来自暖风机（桑塔纳轿车）；4—通向散热器

蜡式节温器的工作介质为石蜡，石蜡在液相和固相之间转变，对冷却系的压力变化不敏感，因此工作可靠，使用寿命长，结构简单，成本低。一汽捷达、奥迪 100 型轿车发动机冷却系采用的就是蜡式双阀门节温器。

2. 节温器的布置

一般水冷系统的冷却液都是由发动机的机体流进，从气缸盖流出。因此大多数节温器布置在气缸盖出水管路中（如图 1-68 所示）。这种布置方式的优点是结构简单，容易排除冷却系中的气泡。

节温器也可以布置在散热器的出水管路中（水泵的进水口），这种布置方式可以减轻或消除节温器振荡现象，并能精确地控制冷却液温度，但其结构复杂，多用于高性能的汽车及在冬季经常高速行驶的汽车上。奥迪 100 型、桑塔纳等轿车发动机的节温器即布置在散热器出口的管路中。

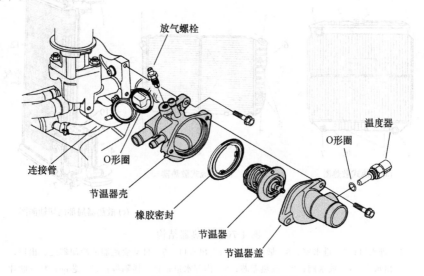

图 1-68　节温器布置在气缸盖出水管路中

3. 节温器的检测

把节温器放在水中加热，分别测开启的温度、全开的温度和开启量是否符合厂家的具体规定（不同厂家略有差异），如不符合必须更换。检测步骤如下（以捷达轿车为例，如图 1-69 所示）。

① 将节温器放在一个充满水的容器内加热，用温度表监测温度。

② 水温约 87℃ 时，节温器阀门必须开启。

③ 水温约 105℃ 时，应完全打开，阀门最低行程为 8mm。

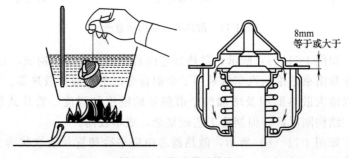

图 1-69　节温器的检查

当阀门的升程衰减到 8mm 以下时就不能继续使用，应予以更换。

注：某些公司的节温器规定全开温度为 100℃ 以上，在水中无法测试。如需检测可在油中测试。

散热器俗称水箱，安装在发动机前的车架横梁上。它是冷却液散热降温的主要部件，冷却液经过散热器后温度可降低 10~15℃。在散热器后面装有风扇与散热器配合工作。

如图 1-70 所示，散热器主要由进水室 2、出水室 6、散热器芯 8 和散热器盖 3 等组成。在上、下水箱上分别装有进水管口 1 及出水管口 4，它们分别用软管与发动机气缸盖上的出水管口及水泵的进水管口连接。下水箱中还常设有放水开关，必要时可将散热器内的冷却液放掉。

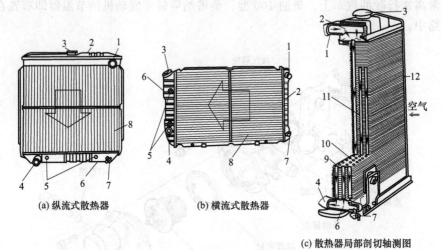

图 1-70 散热器结构

1—进水口；2—进水室；3—散热器盖；4—出水口；5—自动变速器油冷却器进、出口；
6—出水室；7—放水阀；8—散热器芯；9—内部水道；10—横隔板；11—芯部；12—肋片

4. 散热器芯的结构形式

散热器芯的常见结构形式有管片式、管带式和板式三种，如图 1-71 所示。

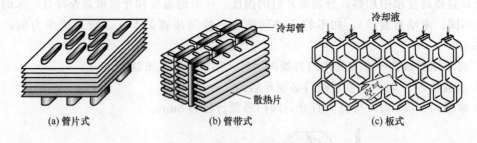

图 1-71 散热器芯结构示意图

(1) 管片式 如图 1-71 (a) 所示，散热器芯由若干扁形冷却管构成，也有使用圆管的，如上海桑塔纳轿车和南京依维柯汽车就采用了全铝合金圆形冷却管散热器。散热片套装在扁形冷却管周围，以增大散热面积及增加整个散热器的刚度和强度。管片式散热器散热面积大，气流阻力小，结构刚度好；但制造工艺较复杂，成本较高。

(2) 管带式 如图 1-71 (b) 所示，散热器芯由扁平冷却管及波纹状薄金属散热带焊接而成。水管与散热带相间排列。在散热带上常开有形似百叶窗的孔，以破坏气流在散热带表面上的附面层，提高散热能力。管带式散热器的优点是散热能力强、制造工艺简单、质量小、成本较低，但结构刚度差。随着路况的不断改善，其应用将日益增多。

（3）板式　如图 1-71（c）所示，板式散热器芯的冷却液通道由成对的金属薄板焊合而成。这种散热器芯散热效果好，制造简单，但焊缝多不坚固，容易沉积水垢且不易维修。

散热器芯多采用导热性、焊接性和耐腐蚀性均好的黄铜制造。为减小质量，节约铜材，近年来铝制散热器芯广泛用于许多使用条件较好的轿车上，而且有些散热器的进、出水室由复合塑料制成。也有些汽车发动机的散热器芯，其冷却管仍用黄铜，而散热片则改用铝锰合金材料制成。

散热器一般为竖流式［见图 1-70（a）］，即冷却液从顶部流向底部。为降低汽车发动机罩轮廓的高度，有些轿车采用了横流式散热器，即冷却液从一侧的进水口进入散热器，然后水平横向流动到另一侧的出水口，见图 1-70（b）及图 1-72。

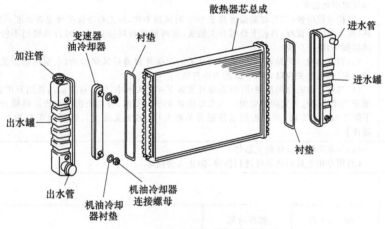

图 1-72　横流式散热器零件分解图

二十八、电动风扇及热敏开关检测

项目卡号：028

班级		姓名		学号	
类别	汽车发动机的检修		项目	电动风扇及热敏开关检测	
工量具	套筒工具、检测设备等				
检测要点	(1)了解电动风扇的工作原理 (2)掌握电动风扇的常规检测方法				
技术标准 及要求	(1)电动冷却风扇是由冷却液温度作用的热敏开关控制的 (2)风扇1挡，转速为1600r/min，工作温度为93～98℃，关闭温度为88～93℃ (3)风扇2挡(快速)，转速为2400r/min，工作温度为105℃，关闭温度为93～98℃				
检测方法及步骤	(1)启动发动机，使冷却液的温度高于98℃，观察风扇是否转动(当冷却液的温度高于98℃时，冷却风扇应该旋转) (2)检查保险丝(当冷却液温度高于98℃时风扇不转，应先检查保险丝是否熔断)；判断风扇是否损坏(如果保险丝良好，再拔下热敏开关插头，将两插片直接接通。此时若风扇仍不转，表明电动冷却风扇损坏，应予更换) (3)判断热敏开关是否损坏[若热敏开关的两插片接通后风扇转动，表明热敏开关损坏，应更换热敏开关(热敏开关应以25N·m的力矩拧紧)] (4)热敏开关的电阻检测法[将热敏开关拆下并放入水中，然后逐渐加热并用万用表电阻挡测量热敏开关接线端与外壳间的电阻。当水温达到93～98℃时，万用表指针应指示热敏开关导通；当水温下降至88～93℃时，万用表指示热敏开关断开(电阻为无穷大)，否则表明热敏开关损坏，应更换新件]				
注意事项	(1)带电不能插拔任何元器件 (2)用专用工具对插接件进行拆除，防止人为损坏				
检测数据					
是否修理	○是 ○否	修理意见			
得分		考评人签名		日期	年 月 日

电动风扇及热敏开关检测相关知识

1. 电动风扇的检查

冷却风扇通常安装在散热器的后面。其功用是使冷却空气在风道内不断快速流动，提高流经散热器的空气流速和流量，以带走发动机和散热器散发的热量，加速冷却液的冷却；同时对发动机其他附件也有一定的冷却作用。

风扇的扇风量与风扇的直径、转速、叶片形状、叶片安装角度及叶片数目有关。目前车用水冷发动机大多采用轴流式风扇（见图1-73）。风扇一般由叶片和托板铆接而成，叶片多用薄钢板压制而成，数目为4～6片。为减小叶片旋转时的振动和噪声，叶片之间的夹角一般不相等。叶片与其旋转平面成30°～45°的安装倾斜角，借以产生吸风能力，使空气沿轴向流动。在轿车及轻型载货汽车上还常使用翼形叶片整体风扇，由铝合金、尼龙、聚丙烯等合成树脂注塑成形[见图1-73（c）]，可提高风扇的效率，减小功率消耗，降低噪声。

近年来，有的轿车采用了以蓄电池为动力的电动风扇，如图1-74所示。它由电动机1、继电器5、温控开关6和风扇3组成。温控开关和继电器构成控制回路。冷却液温度低时，温控开关分离，继电器没有电流通过，与电动机串联的继电器触点开关处于断开状态，电风扇停止转动；冷却液温度高时，温控开关闭合，继电器接通电动机主回路，电动风扇开始

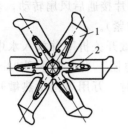 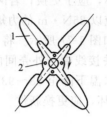 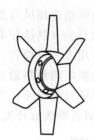

(a) 叶尖前弯曲的风扇　　(b) 尖窄根宽的风扇　　(c) 尼龙压铸翼形叶片整体风扇

图 1-73　风扇形式
1—叶片；2—连接板

转动。

电动机一般有高速和低速两个挡位，其工作状态通过温度传感器（开关）由冷却液温度控制。如桑塔纳 AJR 发动机，当散热器出口冷却液温度为 92～97℃时，热敏开关接通电动机Ⅰ挡（低速挡），风扇开始运转，保证有足够的空气流经散热器；当冷却液温为 99～105℃时，热敏开关接通电动机Ⅱ挡（高速挡），风扇以更高的转速运转，以提高冷却强度，防止发动机过热；当冷却液温度下降到 91～98℃时，风扇电动机恢复Ⅰ挡（低速挡）运转；当冷却液温度下降到 84～91℃时，风扇电动机停止工作，如图 1-75 所示。

在有些电控系统中，电动风扇由电脑控制。冷却液温度传感器向电脑传输与冷却液温度相关的信号。当冷却液温度达到规定值时，电脑使风扇继电器搭铁，继电器触点闭合并向风扇电动机供电，风扇进入工作。

电动风扇的优点是结构简单，布置方便，不消耗发动机功率使燃油经济性得到改善。此外，采用电动风扇不需要检查、调整或更换风扇传动带，因而减少了维修的工作量。电动风扇在轿车上的应用愈来愈多。

风扇常和发电机一起由曲轴带轮通过 V 形带驱动。为调节 V 形带的张紧程度，通常将发电机的支架做成可调节的，如图 1-76 所示。

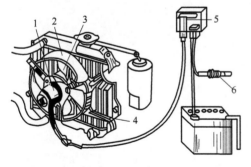 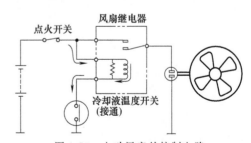

图 1-74　电动风扇
1—电动机；2—护风罩；3—风扇；4—风扇框架；
5—继电器；6—温控开关（传感器）

图 1-75　电动风扇的控制电路

2. 电动风扇热敏开关的检查

以桑塔纳发动机为例检查电动风扇热敏开关。冷却液温度高于 98℃时风扇不转，应先检查保险丝是否熔断。如果保险丝良好，再拔下热敏开关插头，将两插片直接接通。此时若风扇仍不转,表明电动冷却风扇损坏,应予更换;若两插片接通后风扇转动,表明热敏开关损坏,应更换热敏开关(热敏开关应以25N·m的力矩拧紧)。

热敏开关也可用万用表检查,如图1-77所示。将热敏开关拆下并放入水中,然后逐渐加热并用万用表电阻挡测量热敏开关接线端与外壳间的电阻。当水温达到93~98℃时,万用表指针应指示热敏开关导通;当水温下降至88~93℃时,万用表指示热敏开关断开(电阻为无穷大)。否则表明热敏开关损坏,应更换新件。

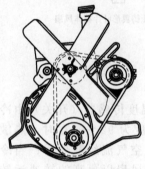
图1-76 皮带张紧装置

图1-77 热敏开关的检查

二十九、冷却系渗漏检测

项目卡号：029

班级		姓名		学号	
类别	汽车发动机的检修		项目		冷却系渗漏检测
工量具	套筒工具、检测设备等				
检测要点	(1) 了解冷却液的种类和作用 (2) 掌握冷却液的选用原则 (3) 冷却液使用注意事项				
技术标准及要求	(1) 冷却液作用主要是防冻、防沸、防锈、长效、环保，颜色有绿色、红色、黄色 (2) 根据当地的温度条件选择适当冰点的冷却液 (3) 根据车型不同选择冷却液 (4) 按照车辆多少和集中程度选择冷却液 (5) 应兼顾防锈、防腐及除垢能力来选择冷却液 (6) 选用与橡胶密封件和橡胶水管相匹配的冷却液				
检测方法及步骤	(1) 外观检查(仔细观察冷却系组成部件外表是否有漏水痕迹) (2) 暖机(启动发动机暖机至冷却液温度达到正常温度时停机) (3) 打开冷却液储液罐盖(在打开冷却液储液罐时，可能会有蒸气喷出，在盖子上包上抹布慢慢拧开) (4) 安装压力测试仪，加压，观察压力变化情况〔将压力测试仪 V.A.G1274 及 V.A.G1274/8 安装到冷却液储液罐的加水口。使用手动真空泵产生约 2.0bar 的气压(表压)。如果压力迅速下降，则找出渗漏的位置，排除故障〕 (5) 检测散热器盖密封性(蒸气阀的开启压力为 0.12~0.15MPa) (6) 真空阀的开启压力为 0.09MPa，使用真空泵使压力上升到 1.5bar (7) 当压力达到 1.2~1.5bar 时，蒸气阀必须打开；当压力≥－0.1bar(绝对压力 0.9bar)时，真空阀应打开				
注意事项	(1) 一般 2 年左右更换冷却液，根据厂家要求选型，注意更换时的清洗和更换后的排气，尤其注意暖风系统 (2) 冷却液及其添加剂均为有毒物质，切勿直接接触皮肤且要放置于安全场所 (3) 冷却液的使用浓度(体积分数)一般不要超出 40%~60% 的范围 (4) 除乙二醇-水型冷却液外，其他品种的冷却液不宜使用，应严格按有关规定处理废弃的冷却液 (5) 凡更换缸盖、缸垫和散热器时，必须更换冷却液 (6) 发动机"开锅"时，冷却系统处于高温、高压状态，因此，"开锅"时切勿打开散热器盖，以防烫伤 (7) 必须在发动机处于冷态时添加冷却液，以免高温机体水套遇冷炸裂，而损坏发动机水套 (8) 在冬季紧急情况下，若全部加入了纯净的软水，则必须尽快按规定添加冷却液添加剂，使冷却液浓度恢复至正常状态，以防水套结冰				
实训数据					
是否修理	○是 ○否	修理意见			
得分		考评人签名		日期	年　月　日

冷却系渗漏检测相关知识

在发动机熄火和散热器的冷却状态下，将压力测试仪器和散热器盖连接，见图 1-78。利用测试仪上手动压力泵将冷却系统加压到 105kPa（散热器盖上蒸汽阀开启压力为 126~137kPa），然后保持 2min。如 2min 内冷却系统压力保持不变，说明冷却系统密封良好，见图 1-79。

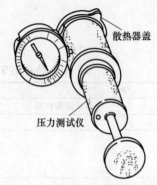
图 1-78 冷却系统压力测试仪

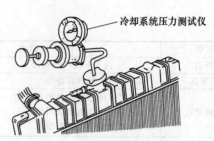
图 1-79 冷却系统压力试验

如压力表指针缓慢降低，表明有小的泄漏或渗漏。这些泄漏点用肉眼很难查到，跑长途中急救可将香烟的烟丝放入散热器内，对小的泄漏有良好的止漏作用。作为正式维护则应使用散热器快速高效止漏剂，使用方法如下：启动发动机至略低于混合循环的温度，将止漏剂摇匀，打开散热器盖、节温器盖和暖气装置，将止漏剂在发动机怠速状态下缓缓加入，每次一瓶即可。加入后使冷却系处于密闭状态再运转几秒即可。如止漏效果良好，为保险起见，可每隔 6 个月维护一次。

在做密封性检测时如压力表指针快速降低，表明有严重泄漏发生，先重点检查散热器和水管接口，上述部位泄漏容易发现。上述部位如没有泄漏，则应检查散热器冷却液颜色，拔出机油尺，检查机油颜色，观察机油是否发白。如发白，应拆缸盖，检查缸盖垫有无破裂，缸盖接触面是否水平。

汽车底盘构造与维修

一、鼓式制动器检测

项目卡号：001

班级		姓名		学号	
类别	汽车制动系统的检查与调整		项目		鼓式制动器检测
工量具	常用工具一套，常用测量仪器一套				
检测要点	(1) 鼓式制动器的拆卸 (2) 鼓式制动器的安装 (3) 制动鼓的检修 (4) 制动蹄检修 (5) 制动底板检修 (6) 回位弹簧检修				
技术标准及要求	(1) 摩擦衬层的厚度不能小于 1.0mm (2) 制动蹄表面与制动鼓的接触面积应占整个摩擦面的 90%以上 (3) 制动蹄片与制动鼓之间的间隙应满足：制动鼓可用手转动，但有点阻力为宜				
检测结果					
是否修理	○是　○否	修理意见			
检测方法及步骤	(1) 量具使用(示范) (2) 测量方法(示范) (3) 测量数据分析(讲解)				
得分		考评人签名		日期	年　月　日

鼓式制动器检测相关知识

(1) 鼓式制动器的拆卸　拧松车轮螺栓螺母，取下车轮，用专用套筒扳手拆下轮毂轴承锁紧螺母的锁销及螺母，用弹簧拉钩拆下制动蹄回位弹簧，拆下制动蹄限位杆及限位弹簧和锁片。拆下偏心支承销和制动蹄及调整凸轮和调整凸轮螺栓。拆下制动油管，拆下制动轮缸的固定螺栓，卸下制动轮缸总成。拆下制动底板固定螺栓，卸下制动底板，分解制动轮缸。

(2) 鼓式制动器的安装　组装制动轮缸，装上制动底板，交叉拧紧固定螺栓，装上制动轮缸总成，拧紧固定螺栓，装上液压制动管，装上限位螺杆及限位弹簧及锁片。装上偏心支承销和制动蹄及调整凸轮和调整凸轮螺栓，用弹簧拉钩装上制动蹄回位弹簧，装上轮毂轴承内油封和内轴承，装上轮毂及制动鼓，装上车轮。

(3) 制动鼓检修　制动鼓常见损伤是：制动鼓内表面磨损失圆、沟槽、拉伤及变形。用百分表测量制动鼓的磨损与失圆。

(4) 制动蹄检修　当制动蹄的摩擦衬片磨损到铆钉头深低于 0.5mm 时，应拆除旧片重铆新片或更换新蹄片，目前多采用更换蹄片。

(5) 制动底板检修　制动底板表面翘曲超过 0.6mm，应予校正。制动底板如有裂纹或螺栓孔磨损应堆焊修复。

(6) 回位弹簧检修　如回位弹簧挂钩显著变形，严重锈蚀或长度拉长，超过标准尺寸

5%时，应更换。

二、盘式制动器检测

项目卡号：002

班级		姓名		学号		
类别	\multicolumn{3}{l}{汽车制动系统的检测与调整}	项目	\multicolumn{2}{l}{盘式制动器检测}	
工量具	\multicolumn{6}{l}{常用工具一套,常用测量仪器一套}	
检测要点	\multicolumn{6}{l}{(1)盘式制动器的拆卸 (2)盘式制动器的安装 (3)制动盘端面圆跳动的检查 (4)检查制动盘厚度}	
技术标准及要求	\multicolumn{6}{l}{(1)最小厚度为 0.1mm (2)制动盘端面跳动要求:百分表的最大偏摆应小于 0.15mm (3)制动盘磨损的磨损量:制动盘的厚度不能小于标准厚度的 2.00mm}	
检测结果						
是否修理	○是 ○否		修理意见			
检测方法及步骤	\multicolumn{6}{l}{(1)量具使用(示范) (2)测量方法(示范) (3)测量数据分析(讲解)}	
得分		考评人签名		日期	年 月 日	

盘式制动器检测相关知识

（1）盘式制动器的拆卸　松开车轮螺栓螺母，松开制动钳壳体的紧固螺栓，制动器即可与车轮轴承分离，拧松制动器罩的螺栓，制动器罩即可从转向节体上取下，松开制动软管接头，拆卸上下定位螺栓，用手卸下上下定位卡簧，取下制动钳壳体，取下制动器底板上的制动摩擦片，把制动钳活塞压回制动钳壳体内，活塞回位前，先抽出制动液储液罐中的制动液，否则会引起制动液外溢，损坏表面油漆，制动液有毒，排放制动液时，只能使用专用容器存放。

（2）盘式制动器的安装　装入新的摩擦片。安装制动钳壳体，按规定的力矩紧固定位螺栓，安装上下定位卡簧，安装后，停车时用力将制动器踏板踩到底数次，以便使制动摩擦片正确回位。

（3）制动盘端面圆跳动的检查　制动盘端面圆跳动过大会使制动踏板抖动或使制动衬片磨损不均，检查制动盘圆跳动可用百分表检测，将磁力表座吸附在车架上，用百分表抵压在距制动盘外缘 10mm 处，制动盘转动一圈以上，读取百分表指针摆动数值，制动盘摩擦表面上的端面跳动量应不大于 0.06mm。如果检查结果不符合规定，可进行机械加工修复。注意在测量前一定要先将前轮轴承间隙调整好。

（4）检查制动盘厚度　制动盘在使用磨损时会使其厚度减小，厚度过小会引起制动踏板振动，出现制动噪声及抖动，检查制动盘厚度时，前制动盘外侧摩擦片，可通过轮盘上的检视孔目测检查，内摩擦片可用反光镜来检查，也可用游标卡尺或千分尺直接测量，制动盘厚度为 20mm，磨损极限值为 17.8mm。

（5）制动块厚度的检查　若制动块拆下可直接用游标卡尺测量，制动块摩擦片的厚度大约在 14mm（不包括地板），使用极限为 7mm。若车轮没拆下，对外侧的摩擦片可通过轮辐上的检视孔检查，内摩擦片可用反光镜来检查。如果磨损严重应更换。

三、液压制动系统检测

项目卡号：003

班级		姓名		学号		
类别	汽车制动系统的检测与调整		项目	液压制动系统检测		
工量具	常用工具一套，常用测量仪器一套					
检测要点	(1) 双腔制动主缸的拆装 (2) 制动主缸的检修 (3) 制动踏板自由行程调整 (4) 没有制动助力装置的踏板自由行程调整方法 (5) 有制动助力装置的踏板自由行程检查与调整方法 (6) 液压制动系统放气方法					
技术标准及要求	(1) 自由行程调整分两步：先调整控制杆使其移动到与助力装置的空气阀接触为止，然后调整助力装置推杆与主缸活塞接触为止 (2) 活塞与泵筒的配合间隙应小于 0.15mm (3) 活塞皮碗无软化、发胀的现象。制动踏板自由行程为 15～20mm					
检测结果						
是否修理	○是　○否		修理意见			
得分		考评人签名		日期	年　月　日	

液压制动系统检测相关知识

（1）双腔制动主缸的拆装　放出制动液，拆下前、后出油管接头，从车架上拆下主缸，取下防尘罩及推杆，将主缸放在台虎钳上，用旋具顶住活塞，拆下弹簧片，然后，依次取出后活塞、皮碗及后活塞弹簧，拆下限位螺钉，依次取出前活塞、皮碗及前活塞弹簧，主缸的装配按上述相反顺序进行。

（2）制动主缸的检修　主缸缸筒工作表面不能有麻点和划痕，圆柱度误差不能超出 0.025mm，活塞与缸筒配合间隙不能超出 0.15mm，否则应进行镶套修复。

主缸体不能有裂纹或缺口，否则应更换，皮碗、密封圈发胀变形，应更换。回位弹簧弹性应符合要求。

（3）制动踏板自由行程调整　制动踏板自由行程就是从踏板最初被踏下的位置，到感觉有阻力时为止的距离。一般制动踏板自由行程为 15～20mm。

（4）没有制动助力装置的踏板自由行程调整方法　通过改变推杆的长度来调整。先旋松锁紧螺母，然后转动推杆，推杆伸长，踏板自由行程缩小，反之增大。

（5）有制动助力装置的踏板自由行程检查与调整方法　制动踏板自由行程的检查是在发动机熄火状态下进行。先踩下制动踏板数次，只到真空助力装置内没有真空。然后，按下踏板到感觉到有阻力时，测量自由行程。

（6）液压制动系统放气方法　如果双管路制动系统只修理一个分管路系统，一般只对维修过的分管路系统进行放气。但是这一分管路系统已放过气，踏板仍软绵绵的，就应对整个系统放气。每次只能放出一个制动分泵或制动钳中的空气。手动排气过程需要两个人合作，一个人将一根橡胶管装在要放气的制动钳或制动分泵的放气螺钉上，把胶管的另一端浸在装有部分制动液的容器里。另一个人操纵制动踏板。按下列顺序放出制动钳和分泵的空气：①右后轮；②左后轮；③右前轮；④左前轮。先反复踩踏几次制动踏板，然后以中等压力踩下制动踏板，慢慢打开放气阀 3/4 圈。重复这一过程，直到从排气螺钉孔中流出的油液清亮无气泡为止。放气时要随时检查制动总泵储液罐的液面，按需要添加制动液，液面离每个储液罐边缘以下 6mm 处。任何时候都不允许放干制动总泵中的制动液，否则空气会进入液压系统。

四、离合器自由间隙检测

项目卡号：004

班级		姓名		学号	
类别	离合器的检修		项目		离合器自由间隙检测
工量具	刀口尺、直尺、塞尺、带深度游标卡尺等				
检测要点	(1)离合器踏板自由行程的检测与调整 (2)离合器踏板高度的调整 (3)离合器分离杠杆高度的调整 (4)离合器从动盘的检修				
技术标准及要求	(1)自由间隙Δ：分离轴承与分离杠杆之间的间隙。自由间隙Δ=2~4mm (2)踏板自由程：消除自由间隙过程中，所对应的踏板行程。踏板自由约为25~40mm				
注意事项	(1)掀起地毯、地板革 (2)离合器分离杠杆的内端与分离轴承必须同时接触 (3)要求各分离杠杆的内端位于同一平面 (4)将轴承放在融化的润滑油中浸透，待冷凝后才能装用				
实测数据	离合器间隙的检测： 离合器踏板高度的检测：				
计算结果	离合器间隙		离合器间隙、踏板高度的误差	离合器间隙	
	踏板高度			踏板高度	
离合器间隙及踏板的标准	自由间隙Δ=2~4mm；踏板自由程约25~40mm		离合器间隙及踏板高度误差的对比		
是否修理	○是 ○否	修理意见			
检测方法及步骤	(1)量具使用(示范) (2)测量方法(示范) (3)测量数据分析(讲解)				
得分		考评人签名		日期	年 月 日

离合器自由间隙检查相关知识

（1）离合器踏板自由行程的检测与调整。用一个钢直尺抵在驾驶底板上，先测量踏板完全放松时的高度，再用手轻轻按踏板，当感到压力增大时，表示分离轴承面已与分离杠杆内端接触，即停止推踏板，再测量踏板高度。两次测量的高度差，即为踏板的自由行程。

（2）离合器踏板高度的调整。掀起地毯、地板革，用直尺测量地面到离合器踏板上表面的距离。如果超出标准，应调整踏板高度。拧松锁紧螺母，转动限位螺栓至规定高度。

（3）离合器分离杠杆高度的调整。离合器分离杠杆的内端与分离轴承必须同时接触，汽车才能平稳起步。若分离杠杆内端高低不一，离合器结合时将发生抖动。因此，装配维护时需检查各分离杠杆内端与分离轴承的接触情况，要求各分离杠杆的内端位于同一平面，误差应符合原厂规定，一般不大于0.25mm。如果不符合要求，应当调整。方法是调整分离杠杆内端和外端调整螺栓的位置。

（4）离合器从动盘的检修。从动盘是离合器的摩擦元件，常见损伤是磨损、烧蚀、开裂、油污、铆钉松开和钢片翘曲变形。由于离合器在分离特别是结合过程中必须产生滑转，因而磨损、烧蚀和变质是重要的损伤形式。油污主要是因变速器第一轴回油螺旋线回油能力降低使油从第一轴花键处漏出所致。从动盘钢片翘曲往往是由于变速箱第一轴与曲轴中心线不同轴，使从动盘工作中产生周期性弯曲所致，这也是离合器从动盘加剧损坏的重要原因。另外，从动盘花键、减震弹簧与减震盘的磨损是造成从动盘损伤的原因。

五、减震器检测

项目卡号：005

班级		姓名		学号	
类别	汽车悬架的检测	项目			减震器检测
工量具	世达工具、常用工具等				
检测要点	(1) 检查螺旋弹簧有没有损伤或断裂等，如果有问题则更换 (2) 检查螺旋弹簧与减震器的装配是否正确，如果有问题则进行相应的修理 (3) 检查扭杆弹簧的扭杆是否弯曲、扭曲或损伤，如果有问题则应更换 (4) 检查减震器限位垫和缓冲垫，如橡胶处损坏或老化失效，应更换其损坏失效件 (5) 检查内、外支座是否变形或损坏，如有缺陷，应更换 (6) 检查压缩行程限位挡块是否损坏或老化失效，如有变形或损伤等缺陷，应更换 (7) 检查防尘罩、弹簧垫、减震垫、密封圈是否损坏，如有缺陷，应作相应更换 (8) 检查减震器螺旋弹簧。若弹簧表面锈蚀，应除锈喷漆。若弹簧有塑性变形或裂纹，应更换螺旋弹簧 (9) 清洗止推轴承，并涂润滑脂，然后将它装在弹簧上座上。注意安装方向				
技术标准及要求	(1) 减震器应按规定程序批准的图样和技术文件制造，并符合本标准的要求 (2) 前减震器自由长度允许偏差为±2.5mm，后减震器自由长度允许偏差±1.5mm。涂层和电镀层表面应光滑、平整、色泽均匀 (3) 焊缝应平整、均匀，不得有焊瘤、烧蚀、夹渣、裂纹、气泡及飞溅物等缺陷 (4) 前减震器和后减震器在压缩、伸长过程中，应动作灵活，不卡滞，无金属撞击声和异常摩擦				
检测结果					
检测方法及步骤	(1) 观察法：用眼睛观察有无渗油现象，渗油，说明减震器已损坏 (2) 感觉法：当感觉到减震器性能弱时，可先检查减震器是否发热，若无发温热感，说明减震器失效 (3) 手压车身法：用两手按压车身，然后迅速放手，如果车身只上、下跳动两次，也证明减震性能减弱。先拆下螺母，再分解零件				
得分		考评人签名		日期	年　月　日

六、单级圆锥齿轮检测

项目卡号：006

班级		姓名		学号	
类别	汽车传动系统的检测与调整		项目	单级圆锥齿轮检测	
工量具	常用工具一套,常用测量仪器一套				
检测要点	(1)主减速器主、从动圆锥齿轮轮齿应无裂纹及明显的剥落现象,齿端缺损不得超过齿长的1/10或齿高的1/5。否则,应成对更换主、从动圆锥齿轮 (2)行星齿轮和半轴齿轮应无裂纹、齿面疲劳剥落面积应不大于15%,齿厚磨损量应不大于0.20mm,齿轮背面不得有明显的磨损沟槽,否则,应更换 (3)行星齿轮轴轴颈与行星齿轮内孔的配合间隙大于0.40mm,或与差速器壳体承孔配合松动,应更换行星齿轮轴 (4)行星齿轮与差速器壳的间隙应为0.15～0.25mm,半轴齿轮与差速器壳的间隙应为0.20～0.40mm,否则,应更换球形止推垫片 (5)差速器支承轴承出现疲劳剥落及烧蚀;轴承外圈与壳体配合松动;里程表驱动齿轮及从动圆锥齿轮磨损严重;锁紧套筒不能良好锁止等,均应换用新件 (6)差速器壳体出现裂纹;差速器壳凸缘的端面跳动度大于0.30mm;轴承轴颈磨损与轴承配合松动,均应换用新件				
技术标准及要求	(1)行星齿轮与差速器壳的间隙应为0.15～0.25mm (2)半轴齿轮与差速器壳的间隙应为0.20～0.40mm (3)主、从动齿轮的啮合印痕应在60%以上				
检测结果					
是否修理	○是 ○否	修理意见			
得分		考评人签名		日期	年　月　日

七、变速器检测

项目卡号：007

班级		姓名		学号		
类别	汽车传动系统的检测与调整		项目		变速器检测	
工量具	常用工具一套，常用测量仪器一套					
检测要点	（1）变速器壳体的检修 ①拆装壳体变形 ②壳体裂纹 ③轴承座孔磨损 （2）变速器齿轮和轴的检修 ①变速器齿轮的损伤 ②变速器齿轮轴损伤 （3）变速器操纵机构的检修 ①变速杆 ②变速器拨叉 ③变速器拨叉轴					
技术标准及要求	（1）齿轮磨损长度超过30%应更换 （2）检查时，一般采用与新件对比或与变速器盖球节座孔互相配合的方法进行检查					
检测结果						
是否修理	○是　○否		修理意见			
得分		考评人签名		日期	年　月　日	

变速器检测相关知识

1. 变速器壳体的检修

变速器壳体一般都是灰铸铁铸造的，在使用中主要易出现壳体变形及裂纹、轴承座孔、螺纹孔磨损等。

（1）拆装壳体变形：壳体变形主要是变速器壳体与盖结合的平面发生翘曲，可采用刀形尺检验方法，检查结合面平面度，如超出允许范围，可用铲、挫、磨等方法予以修平。

（2）壳体裂纹：变速器壳体裂纹可采用视检法或敲击法检查，如果发现有裂纹损伤，视其损伤部位确定修复方法，凡有未延伸到轴承座孔的裂纹，都可以采用环氧树脂黏结修复或用螺钉填补法修复。如果有与轴承座孔相通的裂纹，应予报废。

（3）轴承座孔磨损：座孔的磨损可以通过测量座孔圆度来反映，测量一轴、二轴和中间轴三轴线平行度，可以通过各分离轴承座孔下边缘距测量平板高度，通过计算得出。修复时，可采用扩孔镶套的方法。

2. 变速器齿轮和轴的检修

（1）变速器齿轮的损伤：变速器齿轮的主要损伤有齿面磨损、端齿磨损、疲劳剥落、腐蚀斑点、齿轮破碎等。这些损伤除外部检视外，齿轮轮齿的磨损等可用样板、测齿卡尺测量或与新齿轮进行对比检验。齿轮磨损长度超过30%应更换。

（2）变速器齿轮轴损伤：变速器三根齿轮轴在工作中易发生轴颈和键齿磨损、轴的弯曲变形等。当出现磨损时，视磨损量决定是采用镀铬修复到标准尺寸还是应更换。轴的弯曲通过测量轴的径向跳动来反映，修复的方法是冷压校正。

3. 变速器操纵机构的检修

(1) 变速杆：变速杆的主要损伤是上球关节、定位槽、下部端面球头磨损，严重时可能会造成乱挡和脱挡。检查时，一般采用与新件对比或与变速器盖球节座孔互相配合的方法进行检查。修复的方法是焊修。

(2) 变速器拨叉：变速器拨叉的主要损伤是拨叉的弯曲、扭曲、拨叉上部导动块部分磨损等。如有弯曲、扭曲变形可采用敲击或冷压校正方法进行校正。拨叉上部导动块部分磨损可采用焊修方法修复。

(3) 变速器拨叉轴：变速器拨叉轴的主要损伤是弯曲和磨损。拨叉轴的弯曲采用百分表测量其圆跳动，超出极限可用冷压校正。拨叉轴磨损可采用堆焊或更换的方法修复。

汽车电器构造与检修

一、常用检测工具使用

项目卡号：001

班级		姓名		学号		
类别	汽车电器构造与检修		项目	汽车电器常用检测工具及电器中间连接装置检测方法		
工量具	(1)万用表；(2)跨接线；(3)试灯；(4)汽车线束；(5)开关；(6)熔断器；(7)继电器；(8)插接器					
检测要点	(1)测电阻时不能带电测量 (2)不能有并联支路					
技术标准及要求	(1)导线维修后面积大于0.5mm²，电阻小于1Ω (2)开关的检测 (3)保险的检查 (4)继电器检测 (5)插接器的拆装与检测					
实测数据						
检查方法及步骤	(1)量具使用(示范) (2)测量方法(示范) (3)测量数据分析(讲解)		检查方法及步骤			
得分		考评人签名		日期	年　月　日	
检测方法及步骤	(1)导线及连接器断路的检视 (2)导线及连接器短路故障的检视 ①检查电线通断 ②短路的电阻值检查 (3)电线连接器外观及接触压力检查 (4)连接器检视应注意的几个问题					
得分		考评人签名		日期	年　月　日	

常用检测工具使用相关知识

1. 导线及连接器断路的检视

（1）导线在中间断开的故障是很罕见的，大部是在连接器处断开。因此，检查时应着重仔细检查传感器和连接器处的导线，是否有松脱和接触不良。

（2）由接触不良而引起的连接器断路故障，常是由于连接器端子锈蚀，外界脏污进入端子或连接器插座，从而造成接触压力降低所致。此时，只需把连接器拆下，再重新装插上，以改变它的连接状况，使其恢复正常接触即可。

2. 导线及连接器短路故障的检视

（1）检查电线通断　首先拆下电控单元 ECU 和传感器两侧的导线连接器，再测量连接器相应端子间的电阻。如电阻值不大于 1Ω，则说明电线正常，以便进行下一步检查。在测量导线电阻时，最好在垂直和水平两个方向轻轻摇动导线以提高测量的准确性，同时注意，对大多数导线连接器，万用表表棒应从连接器的后端插入，但是对于装有防水套的防水型连接器表棒就不能从后端插入，因为在插入时稍不小心便会使端子变形。

（2）短路的电阻值检查　拆下电控单元和传感器两侧的导线连接器，再测量两侧连接器各端子与车身间的电阻值。测量时，表棒一端搭铁车身，另一端要分别在两侧导线连接器上进行测量，其电阻值大于 1Ω 为正常，即说明该电线与车身无短路故障。

3. 电线连接器外观及接触压力检查

逐一拆下各导线连接器，检视连接器端子上有无锈蚀和脏污，然后，便可检视端子片是否松动或损坏，端子固定是否牢靠。

4. 连接器检视应注意的几个问题

（1）连接器的检视必须在点火锁关闭的状态下进行，否则会因自感而烧坏有关机件。

（2）拆下导线连接器时，要注意松开锁紧弹簧或按下锁扣的正确方法（不可硬拉硬拽），装复时，应将连接器插到底并锁止。

（3）对于防水型连接器（拆下检测时）应注意小心取下皮套，安装时防水套应到位，否则，可能引起因水和潮气进入的连线故障。

（4）在用万用表检查连接器时，表棒插入不可对端子用力过大，以防因端片变形而引起插接的接触不良。

二、蓄电池技术状况检测及充电

项目卡号：002

班级		姓名		学号		
类别	汽车电器构造与检修		项目		蓄电池技术状况检测及充电	
工量具	(1)蓄电池(普通、免维护、解剖蓄电池) (2)密度计、吸液器、万用表、温度计 (3)高率放电计 (4)蓄电池补充液 (5)充电机					
检测要点	(1)外部检查 (2)蓄电池静止电动势(开路电压)的检查(判断放电程度) (3)蓄电池电解液液面高度检查 (4)蓄电池电解液密度检查 (5)蓄电池负荷的检查 ①高率放电计测试(利用高率放电计检查的目的) ②就车测试(正常蓄电池的电压)					
技术标准及要求	蓄电池开路端电压/V	≥12.6	12.4	12.2	12.0	≤11.7
	高率放电计检测值/V	10~12	9~10		≤9	
	高率放电计检测单格值/V	1.7~1.8	1.6~1.7	1.5~1.6	1.4~1.5	1.3~1.4
	放电程度/%	0	25	50	75	100
实测数据						
检测方法及步骤	(1)检查蓄电池端电压：利用万用表检查蓄电池的端电压，调至20V直流电压挡，红黑表笔分别连接蓄电池的正负极 (2)检查电解液的密度：利用密度计检查电解液的密度 (3)按规范对蓄电池充电					
得分		考评人签名		日期	年 月 日	

三、发电机拆装与检验

项目卡号：003

班级		姓名		学号	
类别	汽车电器构造与检修		项目		发电机拆装与检验
工量具	(1)各种类型交流发电机(6管、9管、11管、无刷等) (2)各种拆装工具 (3)万用表 (4)发动机台架或汽车一台				
检测要点	(1)各种类型发电机外部结构认识 (2)型号的辨别 (3)接线柱认识 (4)发电机分解 (5)各部分结构认识(掌握发电机各部分结构及作用) (6)发电机的装配				
技术标准及要求	(1)一般12V发电机转子绕组约3.5~6Ω,24V的约15~21Ω (2)电刷磨损不得超过原高度的1/2 (3)当电刷从电刷架露出2mm时,电刷弹簧力一般为2~3N				
实测数据					
检测方法及步骤	(1)整机检测 (2)分解检测 ①转子的检修 ②定子的检修 ③整流器的检修 ④其他零件失效检测 检修记录填表 (1)整机检测记录　　　　发电机型号：				

B 与 E 之间的阻值			正、负电刷之间(或励磁绕组)的阻值		
测量值	标准值	结论	测量值	标准值	结论

(2)分解检测记录

总成	零件	测量数据	判断结果
转子	励磁绕组		
	滑环		
	转子轴		
定子	定子绕组		
整流器	整流二极管		
电刷组件	电刷		
	电刷弹簧		

得分		考评人签名		日期	年　　月　　日

发电机拆装与检验相关知识

1. 整机检测

(1)测量交流发电机的输出接线柱 B 与发电机壳体之间的正、反向阻值。

(2)测量发电机正电刷接线柱和负电刷之间的阻值。

2. 分解检测

(1) 转子的检修

① 转子绕组短路与断路的检查。用万用表 $R \times 1$ 挡检测两集电环之间电阻，应与标准相符。若阻值为"∞"，说明断路；若阻值过小，说明短路。

② 转子绕组搭铁检查。用万用表电阻最大挡检测集电环与铁芯（或转子轴）之间的电阻，应为"∞"，否则为搭铁。

③ 滑环的检查。

④ 转子轴的检查。

(2) 定子的检修

① 定子绕组短路与断路的检查。用万用表 $R \times 1$ 挡检测定子绕组三个接线端，两两相测，阻值应小于 1Ω，若阻值为∞，说明断路；阻值为零，说明短路。

② 定子绕组搭铁检修。用万用表电阻最大挡检测定子绕组接线端与定子铁芯间的电阻，应为∞，否则说明有搭铁故障。有搭铁故障应更换定子绕组或定子总成。

(3) 整流器的检修

① 检查二极管好坏。将万用表的两测试棒接于二极管的两极测其电阻，再反接测一次，若电阻值一大（$10k\Omega$）一小（$8\sim10\Omega$），差异很大，说明二极管良好。若两次测量阻值均为∞，则为断路；若两次测得阻值均为0，则为短路。

② 电刷组件的检测。

a. 外观检查。电刷表面应无油污，无破损、变形，且应在电刷架中活动自如。

b. 电刷长度检查。用游标卡尺或钢板尺测量电刷露出电刷架的长度，应与规定相符。

(4) 其他零件失效检测 检查发电机各接线柱绝缘情况，发现搭铁故障应拆检；检查轴承轴向和径向间隙均应不大于 $0.20mm$，滚珠、滚道无斑点，轴承无转动异响；检查前后端盖、皮带轮等应无裂损，绝缘垫应完好。

四、充电系电路及故障检测

项目卡号：004

班级		姓名		学号	
类别	汽车电器构造与检修		项目		充电系电路及故障检测
工量具	(1)充电系统良好的发动机台架或汽车一台 (2)万用表、常用工具、试灯及导线				
检测要点	(1)正确连接充电系的电路 (2)熟练分析充电系的电路 (3)全面检测充电系线路，并排除故障				
技术标准及要求	(1)充电系的线路连接应符合原车标准 (2)充电系统电压应在 13.5～15.5V 之间				
实测数据					
检测方法及步骤	(1)不充电故障诊断与排除 (2)充电电流过小故障诊断与排除				
得分		考评人签名		日期	年　月　日

充电系电路及故障检测相关知识

1. 不充电故障诊断与排除

（1）检查发电机皮带松紧度。同时检查是否沾有油污而打滑，有则予以排除。

（2）用试灯法检查有关导线的连接情况以及有无断路。灯亮，表明该接线柱之前线路良好。灯不亮，表明该接线柱之前有断路故障。

（3）检查电源系统：先断开分电器断电触点。接通点火开关，观察电流表表盘。

① 电流表指示零，则磁场电路有故障。

用试灯一端接发电机磁场接线柱，另一端搭铁，如灯亮，表明外磁场电路良好，故障在发电机内部磁场电路，应拆检排除。灯不亮，表明外磁场电路断路或高速触点烧结。此时将调节器的"火线"与"磁场"接线柱短接。灯亮，表明调节器损坏，应予更换。灯不亮，表明线路有故障，查出断路点予以排除。

② 若电流表指针指在 2A 左右，表明充电电路有故障。

先拆下发电机电枢线，用试灯一端接发电机电枢，另一端搭铁。灯亮，表明发电机外部的充电电路有故障，应检查排除。灯不亮，表明发电机内部有故障，应拆检排除。

2. 充电电流过小故障诊断与排除

（1）检查、调整发电机皮带松紧度。若皮带磨损严重应更换。

（2）用试灯检查发电机发电量。先拆下发电机各接线柱导线，用试灯导线分别触及电枢及磁场接线柱。启动发电机并逐渐提高转速，若试灯发红，转速再提高后（转速不可过高，以免损坏二极管），试灯亮度增加不多，则为发电机故障，应拆检发电机。若试灯亮度随转速增加而增加，则表明发电机良好。

五、启动机拆装、调整及检测

项目卡号：005

班级		姓名		学号	
类别	汽车电器构造与检修		项目		启动机拆装、调整及检测
工量具	(1)车用启动机 (2)蓄电池 (3)万用表 (4)常用维修工具				
检测要点	(1)启动机的拆解 按规范拆解启动机，清洁零部件并列表记录 (2)启动机零部件检测 ①换向器的检查与测量(失圆、轴精度) ②电枢绕组的检查与测量(绕组) ③磁场绕组的检查与测量(短路、断路) ④电刷的清洁与检测 ⑤驱动齿轮的检查 ⑥单向离合器的检查 ⑦电磁开关的检查(触点、触盘、吸引线圈、保持线圈) (3)启动机组装 按规范组装好启动机并进行静态测试 (4)启动机的调整 ①电磁开关的检查与调整 ②启动机驱动齿轮相关距离的调整 ③启动继电器的检查与调整				
技术标准及要求	(1)用百分表检查电枢轴弯曲时，径向圆跳动应为 0.10~0.15mm，电枢轴的轴向间隙不大于 0.05~1.00mm (2)空转试验时，启动机转速小于 5000r/min，电流小于 90A，蓄电池电压为额定电压				
实测数据					
检测方法及步骤	(1)启动机的解体 (2)启动机各主要零件的检修				
得分		考评人签名		日期	年 月 日

 启动机拆装、调整及检测相关知识

1. 启动机的解体

解体步骤如下。
① 从电磁开关处断开引线。
② 拧出将电磁开关固定在驱动机构外壳上的两个螺母，将电磁开关取下。
③ 拧出后轴承盖的两个螺钉，将轴承盖取下。
④ 用一字旋具将锁止板撬开，取出弹簧和胶圈。
⑤ 拧出两个贯穿螺栓，将换向器端框架拆下。
⑥ 用铁丝钩将四个电刷取出，同时电刷架也拆下。
⑦ 将励磁线圈架和电枢等一并取下。
⑧ 用一字旋具轻轻敲入前端止动圈套，撬出弹簧卡环，从电枢轴上拆下止动圈套和单

向离合器。解体后，清洗擦拭各零件。金属零件用煤油或汽油，绝缘零件用浸了汽油的布擦拭。

2. 启动机各主要零件的检修

（1）转子总成的检修

① 电枢轴　用游标卡尺检测轴颈外径与衬套内径，配合间隙应为 0.035～0.077mm，极限值不超过 0.15mm，间隙过大应更换衬套并重新铰配。电枢轴弯曲可用百分表检测，其径向圆跳动应不大于 0.10～0.15mm，否则应予以校正。

② 换向器　检查换向器表面有无烧蚀和失圆。轻微烧蚀用 00 号砂纸打磨，严重时应车削，换向器与电枢轴的同轴度不大于 0.03mm，否则在车床上修整。换向器直径不小于标准值 1.10mm，换向片高出云母片 0.40～0.80mm。

③ 电枢

（a）电枢线圈搭铁的检查。用万用表检查时，其表针分别搭在换向器和铁芯（或电枢轴）上，阻值应为无穷大，若阻值为零，则为搭铁。

（b）电枢线圈短路的检查。把电枢放在万能试验台检验器上，接通电源，将锯片放在检验器上并转动电枢。锯片不振动表明电枢线圈无短路，否则为电枢线圈短路，应予以修理或更换。

（2）定子绕组的检验　励磁线圈搭铁的检验：用万用表的两表针分别接励磁线圈接线柱和外壳，若阻值为无穷大，则正常；若阻值为零，则为搭铁故障。

（3）电刷总成的检修

① 电刷高度的检查。电刷磨损后的高度不应小于电刷原高度的一半，一般不小于 10mm，电刷在架内活动自如，无卡滞，电刷与换向器的接触面不低于 80%。

② 电刷架的检查。用万用表的导通挡位测两绝缘电刷架与电刷架座盖，阻值应为无穷大，否则说明绝缘体损坏；相同方法测两搭铁电刷架与电刷架座盖，阻值应为零，否则说明电刷架松动搭铁不良。

（4）单向离合器的检查　按顺时针转动驱动齿轮，应自由转动；逆时针转动时应该被锁住。

（5）磁开关的检查（用万用表的低电阻挡位测量）　将两表针分别接于励磁线圈接线柱和电磁开关外壳，若有电阻，说明保持线圈良好；若电阻为零，则为短路；若电阻无穷大，则为断路。

六、启动系电路检测及故障诊断

项目卡号：006

班级		姓名		学号		
类别	汽车电器构造与检修		项目		启动系电路检测及故障诊断	
工量具	(1)启动性能良好的发动机台架或汽车一台 (2)万用表一只 (3)常用工具一套 (4)导线若干					
检测要点	(1)启动机线路绘制与连接 (2)正确分析启动机电路 (3)能全面检测启动机线路并排除故障					
技术标准及要求	(1)启动机线路的连接应符合原车要求 (2)启动机电路的压降不得大于0.2V					
实测数据						
检测方法及步骤	(1)故障现象：启动时，接通启动开关，启动机不转动，无动作迹象 (2)故障原因 ①电源故障 ②启动机故障 ③启动机电磁开关故障 ④组合启动继电器故障 ⑤点火开关故障 ⑥启动系控制线路故障 ⑦防盗系有故障 (3)故障诊断与排除 (4)启动系线路的检测					
得分		考评人签名		日期	年 月 日	

启动系电路检测及故障诊断相关知识

1. 故障现象

启动时，接通启动开关，启动机不转动，无动作迹象。

2. 故障原因

(1) 电源故障：蓄电池严重亏损或极板硫化、短路等；蓄电池极桩与线夹接触不良，或启动电路导线连接处松动而接触不良等。

(2) 启动机故障：换向器与电刷接触不良，磁场绕组或电枢绕组有短路或断路，绝缘电刷搭铁，电磁开关线圈断路、短路、搭铁或其触点因烧蚀而接触不良等。

(3) 启动机电磁开关故障：电磁开关中吸拉线圈、保位线圈断路、短路或打铁。

(4) 组合启动继电器故障：启动继电器线圈断路、短路、搭铁或其触点接触不良。

(5) 点火开关故障：点火开关接线松动或内部接触不良。

(6) 启动系控制线路故障：线路有断路、导线有接触不良，熔丝烧断等。

(7) 防盗系有故障。

3. 故障诊断与排除

对于有防盗系的汽车，将点火开关转到"ON"位置，观察防盗系统警告灯是否有异常，若有异常应先排除系统的故障，否则按下述故障诊断流程诊断。

（1）按喇叭或开大灯。如果喇叭声音小而嘶哑或不响，大灯的灯光比平时暗淡，说明电源有问题，应先检查蓄电池极柱与夹线、启动电路导线的接头处是否有松动，并可用手触摸导线连接处检查该处是否发热。若某连接处松动或发热则说明该处接触不良，应先检查线路；若线路连接无问题，则应对蓄电池进行检查。

（2）如果判断电源无问题，则可用旋具将启动机电磁开关上与蓄电池连接的主触头和与电机内部连接的主触头短接。如果启动机不转，说明启动机内部有故障，应拆检启动机；如果启动机空转正常，则进行下一步检查。

（3）用导线将启动机的电磁开关接线柱与启动机的电源接线柱相连接，如果电磁开关无动作，则说明启动机电磁开关有故障，应拆检电磁开关；如果启动机运转正常，则说明故障在启动继电器或有关的线路上。

（4）用导线将启动继电器上连接蓄电池和连接启动机的两接线柱（B和L）直接相连接，如果启动机不装，则应检查连接这两个接线柱的导线；如果启动机能正常运转，则做下一步检查。

（5）将启动继电器上连接蓄电池（B）和连接点火开关（SW）的两接线柱直接相连接，如果启动机不转，则说明启动继电器工作不良，应拆修或更换启动继电器；如果启动机能正常运转，则故障在启动继电器至点火开关或点火开关上，应对其进行检修。

4. 启动系线路的检测

检测时使用万用表，采用逐点搭铁检测法可确诊断路部位，采用依次拆断检测法可确诊短路搭铁部位。检测程序可从前向后，也可从后向前，或从中间向两边依次选择各个节点进行，主要分两个线路的检测：一是启动控制线路，主要检测线路的通断情况；二是启动机供电线路，重点检测线路各节点的电压降情况，各节点连接处的电压降不得大于0.2V。

七、点火系电路检测及故障诊断

项目卡号：007

班级		姓名		学号	
类别	汽车电器构造与检修		项目	点火系电路检测及故障诊断	
工量具	(1)工作性能良好的发动机实验台架或汽车一台(桑塔纳车、丰田车、电喷桑塔纳车、电喷发动机台架) (2)常用工具一套、万用表、试灯、导线若干				
检测要点	(1)正确进行点火系的线路连接 (2)正确分析点火系的电流走向 (3)能全面检测点火系线路				
技术标准及要求	(1)电子点火系线路的连接应符合原车技术要求 (2)高压线及插头的电阻如下 桑塔纳车：点火线圈与分电器之间高压线及插头的总电阻 0～2.8kΩ；分电器与火花塞之间高压线及插头的总电阻 0.6～7.4kΩ；高压导线电阻 0；点火线圈端或分电器盖端插头电阻(1±0.4)kΩ；火花塞插头电阻(5±1)kΩ(有屏蔽) 夏利车：点火线圈与分电器之间中央高压线电阻 6.1～9.2kΩ；一、二缸高压线电阻 8.1～12.1kΩ；三缸高压线电阻 6.8～10.0kΩ (3)桑塔纳电子点火系火花塞电极间隙为 0.7～0.9mm				
实测数据					
检测方法及步骤	(1)外部检验 (2)初次级绕组断路、短路、搭铁检验 ①测量电阻法 a. 检查初级绕组电阻 b. 检查次级绕组电阻 c. 检查电阻器的电阻 ②试灯检验法 (3)发火强度检验				
得分		考评人签名		日期　　年　月　日	

点火系电路检测及故障诊断相关知识

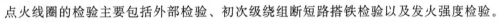

点火线圈的检验主要包括外部检验、初次级绕组断短路搭铁检验以及发火强度检验。

1. 外部检验

检查点火线圈的外表，若绝缘盖破裂或外壳碰裂，因容易受潮而失去点火能力，应予以更换。

2. 初次级绕组断路、短路、搭铁检验

用万用表测量点火线圈的初级绕组、次级绕组以及附加电阻的电阻值，应符合技术标准，否则说明有故障，应予以更换。

（1）测量电阻法

① 检查初级绕组电阻。用万用表电阻挡测量"＋"与"－"端子间的电阻。

② 检查次级绕组电阻。用万用表电阻挡测量"＋"与中央高压端子间的电阻。

③ 检查电阻器的电阻。用万用表直接接于电阻器的两端子上。

（2）试灯检验法　用220V交流电试灯，接在初级绕组的接线柱上，灯亮则表示无断路故障，否则便是断路。当检查绕组是否有搭铁故障时，可将试灯的一端与初级绕组相连，一端接外壳，如灯亮，便表示有搭铁故障；否则为良好。短路故障用试灯不易查出。

对于次级绕组，因为它的一端接于高压插孔，另一端与初级绕组相连，所以检验中，当试灯的一个触针接高压插孔，另一触针接低压接柱时，若试灯发出亮光，说明有短路故障。

若试灯暗红，说明无短路故障；若试灯根本不发红，则应注意观察，当将触针从接柱上移开时，看有无火花发生，如没有火花，说明绕组已断路。因为次级绕组和初级绕组是相通的，若次级绕组有搭铁故障，在检查初级绕组时就已反映出来了，无需检查。

3. 发火强度检验

（1）在万能电器试验台上检验火花强度及连续性。检查点火线圈产生的高电压时，可与分电器配合在试验台上进行试验，如果三针放电器的火花强，并能击穿5.5mm以上的间隙时，说明点火线圈发火强度良好。检验时将电极间隙调整到7mm，先以低速运转，待点火线圈的温度升高到工作温度（60~70℃）时，再将分电器的转速调至规定值（一般4、6缸发动机用的点火线圈的转速为1900r/min，8缸发动机的为2500r/min），在0.5 min内，若能连续发出蓝色火花，表示点火线圈良好。

（2）用对比跳火的方法检验。此方法在试验台上或车上均可进行，将被检验的点火线圈与好的点火线圈分别接上进行对比，看其火花强度是否一样。点火线圈经过检验，如内部有短路、断路、搭铁等故障，或发火强度不符合要求时，一般均应更换新件。

八、点火正时检查与调整

项目卡号：008

班级		姓名		学号		
类别	汽车电器构造与检修		项目		点火正时检查与调整	
工量具	(1)工作性能良好的发动机实验台架一台或汽车一辆 (2)点火正时灯或点火正时仪一台；转速表、真空表各一个 (3)一字、十字起子各一个，开口扳手一套					
检测要点	(1)按正确的操作规程，利用点火正时灯检查点火正时 (2)调整点火正时，使之符合技术标准					
技术标准及要求	上海桑塔纳JV轿车点火提前角技术参数					
	急速/(r/min)			800±50		
	初始点火提前角			上止点前 6°±1°		
	闭合角/(°) (真空管拔下)	规定值		19±3(800r/min)		
		导通率		22%±3%		
		使用极限		62±3(3500r/min)		
		导通率		69%±3%		
	离心提前 (真空管拔下)	转速/(r/min)	900~1100	2300	4800	
		提前角度/(°)	0	14~18	22~26	
	真空提前 (分电器已装)	真空度/kPa	6~12	20		
		提前角度/(°)	0	5~7		
实测数据						
得分		考评人签名		日期	年 月 日	

 点火正时检查与调整相关知识

1. 一般检查

启动发动机，使冷却液温度上升到80℃，急加速，如转速不能随之立即增高，感到发闷，或在排气管中有突突声，说明点火过迟；如出现类似金属敲击声，说明点火过早。

2. 蓄电池点火方式的调整方法

各种汽油机的点火方式和结构不同，点火时间的调整方法也不同，下面简单介绍。

找第一缸的压缩上止点位置。方法是：拆下第一缸的火花塞，用手指按住火花塞孔。摇转机器，当手指感到有股气流冲上时，第一缸内压缩冲程开始。这时，卸开机壳观察飞轮的孔盖，慢转曲轴，使机壳上的指针对正飞轮上的记号，此时，第一缸活塞正处于压缩上止点。

按顺时针方向转动分电器壳，使白金接点处于似开未开位置。

固定好分电器壳，装上分火芯，盖上分电器壳，将第一缸的高压线插在分火芯所指位置，按顺时针方向依气缸点火次序，接好高压线。

九、前照灯检查与调整

项目卡号：009

班级		姓名		学号	
类别	汽车电器构造与检修		项目		前照灯检查与调整
工量具	(1)灯光照明完好的车辆一台 (2)万用表、试灯、探针、导线若干 (3)常用工具一套				
检测要点	(1)熟悉连接前照灯线路 (2)全面检测前照灯电路并能排除故障 (3)前照灯光束的调整 (4)前照灯电路连接 (5)前照灯线路分析及检测（画出电路图）				
技术标准及要求	(1)近光光束照射位置为：其水平方向位置向左、向右偏均不得大于100mm (2)远光光束照射位置为：其左灯向左偏不得大于100mm，向右偏不得大于170mm；右灯向左或向右偏均不得大于170mm (3)前照灯发光强度：对于新车，两灯制的为15000cd；四灯制的为12000cd。对于在用车，两灯制的为12000cd；四灯制的为10000cd				
实测数据					
检查方法及步骤	(1)查前大灯不亮的故障 ①首先检查相关保险器是否正常 ②用万用电表或试灯，将灯光总开关置于二挡位置时，按电流表→灯光继电器→变光开关→保险丝→前大灯的顺序检查相关接线是否有电 (2)火线短路搭铁故障 用万用电表电阻挡，在断电条件下，取下保险片，在保险的用电接线柱和搭铁之间接万用电表两表笔，若电阻为零，表示该电路火线有搭铁短路现象 (3)灯光昏暗的故障 若充电充足的蓄电池，一般情况是大灯搭铁不良所置，应改善搭铁效果即可排除故障				
得分		考评人签名		日期	年　月　日

十、转向灯与危险报警灯电路故障诊断与排除

项目卡号：010

班级		姓名		学号	
类别	汽车电器构造与检修		项目		转向灯与危险报警灯电路故障诊断与排除
工量具	(1)灯光照明完好的车辆一台 (2)万用表、试灯、探针、导线若干 (3)常用工具一套				
检测要点	(1)熟悉转向灯与危险报警灯线路连接 (2)转向灯与危险报警灯电路分析 (3)全面检测转向灯与危险报警灯电路并能排除故障				
技术标准及要求	(1)转向灯与危险报警灯的线路连接应符合原车技术要求 (2)危险报警灯应在点火开关关闭时能正常工作				
实测数据					
检测方法及步骤	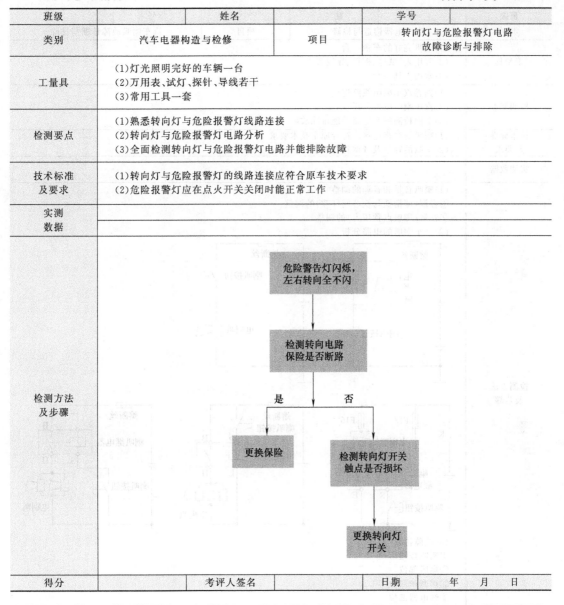				
得分		考评人签名		日期	年　月　日

十一、汽车喇叭故障诊断与排除

项目卡号：011

班级		姓名		学号	
类别	汽车电器构造与检修		项目	汽车喇叭故障诊断与排除	
工量具	(1)喇叭完好的车辆一台 (2)万用表、试灯、探针、导线若干 (3)常用工具一套				
检测要点	(1)熟悉汽车喇叭线路连接 (2)汽车喇叭电路分析 (3)全面检测喇叭电路并能排除故障				
技术标准及要求	(1)喇叭的线路连接应符合原车技术要求 (2)喇叭的音量及音调符合要求				
实测数据					
检测方法及步骤	(1)喇叭音量和音调的调整 ①音调（即衔铁与铁芯间气隙）的调整 ②音量（即触点预压力）的调整 (2)汽车喇叭的电路分析 (3)故障排除 ①喇叭按钮部位 ②喇叭部位 ③熔断丝部位 ④继电器部位				
得分		考评人签名		日期	年　月　日

汽车喇叭故障诊断与排除相关知识

1. 喇叭音量和音调的调整

（1）音调（即衔铁与铁芯间气隙）的调整　电喇叭的音调高低与铁芯气隙有关，铁芯气隙小时，膜片的振动频率高（即音调高）；气隙大时，膜片的振动频率低（即音调低）。音调调整部位多为电喇叭的带有锁紧螺母的中心粗螺纹，调整时，应先松开锁紧螺母，然后转动衔铁，即可改变铁芯与衔铁气隙，一般每次调整 1/10~1/5 圈，后接线进行声响测试，不合格继续调整。

（2）音量（即触点预压力）的调整　电喇叭的音量大小与通过喇叭线圈的电流大小有关。当触点预压力增大时，流过喇叭线圈的电流增大，使喇叭产生的音量增大，反之音量减小。触点压力是否正常，可通过检查喇叭工作时的耗电量与额定电流是否相符来判断。如耗电量等于额定电流，则说明触点压力正常；如耗电量大于或小于额定电流，则说明触点压力过大或过小，应予以调整。调整螺纹位置：喇叭中心螺纹外侧带锁紧螺母的螺栓，一般用密封胶密封。调整时应先松开调整螺杆顶端的锁紧螺母，然后转动调整螺杆（逆时针方向转动时，触点压力增大）进行调整。调整时，不可过急，每次只需对调节螺母转动 1/10 圈左右。

电喇叭音量和音质的调整并不是完全独立的，两者实际上是相互关联的，因此需反复调试才会获得最佳效果。

2. 汽车喇叭的电路分析

汽车喇叭的电路分析如图 3-1 所示。

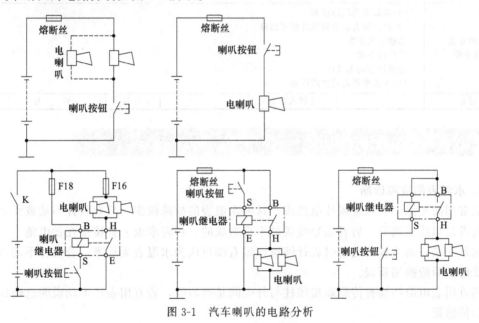

图 3-1　汽车喇叭的电路分析

3. 故障排除

（1）喇叭按钮部位　常见故障：按钮触点烧蚀、锈蚀，转向盘下滑片磨坏，与滑片接触的片形弹簧或圆形柱与滑片接触不良，按钮弹簧失去弹性等。遇到这种情况，应先将按钮线一端拆下搭铁，以确定是否按钮故障，如喇叭不响则为线路及其他部位故障，如喇叭响，则可确认为按钮部位故障，确认后将按钮相关部位拆解进行打磨、更换。

（2）喇叭部位　常见故障：喇叭发音嘶哑、声音过小、不发声等。不发声情况可用试灯代替喇叭进行试验，如试灯亮，则喇叭故障。这种情况多是电喇叭的音量或音调不正常所造成的，应将喇叭拆下进行调整。

（3）熔断丝部位　检查到熔断丝熔断后，应及时进行更换，如短时间内又熔断，应找出短路搭铁部位后再进行喇叭故障的维修。

（4）继电器部位　继电器触点烧结，会造成喇叭长鸣；线圈断路，会造成喇叭不响。根据继电器的插脚位置及作用，用万用表测量其电磁线圈阻值，打开观察触点的烧蚀情况，必要时进行维修或更换。

十二、仪表故障诊断

项目卡号：012

班级		姓名		学号		
类别	汽车电器构造与检修		项目		仪表故障诊断	
工量具	(1)工作性能良好的发动机实验台架或汽车一台 (2)常用工具一套、万用表、试灯、导线若干					
检测要点	(1)正确进行仪表线路的连接 (2)正确分析仪表线路的电流走向 (3)能全面检测仪表线路					
技术标准 及要求	(1)仪表线路的连接应符合原车技术要求 (2)各仪表的指示应符合原车技术标准					
实测 数据						
检测方法 及步骤	(1)水温表的故障诊断 (2)机油压力表的故障分析及诊断 ①指示值不准 ②指针不动 ③指针摆动无规律 (3)车速里程表的故障诊断					
得分		考评人签名		日期	年　月　日	

仪表故障诊断相关知识

1. 水温表的故障诊断

最常用的水温表为双金属片电热式，这种水温表的故障较少，只有表针不动或无规律摆动，前者是短线造成的，后者是导线接触不良造成的。可将水温表直接接在蓄电池上，若表针指向最左端，而不接蓄电池时表针停留在最右端可认为水温表无故障，若表针不动则说明加热线圈已断应换用新表。

用万用表电阻挡检查传感器接线柱与外壳间是否短线，若万用表针不动说明已断线，应换用新传感器。

若怀疑水温表指示值不准，可从气缸盖上拆出传感器，插入一杯热水中，用玻璃温度计检查其偏差。注意只将传感器前部深入热水中，而接线柱及导线不得沾水，再用一根导线将其螺纹部与气缸盖接好。将玻璃温度计也插在热水中，水温表指示数与玻璃温度计指示数差别若不大于5℃，可继续使用，若相差太多，应换用新传感器。若在杯中加入沸水和冰水混合物，表针应分别指100℃和0℃，则不必使用温度计校正。

2. 机油压力表的故障分析及诊断

双金属片式机油压力表及传感器的常见故障有指示值不准、表针不动、表针摆动无规律。

（1）指示值不准　其原因之一是传感器感压膜片因受过大压力而变形，会使指示数值偏高；另一原因是传感器内触点表面烧蚀、氧化使接触电阻变大，表针指示数偏低，出现上述故障，均应换用新传感器。

（2）指针不动　表指针不动，这是因为加热线圈被烧断，致使表指针永远停在零位上。可用万用表电阻挡测表背面的接线柱间电阻值，若表指针不动，可断定为表内加热线圈断路，须更换机油压力表。若表内线圈未断，可检查传感器接线柱与外壳间的电阻，若为开路，应更换传感器。

（3）指针摆动无规律　这是连接导线接触不良造成的，检查各接线柱是否有锈蚀、松脱等现象，各段导线有无断线的故障。

3. 车速里程表的故障诊断

（1）若车速表指针指零，里程表不计其数，则应检查软轴接头是否折断。若已折断，应更换新软轴。装入新轴前应检查车速里程表转子轮转动是否灵活，若已卡死，应修复后再插入软轴。若为可拆式软轴，套管完全好者，可只更换软轴芯。

（2）里程表计数正确而车速表指针停在某处不动，或无规则摆动，这是指针松脱的特征，应拆检并焊接牢靠指针。

（3）车速表指针卡在某一位置，不能回零。多数属轴弯曲、折断所致，也有指针变形造成的，均需拆修车速表。

（4）车速表指针不准，若只有在高速行驶时指针才少许摆动，中低速时常为零，这是永久磁铁磁性消失所致，必须拆除车速表转子，重新充磁，若指示值偏大，则为游丝变形或失去张力所致，应换新游丝。

（5）里程表发卡，若看到里程表进位时字鼓转动困难发抖，尤其是在三位数以上时同时转动困难，应拆下软轴，用手感检查里程表是否发卡。如果阻力大，可不装软轴送修，以避免扭断软轴和损坏车速里程表内部零件。

十三、汽车雨刮与喷水清洗系统故障诊断与检修

项目卡号：013

班级		姓名		学号	
类别	汽车电器构造与检修		项目	汽车雨刮与喷水清洗系统故障诊断与检修	
工量具	(1)雨刮与喷水清洗系统的电路板或该系统完好的车辆一台 (2)万用表、试灯、探针、导线若干 (3)常用工具一套				
检测要点	(1)熟悉汽车雨刮与喷水清洗系统线路连接 (2)汽车雨刮与喷水清洗系统电路分析 (3)全面检测雨刮与喷水清洗系统电路，并能排除故障				
技术标准及要求	(1)汽车雨刮与风窗清洗系统的线路连接应符合原车技术要求 (2)刮刷面积：至少覆盖A区域的98%，B区域的80% (3)刮水频率：高频≥45次/min，低频≥20次/min且≤45次/min，高低频之差≥15次/min (4)压紧力：曲刮≥0.12N/cm，平刮≥0.09N/cm (5)刮刷效果：初期，整个刮刷范围内充分干净，不出现任何挂刷痕迹；整个刮刷范围内充分干净，不出现任何挂刷痕迹，允许局部出现模糊状刮痕				
实测数据					
检测方法及步骤	(1)汽车雨刮与喷水清洗系统的线路连接 (2)汽车雨刮与喷水清洗系统的电路分析 (3)设置故障并排除 故障一：刮水器各挡都不工作 故障二：雨刮系统没有高速或低速挡 故障三：雨刮不能复位 故障四：雨刮系统没有间歇挡				
得分		考评人签名		日期	年　月　日

十四、汽车电动车窗故障诊断与排除

项目卡号：014

班级		姓名		学号	
类别	汽车电器构造与检修		项目	汽车电动车窗故障诊断与排除	
工量具	(1)电动车窗的电路板或该系统完好的车辆一台 (2)万用表、试灯、探针、导线若干 (3)常用工具一套				
检测要点	(1)熟悉汽车电动车窗线路连接 (2)汽车电动车窗电路分析 (3)全面检测电动车窗电路,并能排除故障				
技术标准及要求	(1)汽车电动车窗的线路连接应符合原车技术要求 (2)汽车电动车窗的功能正常,符合原车设计要求 (3)汽车电动车窗的动作响应正常,无异响、卡滞				
实测数据					
检测方法及步骤	(1)所有车窗升降功能均失效 (2)某一车窗升降功能失效 (3)某一车窗只能向一个方向运动 (4)车窗升降器工作时阻力大、发卡 (5)升降器不工作,但电动机运转正常				
得分		考评人签名		日期	年　月　日

汽车电动车窗检测相关知识

1. 所有车窗升降功能均失效

故障原因：导致所有车窗升降功能均失效的故障原因可能是，组合开关接地线脱开，总电源线断裂、脱开，车窗继电器触点接触不良、损坏或线圈损坏，安全开关接触不良或未接通等（指被安全开关控制的车窗控制功能失效）。

检修方法：检修此类故障时，应先检查电源线与接地线是否断脱。

2. 某一车窗升降功能失效

故障原因：导致某一车窗升降功能失效的故障原因可能是，控制该车窗的开关、电动机、升降器等断路或损坏。

检修方法：先操作相应的组合开关（或分开关），若车窗工作正常，则说明分开关（或组合开关）损坏。若车窗仍不动作，则可能是相应的电动机、升降器或相应的连线有问题。

3. 某一车窗只能向一个方向运动

故障原因：导致某一车窗只能向一个方向运动的故障原因可能是，开关触点接触不良、控制导线或车窗升降器不良等。

检修方法：先操作相应的组合开关（或分开关），若车窗升降器均正常，则说明分开关（或组合开关）触点有接触不良现象。若车窗仍只能向一个方向运动，则应检查分开关到组合开关之间的控制导线是否断路，车窗升降器是否有故障。

4. 车窗升降器工作时阻力大、发卡

故障原因：导致车窗升降器工作时阻力大、发卡的故障原因可能是，导轨凹槽部位有污物，导轨变形或损坏，钢丝绳磨损打滑或损坏，电动机局部损坏，驱动功率不足等。

检修方法：对导轨凹槽内的污物进行清理，修理或更换损坏的零部件。

5. 升降器不工作，但电动机运转正常

故障原因：导致升降器不工作，但电动机运转正常的故障原因可能是，钢丝绳断，滑动支架断裂或支架内的传动钢丝夹铆接点松动等。

检修方法：对于折断的钢丝绳，只能更换新的；对于松动的传动钢丝夹，则要将其拆下来重新对其接点铆接。

十五、汽车中控锁故障诊断与排除

项目卡号：015

班级		姓名		学号	
类别	汽车电器构造与检修		项目	汽车中控锁故障诊断与排除	
工量具	(1)中控锁的电路板或该系统完好的车辆一台 (2)万用表、试灯、探针、导线若干 (3)常用工具一套				
检测要点	(1)熟悉汽车中控锁线路连接 (2)汽车中控锁电路分析 (3)全面检测汽车中控锁电路，并能排除故障				
技术标准及要求	汽车中控锁的线路连接应符合原车技术要求				
实测数据					
检测方法及步骤	(1)用车钥匙打开左侧驾驶员门锁时，其余车门部分能自动打开，部分不能打开 可能的原因是线路断路，门锁控制器损坏，闭锁执行器损坏。可按照先查电路通断的方式进行排查。有必要时把损坏的元器件换新 (2)用车钥匙打开左侧驾驶员门锁时，其余车门全部不能自动打开 在排除蓄电池无电的情况下，检查保险丝和门锁控制器中的继电器线路。有必要时更换新件 (3)拉钮发卡 当拉杆变形、门锁锈蚀严重时，用手动拉钮操作时会不顺当。应及时拆检门锁、拉杆。有必要时修理和更换新件				
得分		考评人签名		日期	年　月　日

十六、汽车空调的常规检测及抽真空与充注制冷剂

项目卡号：016

班级		姓名		学号	
类别	汽车电器构造与检修		项目	汽车空调的常规检测及抽真空与充注制冷剂	
工量具	(1)汽车空调系统专用成套维修工具箱、常用扳手一套 (2)装备有空调系统的实车一部 (3)压力表组一套，真空泵一只，注入阀一只，制冷剂 (4)检漏仪				
检测要点	(1)熟悉检漏仪的使用，能用检漏仪查出泄漏部位 (2)能对汽车空调抽真空、充注制冷剂 (3)能测出空调高低压力，并根据数据分析				
技术标准及要求	(1)桑塔纳 LX 型空调系统压力正常范围：低压侧约 147～196kPa，高压侧约 1422～1471kPa (2)从视镜观察，镜内没有气泡，不应看到液体流动，高压侧不烫手，出风口的温度较低				
实测数据					
检测方法及步骤	(1)回收汽车空调制冷剂 (2)排旧冷冻油 (3)向空调系统充注制冷剂(冷媒) (4)补充冷冻油 (5)充注制冷剂(冷媒)				
得分		考评人签名		日期	年　月　日

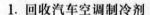

空调的常规检测相关知识

1. 回收汽车空调制冷剂

(1) 电源插入合适的有地线的电源插座。

(2) 将红、蓝色软管上的快速接头连接到汽车空调对应的接口上。

(3) 打开控制面板上红、蓝色两个阀门。

(4) 接通电源后，设备进入待机状态。

(5) 按启动/停止键，设备开始回收。屏幕显示回收的制冷剂数量。

(6) 当蓝色低压表压力低于 0kPa 时，按下启动/停止键，回收停止。显示屏交替显示已回收的制冷剂数量。

(7) 关闭面板上的红、蓝色阀门。

(8) 回收停止 2min 后，检查蓝色低压表。如果压力值上升到 0 以上，重复第（4）步到第（6）步，直到压力值回到 0 以下，并保持 2min。

(9) 若汽车空调系统需要维修，将红、蓝色软管上的快速接头从汽车空调上取下。

2. 排旧冷冻油

回收完成后，按照下面的步骤将设备中的旧冷冻油排出。

(1) 确保排油瓶已腾空，此时，显示屏交替显示已回收的制冷剂数量。

(2) 使设备在此状态至少 1min。

(3) 打开控制面板上的排油阀，可观察到旧冷冻油流入排油瓶。排油时间大约需要 30s，或更长时间。

(4) 当没有旧冷冻油,以及其他杂质流入排油瓶时,排油过程结束。关闭排油阀。

(5) 根据排油瓶上的油面高度和瓶上的标尺,记录下排出的旧冷冻油总量。充注制冷剂前,空调系统要加入相应数量的新冷冻油。

(6) 取下排油瓶,排空其中的旧冷冻油和杂质,清洁排油瓶。

(7) 按开始/启动键,退到待机状态。

3. 向空调系统充注制冷剂(冷媒)

(1) 对空调系统抽真空。

(2) 打开控制面板上的红、蓝两个阀门。

(3) 按抽真空键。

(4) 设置抽真空的时间(推荐值为15min)。

(5) 按下启动/暂停键,设备开始抽真空操作。显示屏上原显示的mm:ss值开始倒记数。

(6) 当抽真空的时间达到设定的抽真空设定时间,设备自动停止抽真空。

(7) 关闭设备控制面板上的红蓝色高、低压两个阀门。

(8) 通过观察蓝色低压表的压力值5min,检查制冷系统的漏点。如果压力没有回升,说明系统没有漏点。

4. 补充冷冻油

(1) 打开设备控制面板上的红蓝色高、低压两个阀门。

(2) 参照回收过程后的排油量,向注油瓶加入足够量的新冷冻油(加入量应大于排油量30~60mL),数量由瓶中的油面高度和瓶上的标尺确定。

(3) 按注油按钮,观察注油瓶中的油面高度,直到油面下降了所需加油量的高度为止。

5. 充注制冷剂(冷媒)

(1) 按控制面板上的充注键。

(2) 参考汽车空调系统制造商提供的参数,确定要充注的制冷剂量。

(3) 按下启动/暂停键。

(4) 拆下高低压管路,打开高低压阀,进行管路清理。

(5) 关闭电源。

汽车发动机电控系统与检修

一、电控发动机传感器及执行器的认识

项目卡号：001

班级		姓名		学号	
类别	汽车发动机电控技术		项目	电控发动机传感器及执行器的认识	
工量具	发动机台架、整车				
检测要点	(1)空气流量计安装在空气滤清器后方,用来检测进入发动机的进气量 (2)节气门位置传感器安装在节气门体上和节气门同轴 (3)凸轮轴位置传感器安装在发动机气门室盖靠近传动带的一端 (4)发动机(转速)曲轴位置传感器安装在缸体上 (5)冷却液温度传感器安装在出水管附近 (6)爆震传感器安装在侧面缸体上 (7)氧传感器安装在排气管上				
技术标准及要求	(1)在良好的通风条件下进行 (2)不经允许,不得私自拔传感器等电子部件的线束 (3)不要私自启动发动机				
实测数据					
检测方法及步骤	(1)传感器认识的顺序：①空气流量计；②节气门定位计与节气门电位计；③进气温度传感器；④霍尔传感器；⑤冷却液温度传感器；⑥曲轴位置传感器；⑦爆震传感器；⑧氧传感器 (2)执行器认识的顺序：①电动燃油泵；②炭罐电磁阀；③喷油器；④带输出驱动级的点火模块；⑤辅助控制(氧传感器加热器、空调电磁离合器)；⑥节气门控制组件(急速阀)				
得分		考评人签名		日期	年　月　日

二、电控系统电路识图

项目卡号：002

班级		姓名		学号		
类别	汽车发动机电控技术		项目		电控系统电路识图	
工量具	桑塔纳 2000 整车电路图					
检测要点	（1）桑塔纳 2000 系列轿车整车电气系统采用中央线路板方式 （2）中央线路板上标有线束和导线接插位置的代号及接点的数字号 （3）先看全图，把单独的系统框出来 （4）分析各系统的工作过程、相互间的联系 （5）通过对典型电路的分析，起到触类旁通的作用					
技术标准及要求	（1）对照比较。触类旁通，可以掌握汽车的一些共同的规律 （2）汽车电器的通用性和专业化生产使同一国家汽车的整车电路形式大致相同 （3）抓住几个典型电路，掌握各系统的接线特点和原则					
实测数据						
检测方法及步骤	（1）桑塔纳 2000 系列轿车整车电气系统布置方式 （2）桑塔纳 2000 系列轿车电路图中的符号说明 （3）结合桑塔纳 2000GSi 型轿车部分电路图说明如何识图，并找出实际线路中元件及线路所在位置					
得分		考评人签名		日期	年 月 日	

电控系统电路识图相关知识

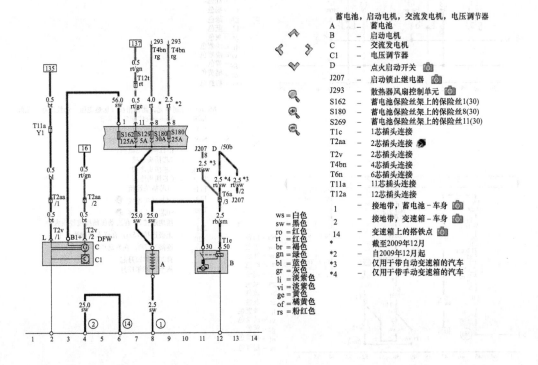

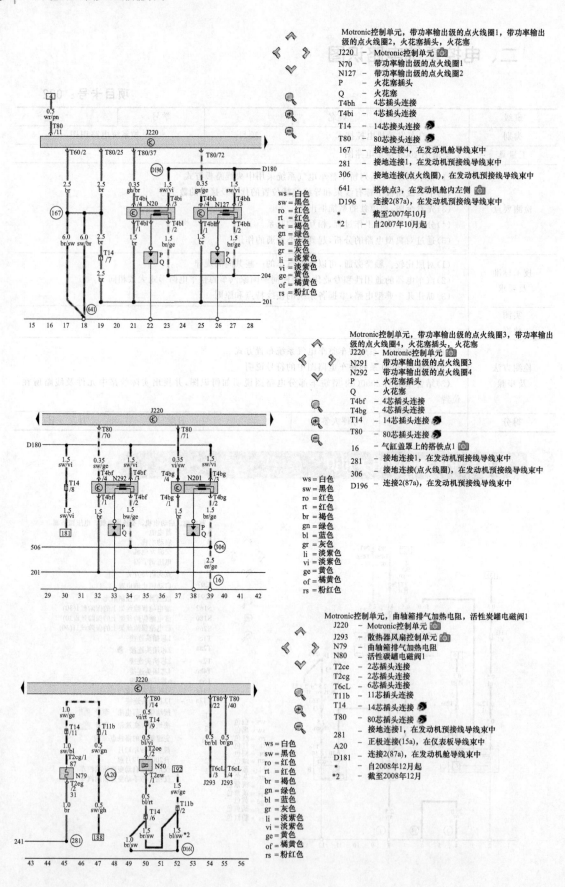

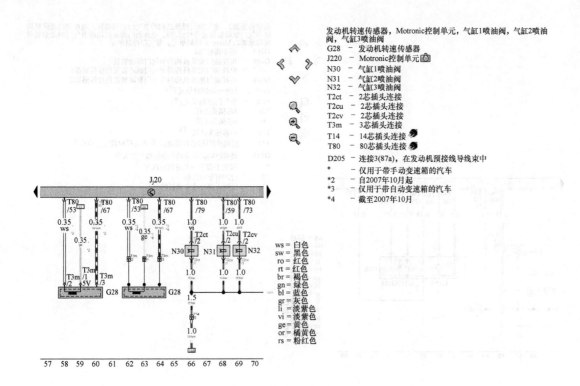

发动机转速传感器，Motronic控制单元，气缸1喷油阀，气缸2喷油阀，气缸3喷油阀
- G28 — 发动机转速传感器
- J220 — Motronic控制单元
- N30 — 气缸1喷油阀
- N31 — 气缸2喷油阀
- N32 — 气缸3喷油阀
- T2ct — 2芯插头连接
- T2cu — 2芯插头连接
- T2cv — 2芯插头连接
- T3m — 3芯插头连接
- T14 — 14芯插头连接
- T80 — 80芯插头连接
- D205 — 连接3(87a)，在发动机预接线导线束中
- * — 仅用于带手动变速箱的汽车
- *2 — 自2007年10月起
- *3 — 仅用于带自动变速箱的汽车
- *4 — 截至2007年10月

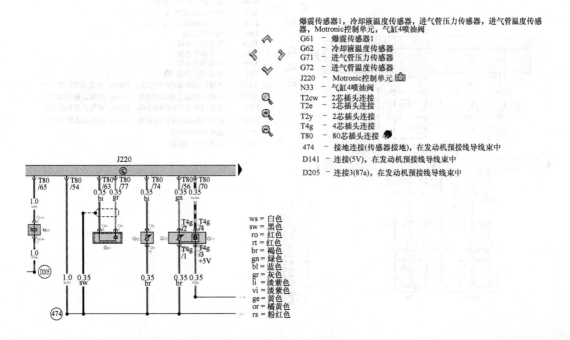

爆震传感器1，冷却液温度传感器，进气管压力传感器，进气管温度传感器，Motronic控制单元，气缸4喷油阀
- G61 — 爆震传感器1
- G62 — 冷却液温度传感器
- G71 — 进气管压力传感器
- G72 — 进气管温度传感器
- J220 — Motronic控制单元
- N33 — 气缸4喷油阀
- T2cw — 2芯插头连接
- T2e — 2芯插头连接
- T2y — 2芯插头连接
- T4g — 4芯插头连接
- T80 — 80芯插头连接
- 474 — 接地连接(传感器接地)，在发动机预接线导线束中
- D141 — 连接(5V)，在发动机预接线导线束中
- D205 — 连接3(87a)，在发动机预接线导线束中

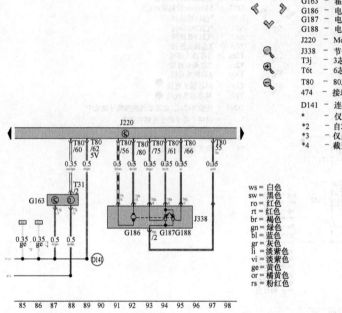

霍尔传感器2，电控油门操纵结构的节气门驱动装置，电控油门操纵机构的节气门驱动装置角度传感器1，电控油门操纵机构的节气门驱动装置角度传感器2，Motronic控制单元，节气门控制单元

- G163 — 霍尔传感器2
- G186 — 电控油门操纵机构的节气门驱动装置
- G187 — 电控油门操纵机构的节气门驱动装置角度传感器1
- G188 — 电控油门操纵机构的节气门驱动装置角度传感器2
- J220 — Motronic控制单元
- J338 — 节气门控制单元
- T3j — 3芯插头连接
- T6t — 6芯插头连接
- T80 — 80芯插头连接
- 474 — 接地连接(传感器接地)，在发动机预接线导线束中
- D141 — 连接(5V)，在发动机预接线导线束中
- * — 仅用于带手动变速箱的汽车
- *2 — 自2007年10月起
- *3 — 仅用于带自动变速箱的汽车
- *4 — 截至2007年10月

ws = 白色
sw = 黑色
ro = 红色
rt = 红色
br = 褐色
gn = 绿色
bl = 蓝色
gr = 灰色
li = 淡紫色
vi = 淡紫色
ge = 黄色
or = 橘黄色
rs = 粉红色

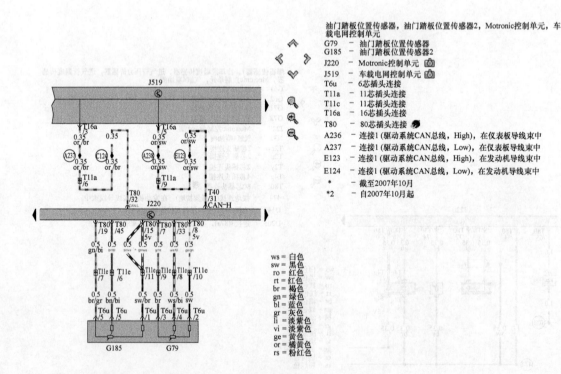

油门踏板位置传感器，油门踏板位置传感器2，Motronic控制单元，车载电网控制单元

- G79 — 油门踏板位置传感器
- G185 — 油门踏板位置传感器2
- J220 — Motronic控制单元
- J519 — 车载电网控制单元
- T6u — 6芯插头连接
- T11a — 11芯插头连接
- T11c — 11芯插头连接
- T16a — 16芯插头连接
- T80 — 80芯插头连接
- A236 — 连接1(驱动系统CAN总线，High)，在仪表板导线束中
- A237 — 连接1(驱动系统CAN总线，Low)，在仪表板导线束中
- E123 — 连接1(驱动系统CAN总线，High)，在发动机导线束中
- E124 — 连接1(驱动系统CAN总线，Low)，在发动机导线束中
- * — 截至2007年10月
- *2 — 自2007年10月起

ws = 白色
sw = 黑色
ro = 红色
rt = 红色
br = 褐色
gn = 绿色
bl = 蓝色
gr = 灰色
li = 淡紫色
vi = 淡紫色
ge = 黄色
or = 橘黄色
rs = 粉红色

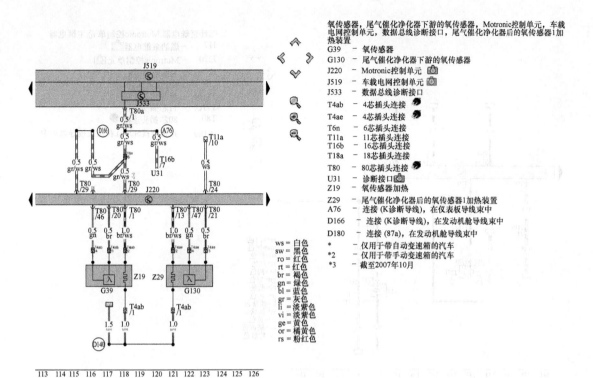

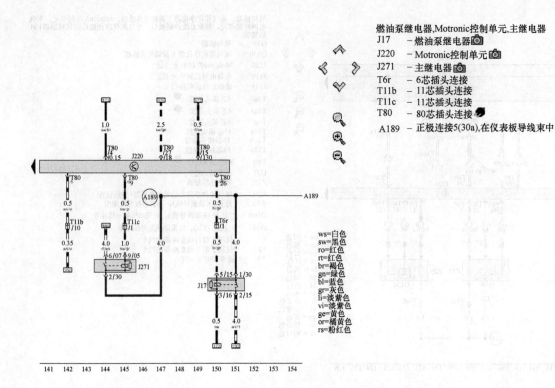

燃油泵继电器,Motronic控制单元,主继电器
J17 — 燃油泵继电器
J220 — Motronic控制单元
J271 — 主继电器
T6r — 6芯插头连接
T11b — 11芯插头连接
T11c — 11芯插头连接
T80 — 80芯插头连接
A189 — 正极连接5(30a),在仪表板导线束中

ws=白色
sw=黑色
ro=红色
rt=红色
br=褐色
gn=绿色
bl=蓝色
gr=灰色
li=淡紫色
vi=淡紫色
ge=黄色
or=橘黄色
rs=粉红色

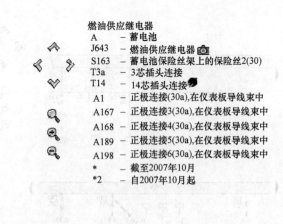

燃油供应继电器
A — 蓄电池
J643 — 燃油供应继电器
S163 — 蓄电池保险丝架上的保险丝2(30)
T3a — 3芯插头连接
T14 — 14芯插头连接
A1 — 正极连接(30a),在仪表板导线束中
A167 — 正极连接3(30a),在仪表板导线束中
A168 — 正极连接4(30a),在仪表板导线束中
A189 — 正极连接5(30a),在仪表板导线束中
A198 — 正极连接6(30a),在仪表板导线束中
* — 截至2007年10月
*2 — 自2007年10月起

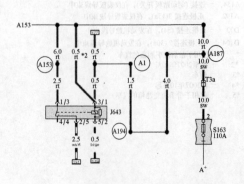

ws=白色
sw=黑色
ro=红色
rt=红色
br=褐色
gn=绿色
bl=蓝色
gr=灰色
li=淡紫色
vi=淡紫色
ge=黄色
or=橘黄色
rs=粉红色

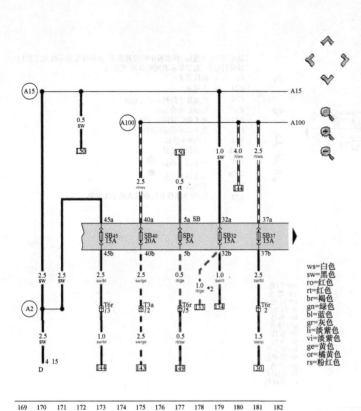

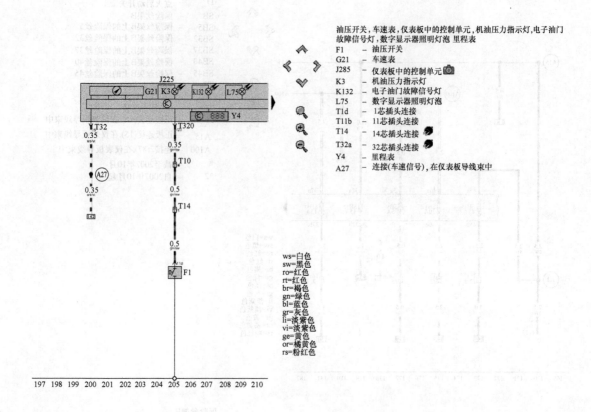

油压开关,车速表,仪表板中的控制单元,机油压力指示灯,电子油门故障信号灯,数字显示器照明灯泡 里程表

F1 — 油压开关
G21 — 车速表
J285 — 仪表板中的控制单元
K3 — 机油压力指示灯
K132 — 电子油门故障信号灯
L75 — 数字显示器照明灯泡
T1d — 1芯插头连接
T11b — 11芯插头连接
T14 — 14芯插头连接
T32a — 32芯插头连接
Y4 — 里程表
A27 — 连接(车速信号),在仪表板导线束中

ws=白色
sw=黑色
ro=红色
rt=红色
br=褐色
gn=绿色
bl=蓝色
gr=灰色
li=淡紫色
vi=淡紫色
ge=黄色
or=橘黄色
rs=粉红色

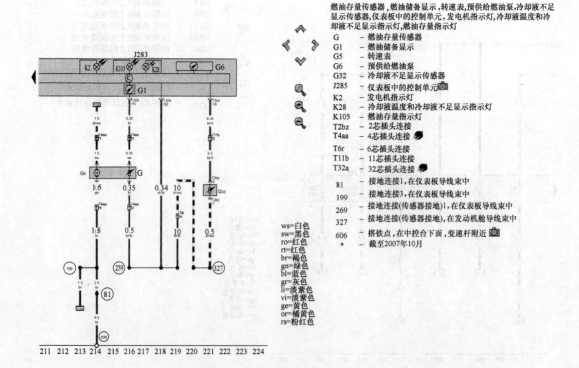

燃油存量传感器,燃油储备显示,转速表,预供给燃油泵,冷却液不足显示传感器,仪表板中的控制单元,发电机指示灯,冷却液温度和冷却液不足显示指示灯,燃油存量指示灯

G — 燃油存量传感器
G1 — 燃油储备显示
G5 — 转速表
G6 — 预供给燃油泵
G32 — 冷却液不足显示传感器
J285 — 仪表板中的控制单元
K2 — 发电机指示灯
K28 — 冷却液温度和冷却液不足显示指示灯
K105 — 燃油存量指示灯
T2bz — 2芯插头连接
T4aa — 4芯插头连接
T6r — 6芯插头连接
T11b — 11芯插头连接
T32a — 32芯插头连接
81 — 接地连接1,在仪表板导线束中
199 — 接地连接3,在仪表板导线束中
269 — 接地连接(传感器接地),在仪表板导线束中
327 — 接地连接(传感器接地),在发动机舱导线束中
606 — 搭铁点,在中控台下面,变速杆附近
* — 截至2007年10月

ws=白色
sw=黑色
ro=红色
rt=红色
br=褐色
gn=绿色
bl=蓝色
gr=灰色
li=淡紫色
vi=淡紫色
ge=黄色
or=橘黄色
rs=粉红色

三、空气流量计检测

项目卡号：003

班级		姓名		学号		
类别	汽车发动机电控技术		项目		空气流量计检测	
工量具	数字万用表,常用工具1套,桑塔纳 AJR 发动机故障实验台,空气流量计					
检测要点	(1)线束导通性测试 (2)线路短路性测试 (3)电源电压测试 (4)就车测试 (5)数据流测试 (6)故障模拟					
技术标准 及要求	(1)将数字万用表设置在电阻200Ω挡,按电路图找到空气流量计针脚号与ECU端口相应针脚号,分别测量空气流量计3、4、5号针脚对应至电控单元12、11、13号针脚的电阻,其电阻值应小于5Ω (2)将数字万用表设置在电阻200Ω挡,测量空气流量计2号针脚与电控单元针脚11、12、13之间的电阻均为∞。测量空气流量计针脚与电控单元针脚:3—11、13;4—12、13;5—11、12之间电阻均为∞ (3)电源电压测试:在发动机故障实验台上进行。启动发动机,将数字万用表设置在直流电压20V,测量空气流量计2号针脚,电压应为蓄电池电压(12V左右),测量空气流量计4号针脚,电压应为5V左右 (4)进入大众车系故障诊断系统数据测试功能,观察空气流量计数据变化,怠速时应为2.0~4.0g/s,如果小于2.0g/s说明进气系统有泄漏,如果大于4.0g/s则说明发动机负荷过大					
实测 数据	测量空气流量计2号针脚					
	测量空气流量计4号针脚					
检测方法 及步骤	(1)电阻测试 (2)电压测试 (3)数据流测试 (4)故障模拟					
得分		考评人签名		日期	年 月 日	

空气流量计检测相关知识

空气流量计用来测量进入发动机的空气流量,并将测得的结果转变成电信号传给电控单元。它一般安装在空气滤清器和进气管之间,是精确测量空气流量的传感器。常用的空气流量传感器有热线式空气流量传感器和热膜式空气流量传感器两种。

1. 热线式空气流量传感器

热线式空气流量传感器是一种测量空气质量型空气流量传感器,其结构如图4-1(a)所示。在进气道内套有一个小管5,小管架有一根极细的铂丝(直径约为0.07mm),铂丝被电流加热至120℃左右,称为热线。热线8是惠斯通电桥的一臂,如图4-1(b)所示,空气流过时,热线受到一定冷却,其电阻值随之减少,同时使电桥电路的电压也发生变化,这一信号输入微机,用来指示通过空气流量传感器的空气量。控制热线的热电流可以使热线的温度始终比空气流温度高出一定数值。因此,加热电流就是检测的空气质量流量大小的度量。

由于热线8的冷却效果随着进入空气的温度变化而不同,因此需要进行温度补偿。图4-1中的R_4就是作温度补偿用的电阻(也称为冷线),其阻值随着进气温度的不同而发生变化,起到一个参照标准的作用,使进气温度的变化不至于影响进气量的测量

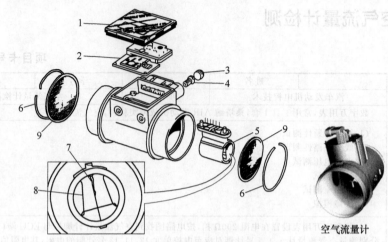

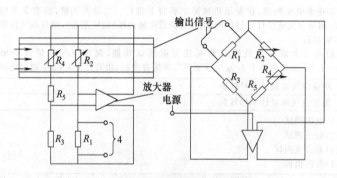

图 4-1 热线式空气流量传感器

精度。

热线式空气流量传感器测量精度高,响应速度快,而且没有运动件,不会磨损,进气阻力小;但热线表面玷污的尘埃影响测量精度。为克服上述缺点,可在微机中设计自洁电路,在发动机熄火后 4s 内,控制电路发出电流,使热线通电,迅速升温高达 1000℃ 左右(约1s),烧掉黏附在热线上的污物。热线式空气流量传感器目前在一些高级轿车上采用,如别克、日产 MAXIMA 和沃尔沃型轿车等。

2. 热膜式空气流量传感器

热膜式空气流量传感器与热线式空气流量传感器的结构与工作原理基本相同。但它不采用热线,而是将热线、温度补偿电阻及精密电阻用薄膜工艺镀在一块陶瓷基片上(称为热膜电阻)后装在测量管中,如图 4-2 所示。在测量管中有两个电阻:一个是测量空气质量流量的热膜传感器;另一个是测量空气温度的温度传感器。热膜与进气流的温度差,在空气流量传感器上可保持 130℃ 恒定值。空气流过时所需的加热电流即为流过的空气质量的度量。由于测量的加热电流无需校正,可以直接作为进入空气的质量流量,故测量的误差较小。热膜式空气流量传感器可以满足精度要求,而且结构简单,抗玷污能力比热线式空气流量传感器强,价格便宜,故应用较多,如马自达 626 型轿车等都使用这种流量传感器。

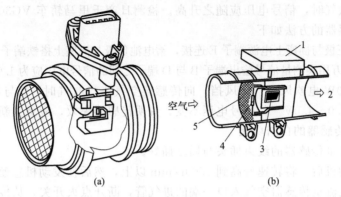

图 4-2 热膜式空气流量传感器
1—控制电路；2—通往发动机；3—热膜；4—进气温度传感器；5—金属网

桑塔纳 2000GSi 轿车热膜式空气流量计电路如图 4-3 所示。ECU（J220）上的端子 11 为电源线（+5V），端子 12 为信号负极线，端子 13 为信号正极线。

3. 热线式与热膜式空气流量传感器的检修

各型热膜式与热线式空气流量传感器的检验方法基本相同，下面分别举例说明。

（1）检查传感器的电源电压　检测电源电压时，拔下传感器线束插头，接通点火开关，用万用表直流电压挡检测插头对电源端子与搭铁端子之间的电压进行检测。

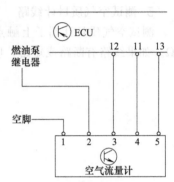

图 4-3 热膜式空气流量计电路

检测桑塔纳 2000GSi 轿车空气流量传感器时，拔下传感器上的 5 线连接器插头，如图 4-4（a）所示，接通点火开关，检测线束插头上端子"2"与"1"之间的电压；规定值应不低于 11.5V。如电压为零，说明燃油泵继电器触点未闭合或电源线断路，需要检修燃油泵继电器或电源线。

测量空气流量计插头端子 4 对发动机搭铁点电压约为 5V（用 20V 量程挡）。

如果空气质量计供电电压正常，应测试信号线路。如果不正常，更换发动机 ECU。

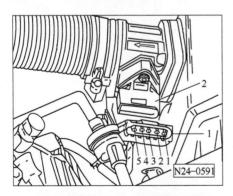
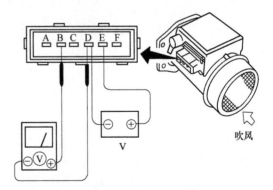

(a) 桑塔纳2000GSi轿车空气流量传感器的检测　　(b) 尼桑轿车空气流量传感器的检测
1—线束插头；2—传感器插座

图 4-4　空气流量传感器的检测

（2）检查传感器的信号电压　检查时，拔下传感器线束插头，将蓄电池正负极分别与传感器插座上的电源端子和搭铁端子连接，用万用表直流电压挡测量信号输出端的电压；当向传感器空气入口吹气时，信号电压应随之升高。检测日产千里马轿车 VG30E 型发动机用热线式空气流量传感器的方法如下。

① 将蓄电池正极与插座上电源端子 E 连接，蓄电池负极与插座上搭铁端子 D 连接，如图 4-4 (b) 所示，此时用万用表测量信号输出端子 B 与 D 端子之间的信号电压应为 1.6V±0.5V。

② 用嘴或 450W 电吹风机（冷风挡）向传感器空气入口吹气时，B 与 D 端子之间的信号电压应升高到 2.0~4.0V。如信号电压不变，说明传感器失效，应更换新品。

4. 就车检查传感器的自洁功能

（1）将空气流量传感器的线束插头与插座插好。

（2）启动发动机后，将转速升高到 2500r/min 以上，然后使发动机怠速运转。

（3）拆下空气流量传感器空气入口一端的进气管，断开点火开关，从传感器空气入口处观察热线能否在发动机熄火 5s 后红热并持续 1s 时间（注意：热膜式和热线式保持温度高于 200℃的流量传感器无此功能）。

5. 测试空气质量计线路

测试空气质量计端子上触点与发动机控制单元上相关端子间的线路。其电阻值应小于 1Ω。如果线路有断路或短路，应修复。

四、节气门位置传感器检测

项目卡号:004

班级		姓名		学号		
类别	汽车发动机电控技术		项目		节气门位置传感器检测	
工量具	数字万用表,常用工具1套,节气门位置传感器					
检测要点	(1)线束导通性测试:将万用表设置在电阻200Ω挡,在电路图中找到节气门控制组件下面的各针脚与ECU对应的针脚,分别测试节气门控制组件针脚对应至电控单元针脚的电阻,所有电阻值都应低于5Ω (2)线束短路性测试:将万用表设置在电阻200kΩ挡,测量节气门控制组件针脚与其不相对应的电控单元针脚之间的电阻为∞ (3)就车测试在发动机实验台上进行。启动发动机至正常工作温度,将数字万用表设置在直流电压20V挡,测量节气门控制组件3、5、8号针脚的反馈信号,红色表针置于5号针脚,黑色表针置于负极,急速时显示电压5V左右,踩加速踏板时电压逐渐变小。通过测量电压值,若不符合上述变化,在电源电压与参考电压完好的前提下,可以断定节气门控制组件损坏					
技术标准及要求	(1)电阻测试为辅助性测试,主要是检测线束的导通性,以确认线束通畅,无断路、短路情况 (2)电压测试有电源电压测试和信号电压测试两部分,其中信号电压测试是确定节气门控制组件是否失效的主要依据 (3)数据流的测试是使用大众系列车型故障诊断系统,进入系统后可直接读取节气门控制组件的各项参数,能够随时观察到数据的动态变化。对节气门的开度值可随油门开度的变化而动态的变化					
实测数据	测试节气门控制组件4号针脚					
	红色表针置于5号针脚,黑色表针置于负极					
检测方法及步骤	(1)电阻测试 (2)电源电压测试 (3)信号电压测试 (4)数据流的分析					
得分		考评人签名		日期	年 月 日	

节气门位置传感器检测相关知识

各型汽车的节气门位置传感器 TPS 都安装在节气门体上节气门轴的一端,如图 4-5 所示。其功用是将气门(俗称油门)开度的大小转变为电信号输入电脑 ECU,ECU 根据节气门位置信号判别发动机的工况,如急速工况、部分负荷工况、大负荷工况等等,并根据发动

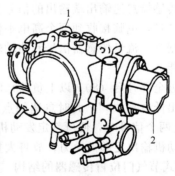

(a) TPS 的实物　　　　　　　　(b) 外形

图 4-5　节气门体与节气门位置传感器
1—节气门体；2—节气门位置传感器

机不同工况对混合气浓度的需求来控制喷油时间。节气门位置传感器有线性、开关型及综合型（既有开关又有线性可变电阻）3种。桑塔纳2000GLi型轿车采用的有触点开关式和可变电阻式两种，捷达GT、GTX、桑塔纳2000GSi型轿车和切诺基吉普车采用可变电阻式。

1. 触点开关式节气门位置传感器TPS的结构原理

(1) 触点开关式节气门位置传感器的结构　触点开关式节气门位置传感器TPS的结构如图4-6所示，主要由节气门轴、大负荷触点（又称为功率触点PSW）、凸轮、急速触点（IDL）和接线插座组成。凸轮随节气门轴转动，节气门轴随油门开度大小而转动。

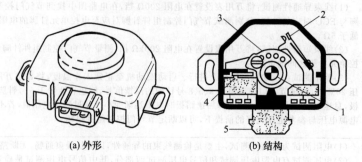

图4-6　触点开关式TPS的结构
1—节气门轴；2—功率触点（PSW）；3—凸台；4—急速触点（IDL）；5—接线插座

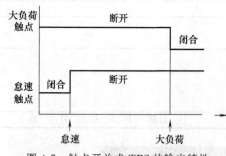

图4-7　触点开关式TPS的输出特性

(2) 触点开关式节气门位置传感器的工作过程　触点开关式节气门位置传感器的输出特性如图4-7所示，当节气门关闭时，急速触点IDL闭合、功率触点PSW断开，传感器急速触点IDL输出端子输出的信号为低电平"0"，功率触点PSW输出端子输出的信号为高电平"1"。电脑接收到TPS输入的这两个信号时，如果此时车速传感器输入ECU的信号表示车速为零，那么ECU便可判定发动机为急速状态，从而控制喷油器增加喷油量，保证发动机急速转速稳定而不致熄火；如果此时车速传感器输入的信号表示车速不为零，那么ECU便可判定发动机处于减速状态，从而控制喷油器不喷油或少喷油，以便降低排放和提高经济性。

当节气门开度增大时，凸轮随节气门轴转动，将急速触点IDL顶开，功率触点PSW也处于断开状态，传感器急速输出端输出的信号为高电平"1"，功率触点PSW输出端输出的信号也为高电平"1"，电脑接收到两个高电平信号时，便可判定发动机处于部分负荷运行状态，此时电脑根据空气流量传感器信号和曲轴转速信号计算确定喷油量，主要保证发动机的经济性和排放性能。

当节气门接近全部开启（80%以上负荷）时，凸轮随节气门转动而使功率触点PSW闭合，其输出端输出低电平"0"，此时急速触点IDL保持断开状态，输出为高电平"1"，电脑ECU接收到这两个信号时，便可判定发动机处于大负荷运行状态，从而控制喷油器增加喷油量，保证发动机输出足够的动力，故将大负荷触点称为功率触点。

2. 可变电阻式节气门位置传感器的结构

(1) 可变电阻式节气门位置传感器的结构　可变电阻式节气门位置传感器又称为滑动电阻式节气门位置传感器，其外形结构和电路原理如图4-8（a）所示。传感器的内部结构如图4-8（b）所示，主要由可变电阻、节气门轴和壳体组成。可变电阻为镀膜电阻，制作在传感器底板上，可变电阻的滑臂随节气门轴一同转动，滑臂与输出端子2连接。

（2）可变电阻式节气门位置传感器的工作过程　由图4-8可见，当节气门开度变化时，滑臂便随节气门轴转动，滑臂上的触点便在镀膜电阻上滑动，传感器的输出电压随之发生变化，输出特性如图4-9所示。

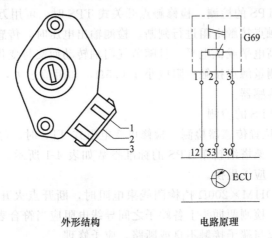

外形结构　　　　　　　　电路原理

(a) 可变电阻式TPS的结构原理

1—电源电压（5V）；2—信号输出端子；3—搭铁端子

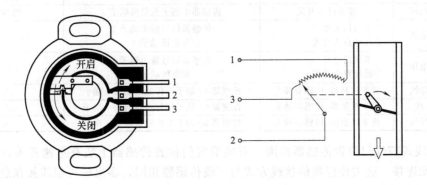

(b) 可变电阻式TPS的工作情况

1—电源电压（5V）；2—信号输出端子；3—搭铁端子

图4-8　可变电阻式节气门位置传感器

当节气门关闭时，传感器输出电压 $U_o \leqslant U_i$，电脑接收到此信号后，便可判定发动机处于怠速状态；当节气门部分开启时，传感器输出电压 $U_i < U_o < U_1$，电脑接收到此信号后，便可判定发动机处于部分负荷状态；当节气门接近全部开启（80%以上负荷）时，传感器输出电压 $U_o \geqslant U_1$，电脑接收到此信号时，便可判定发动机处于大负荷状态，从而控制喷油器增加喷油量，保证发动机的动力性。

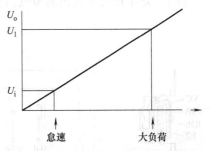

图4-9　可变电阻式TPS的输出特性

当节气门全开时，在节气门位置传感器TPS的信号电压输入电脑之后，控制系统将进入开环控制模式，此时电脑不考虑氧传感器的信号。如果此时汽车空调器在工作，那么电脑将中断空调主继电器信号约15s，以便切断空调电磁离合器线圈电流,使空调压缩机停止工作,增大发动机输出功率,提高汽车的动力性。

3. 节气门位置传感器 TPS 的检测

当节气门位置传感器 TPS 发生故障时,发动机电脑能够检测到,并能使发动机进入故障应急状态运行,利用故障阅读仪通过诊断插座可以读取此故障的有关信息。

(1) 触点开关式 TPS 的检测　检修触点开关式 TPS 时,可用万用表测量传感器信号输出端子的输出电压和触点接触电阻进行判断。检测输出电压时,传感器正常连接,接通点火开关,输出电压应为高电平或低电平,且随节气门轴转动而交替变化。检测触点状态时,拔下传感器线束插头,测量触点接触电阻应小于 0.5Ω,如阻值过大,说明触点烧蚀而接触不良,应予修磨或更换传感器。

(2) 可变电阻式 TPS 的检测

① 三线式节气门位置传感器检测　检修可变电阻式 TPS 时,可用万用表检测传感器的电源电压和信号电压,桑塔纳轿车 TPS 的标准参数如表 4-1 所示。如电压值不符合表中规定,说明传感器失效,应予更换。

当用万用表电阻 OHM×200Ω 挡检测线束电阻时,断开点火开关,拔下控制器线束插头和传感器线束插头,检测两插头上各端子之间导线电阻应当符合表 4-1 规定。如阻值过大或为无穷大,说明线束与端子接触不良或断路,应予修理。

表 4-1　桑塔纳轿车可变电阻式 TPS 的标准参数

检测项目	检测条件	检测部位	标准值
TPS 电源电压	接通点火开关	传感器 1 端子至负极端子 3	约为 5V
TPS 信号电压	①节气门关闭 ②接通点火开关	传感器信号输出端子 2 至负极端子 3	0.1~0.9V
TPS 信号电压	①节气门全开 ②接通点火开关	传感器信号输出端子 2 至负极端子 3	3.0~4.8V
TPS 正极导线	拔下控制器、传感器插头	控制器 12 端子至传感器插头 1 端子	<0.5Ω
TPS 信号线	拔下控制器、传感器插头	控制器 53 端子至传感器插头 2 端子	<0.5Ω
TPS 负极导线	拔下控制器、传感器插头	控制器 30 端子至传感器插头 3 端子	<0.5Ω

② 四线式节气门位置传感器检测　有些节气门位置传感器上装有怠速开关,这个开关与控制单元连接。这类传感器的接线方式与三线传感器相同,多出的一根线接在怠速开关上(见图 4-10)。

四线式节气门位置传感器可以用欧姆表测试,接线方法是把搭铁线和其他所有线头分别连在欧姆表的两个接线端上(见图 4-11)。当欧姆表被接在 VTA 和 E2 两个接线端之间时,油门必须全开。

表 4-2 是丰田公司提供的节气门位置传感器电阻值检测数据。

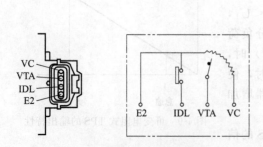

图 4-10　带怠速开关的四线式
节气门位置传感器(丰田)

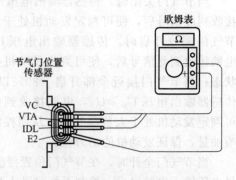

图 4-11　用欧姆表检测四线式节气门
位置传感器的接线图

表 4-2　节气门位置传感器电阻值检测数据（丰田）

节气门杆与止动螺钉间的间隙	接线端	电阻值
0mm	VTA端-接地端(E2)	0.28～6.4kΩ
0.35mm	怠速端-接地端(E2)	0.5kΩ 或更小
0.70mm	怠速端-接地端(E2)	无穷大
节气门全开	VTA端-接地端(E2)	2.0～11.6kΩ
	电压端-接地端(E2)	2.7～7.7kΩ

4. 节气门位置传感器的调整

有些车上的节气门位置传感器是可以调整的，应仔细对照汽车制造商提供的维修手册上的节气门位置传感器的调整程序。节气门位置传感器调整不当，会使汽车怠速转速有偏差、发动机熄火或加速不圆滑。典型的节气门位置传感器的调整方法如下。

① 在节气门位置传感器的信号线和搭铁线间接一只电压表。

② 节气门置于怠速位置，接通点火开关，观察电压表的读数。

③ 如果节气门位置传感器不能提供规定的电压信号，松开节气门位置传感器的固定螺钉，转动传感器壳体，直到电压表上指示出规定的电压信号（见图 4-12）。

④ 固定在调好的位置上。

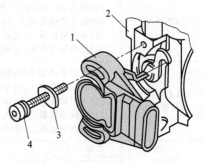

图 4-12　带调节用长孔的
节气门位置传感器（GM公司）
1—节气门位置传感器；2—节气门体组件；
3—传感器固定压板；4—传感器固定螺钉

五、冷却液温度传感器检测

项目卡号：005

班级		姓名		学号	
类别	汽车发动机电控技术		项目	冷却液温度传感器检测	
工量具	数字万用表,常用工具1套,冷却液温度传感器				
检测要点	(1)阻值可用万用表电阻挡20kΩ挡位测 (2)将传感器和温度计放入加热容器中测不同温度电阻 (3)拔下传感器插头,接通点火开关,线束侧测电源电压 (4)不拔插接器,接通点火开关,测信号电压 (5)线路导通检测,关闭点火开关,拆下蓄电池负极电缆,测线束电阻				
技术标准及要求	(1)传感器两端子间的电阻值应当与标准值相符 (2)阻值偏差过大、过小或为无穷大,说明传感器失效,应予更换 (3)拔下传感器插头,接通点火开关,线束侧测电源电压为5V (4)不拔插接器,接通点火开关,测信号电压为0.5～3.0V (5)线路导通检测,线束电阻小于1Ω				
实测数据	水温 50℃ 1号端子与3号端子之间电压				
检测方法及步骤	(1)电阻测试 线束导通性测试 温度传感器在不同温度下的电阻值 (2)电压测试 冷却液温度传感器的电压检测 (3)故障模拟		参考数据	温度为50℃,电阻为740～900Ω	
				1号端子与3号端子之间电压为0.5～2.5V	
得分		考评人签名		日期	年　月　日

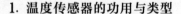

冷却液温度传感器检测相关知识

1. 温度传感器的功用与类型

温度是反映发动机热负荷状态的重要参数。为了保证控制系统能够精确控制发动机的工作参数,必须随时测定发动机冷却液的温度、进气温度和排气温度,以便修正控制参数、计算进气的质量流量和进行排气净化处理。温度传感器的功用就是检测发动机冷却液温度、进气温度和排气温度信号,并将这些信号传送给电脑。电脑根据发动机的温度信号修正喷油时间和点火时间,从而获得浓度较为合适的混合气和最佳点火提前角。汽车发动机普遍采用的是热敏电阻式温度传感器,按其功用不同分为进气温度传感器 ATS 和冷却液温度传感器 CTS 等。

冷却液温度传感器 CTS 安装在发动机冷却水通道上,与发动机冷却水直接接触,将发动机冷却水温度转变为电压信号传递给发动机控制单元（ECU）。

进气温度传感器 ATS 安装在进气管路中。有些进气温度传感器拧入进气歧管内,也称为进气歧管空气温度传感器,传感器的下端突出在进气歧管的某一个空气流道中。

2. 热敏电阻式温度传感器的结构与工作特性

热敏电阻式进气温度传感器的结构形式如图 4-13（a）所示,先将热敏电阻材料制作成药片形状,然后在药片的两个端面各引出一个电极并连接到传感器插座上。如传感器插座上只有一个接线端子,则壳体为传感器的一个电极,这种传感器一般用作汽车仪表传感器。电控系统使用的温度传感器插座上大多数都有两个接线端子,分别与电脑插座上的相应端子连接,以便可靠传递信号。

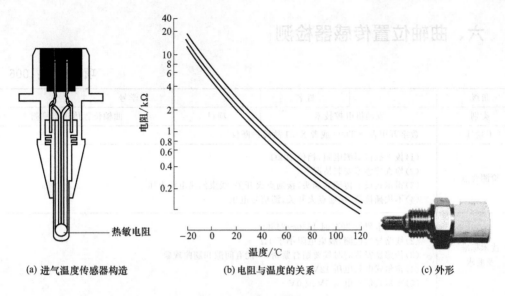

(a) 进气温度传感器构造　　(b) 电阻与温度的关系　　(c) 外形

图 4-13　进气温度传感器 ATS

热敏电阻式温度传感器是利用半导体的电阻值随温度变化而变化的特性制成，其突出优点是灵敏度高、响应特性好、结构简单、成本低廉；缺点是温度高时线性差，所以限于 300℃ 以内使用。

汽车上的冷却液温度传感器和进气温度传感器普遍采用负温度系数型热敏电阻，输出特性如图 4-13（b）所示，热敏电阻相当于一只可变电阻，当传感器温度升高时，输出阻值减小；反之，当传感器温度降低时，输出阻值增大。

冷却液温度传感器的工作电路如图 4-14 所示，水温传感器的两个电极与 ECU 之间有两条连线，一条是电压信号线，另一条是搭铁线。

3. 热敏电阻式温度传感器的检测

水温传感器电阻值的检测，如图 4-15 所示，在盛有冷水的容器中，放入温度计，再将水温传感器下部放入水中，逐渐把水加热，测量不同温度下水温传感器的电阻值。对应着不同的温度，水温传感器有固定的对应电阻值，对照汽车制造商提供的电阻值，若不符合，则应更换。

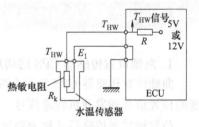

图 4-14　水温传感器 CTS 电路图

就车检测时，水温传感器的电阻值，应与发动机温度下对应的电阻值相同。把水温传感器装在发动机上，对应着不同的水温，在接线端（如图 4-14 的 T_{HW} 端），有对应的电压值。如丰田车 T_{HW} 与 E_2 端在 80℃ 时的标准电压为 0.2～1.0V。如果发动机 THW 与 E_2 端子无电压（点火开关 ON），应检查有关部件。

与检测水温传感器的方法一样，在盛有冷水的容器中，检测进气温度传感器在不同温度下的电阻值，如果传感器没有显示出应有的电阻值，应修理或更换。

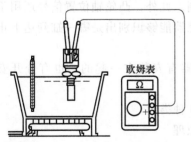

图 4-15　水温传感器电阻值的检测

把进气温度传感器装在发动机上，在传感器两个接线端之间用电压表测量电压降。对应任一温度，传感器都应有确定的电压降。

六、曲轴位置传感器检测

项目卡号：006

班级		姓名		学号	
类别	发动机电控技术		项目		曲轴位置传感器检测
工量具	数字万用表，KT600 或者 X431 故障诊断仪				
检测要点	(1)拔下插接器测电阻，挡位 20kΩ (2)检查传感器安装情况 (3)霍尔式拔下传感器插头，接通点火开关，线束侧测电源电压 (4)不拔插接器，接通点火开关，测信号电压				
技术标准及要求	(1)丰田卡罗拉 20℃时 1850～2450Ω (2)线路导通检测，线束电阻小于 1Ω (3)传感器安装的时候要贴合紧密，不能有间隙和翘曲现象 (4)霍尔式电源电压 12V (5)霍尔式信号电压 5V 或 0V				
实测数据	丰田卡罗拉 20℃时 霍尔式信号电压(发动机运转)				
检测方法及步骤	(1)关闭点火开关 (2)拔下插接器 (3)元件侧测电阻 (4)检查传感器定子和转子间隙		参考数据	丰田卡罗拉 20℃时：1850～2450Ω 霍尔电压：2.5V	
得分		考评人签名		日期	年 月 日

曲轴位置传感器检测相关知识

1. 曲轴位置传感器 CPS 的功用与形式

曲轴位置传感器 CPS 又称为发动机转速与曲轴转角传感器，其功用是采集曲轴转动角度的位置信号和发动机转速信号，并输入控制单元，以便确定点火时刻和喷油时刻。

凸轮轴位置传感器又称为判缸传感器 CIS (Cylinder Identification Sensor)，为了区别于曲轴位置传感器 CPS，凸轮轴位置传感器一般都用 CIS 表示。凸轮轴位置传感器的功用是采集凸轮轴的位置信号，并输入控制单元 ECU，以便控制单元 ECU 识别出 1 缸压缩上止点，从而进行顺序喷油控制、点火时刻控制和爆震选择控制。此外，凸轮轴位置信号还用于发动机启动时识别出第一次点火时刻。因为凸轮轴位置传感器能够识别出是哪一缸到达上止点，所以称为判缸传感器。

安装位置：曲轴、凸轮轴、飞轮或分电器处。两传感器有安装在一起的，也有分开安装的。

曲轴位置传感器有磁电感应式、光电式和霍尔效应式 3 种类型。

2. 电磁感应式曲轴位置传感器（CPS）的结构与工作原理

如图 4-16 示出了一种安装在分电器内的电磁感应式曲轴位置传感器。分电器轴由配气机构凸轮轴驱动，在分电器固定底板上固定一个钢制的转子 1，它与分电器轴同轴旋转，转子上有几个凸齿，凸齿数目与发动机气缸数相等。分电器内还装有由永久磁铁和感应线圈 2 构成的定子。当转子随分电器轴旋转，其凸齿转到对准定子磁极 1 的位置时，定子磁极与转子之间的气隙最小,磁通量最大,如图4-17(a)所示。而当转子上的凸齿离开定子磁极时,气隙增大,磁通量减小。绕在定子磁极3上的感应线圈因磁通量的变化,会产生变化的感应电压,如图4-17(c)所示。当转子凸齿接近定子磁极时,磁通量增加,感应电压为正脉冲;当转子凸齿离开定子磁极时,磁通量减小,感应电压为负脉冲。在转子凸齿正对定子磁极的瞬间,磁通量的变化率为零,即相对应的感应电压曲线由正脉冲变为负脉冲的零点,该零点作为活塞到达上止点的基准信号,即点火基准信号。电控单元可以从感应电压脉冲的频率计算出发动机转速,因此点火信号和发动机转速信号是同一组信号。

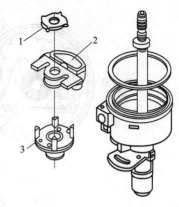

图4-16 电磁感应式曲轴位置传感器
1—转子;2—感应线圈;3—定子磁极

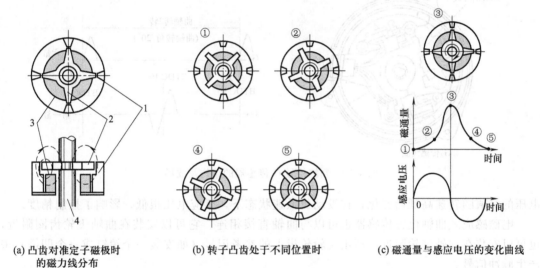

(a) 凸齿对准定子磁极时的磁力线分布　　(b) 转子凸齿处于不同位置时　　(c) 磁通量与感应电压的变化曲线

图4-17 电磁感应原理图
1—定子磁极;2—转子;3—感应线圈;4—轴

3. 曲轴转速Ne信号与第1缸活塞压缩上止点G信号的检测

在电控汽油喷射系统中,电控单元还需要测出第1缸活塞到达上止点的信号,以此信号作为控制燃油喷射顺序。为此,丰田公司TCCS系统在分电器装有两个传感器:一个(以上所述传感器)用于检测曲轴转角及发动机转速信号,称为Ne信号,该信号由安装在分电器轴上具有等间隔24个凸齿的信号转子及固定于其对面的Ne感应线圈产生,如图4-18所示。转子旋转1周,感应线圈产生24个交流电压信号,一个周期的脉冲相当于30°曲轴转角(720°/24=30°),再利用ECU将30°转角的时间均分成30份,即产生1°曲轴转角信号,提高了控制精度。

另一个用于判别第1缸活塞到达压缩上止点的位置,即转子上只有一个凸齿,在转子转动一圈过程中,只产生一个脉冲信号,作为第1缸活塞到达压缩上止点的基准信号。在有些车型上,第2个传感器的转子上配有两个凸齿,分别产生第1缸和第4缸(四缸发动机)或第6缸(六缸发动机)活塞到达压缩上止点的信号。将第1缸活塞到达压缩上止点的信号称为G信号(判缸信号)。如图4-19所示。

电磁感应式曲轴位置传感器结构紧凑,坚固耐用,不受环境影响,被广泛采用;但输出

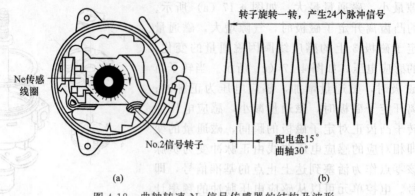

图 4-18 曲轴转速 Ne 信号传感器的结构及波形

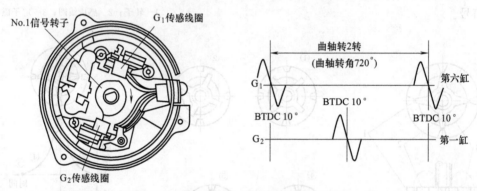

图 4-19 判缸信号 G 传感器的结构及波形

电压的峰值随转速高低而变化,在发动机低速状态下,感应电压很低,影响了控制精度。

电磁感应式曲轴位置传感器也可以与曲轴直接相连。它可以安装在曲轴飞轮齿圈附近,也可以安装在曲轴带轮附近,利用飞轮轮齿上的参考记号(如安装一个销钉或一个凹槽)来产生脉冲信号。

4. 曲轴位置传感器 CPS 与凸轮轴位置传感器 CIS 的检测

各型汽车维修手册规定的曲轴位置与凸轮轴位置传感器的检测方法和技术参数不尽相同,下面以捷达和桑塔纳轿车传感器为例说明。如图 4-20 和图 4-21 分别为发动机曲轴位置传感器 CPS 传感器连接电路图和转速传感器端子。

在发动机运行过程中,当曲轴位置传感器出现故障导致信号中断时,发动机将立刻熄火而无法运转,电控单元 ECU 能够检测到,利用 V.A.G1552 故障阅读仪,通过故障诊断插座可以读取此故障的有关信息。

当用万用表电阻 OHM×2kΩ 挡检测传感器信号线圈电阻时,断开点火开关,拔下传感器引线插头,检测传感器插座上端子"1"与"2"之间信号线圈的电阻应为 450～1000Ω。如阻值为无穷大,说明信号线圈断路,应予更换传感器。检测传感器端子"1"或"2"与屏蔽线端子"3"之间电阻时,阻值应为无穷大,如阻值不是无穷大,则需更换传感器。

检测传感器与控制单元 ECU 之间的线束时,分别检测传感器线束插头端子"1"与控制单元线束插孔"56"、传感器线束插头端子"2"与控制单元线束插孔"63"、传感器线束插头端子"3"与控制单元线束插孔"67"之间的电阻值,其阻值最大应不超过 1.5Ω。如阻值为无穷大,说明导线断路,需要修理或更换线束。

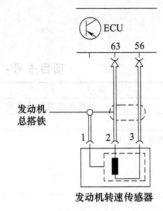

图 4-20　发动机转速传感器连接电路图

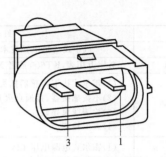

图 4-21　转速传感器端子

信号转子凸齿与磁头间的气隙直接影响磁路的磁阻和传感线圈输出电压的高低，因此在使用中，转子凸齿与磁头间的气隙不能随意变动。气隙如有变化，必须按规定进行调整，气隙应在 0.2～0.4mm 范围内。

七、凸轮轴位置传感器检测

项目卡号：007

班级		姓名		学号		
类别	汽车发动机电控技术			项目	凸轮轴位置传感器检测	
工量具	数字万用表,KT600 或者 X431 故障诊断仪					
检测要点	(1)霍尔式拔下传感器插头,接通点火开关,线束侧测电源电压 (2)不拔插接器,接通点火开关,测信号电压 (3)检测线束导通性 (4)波形检测					
技术标准及要求	(1)霍尔式电源电压 12V (2)霍尔式信号电压 5V 或 0V (3)波形符合标准要求 (4)线束电阻小于 1Ω					
实测数据	霍尔式信号电压(发动机运转)					
	电源电压					
检测方法及步骤	(1)关闭点火开关 (2)拔下插接器 (3)打开点火开关,测电源电压 (4)不拔插接器,打开点火开关,测信号电压			参考数据	霍尔电压:2.5V	
					电源电压:12V	
得分		考评人签名		日期	年 月 日	

凸轮轴位置传感器检测相关知识

1. 什么是凸轮轴位置传感器

凸轮轴位置传感器也叫同步信号传感器，它是一个气缸判别定位装置，向 ECU 输入凸轮轴位置信号，是点火控制的主控信号。

2. 凸轮轴位置传感器工作原理

一条直轴上一般装有许多凸轮，直轴通过机械传动与被检测设备相连，会随设备的转动在圆周上有一定的位置移动。凸轮会在需要的位置顶上机械触点，让它断开或闭合给出信号即可以控制其设备了。

3. 凸轮轴位置传感器作用

凸轮轴位置传感器的功用是采集配气凸轮轴的位置信号，并输入 ECU，以便 ECU 识别气缸 1 压缩上止点，从而进行顺序喷油控制、点火时刻控制和爆燃控制。

此外，凸轮轴位置信号还用于发动机启动时识别出第一次点火时刻。因为凸轮轴位置传感器能够识别哪一个气缸活塞即将到达上止点，所以称为气缸识别传感器。

4. 凸轮轴位置传感器优缺点

优点：可实现高速化、结构紧凑、可靠性高。

缺点：不可变性，不能变更动作时间。

5. 导线电阻的检测

用万用表的电阻检查传感器的 1 端子与 ECU 的 62 端子、传感器的 2 端子与 ECU 的 76 端子、传感器的 3 端子与 ECU 的 67 端子的电阻值，各导线间电阻值应不大于 1.5Ω。如果电阻过大或无穷大，说明线束接触不良或导线断路，应进行维修或更换线束。

八、氧传感器检测

项目卡号：008

班级		姓名		学号		
类别	汽车发动机电控技术		项目		氧传感器检测	
工量具	数字万用表，KT600 或者 X431 故障诊断仪，试灯					
检测要点	(1)用万用表欧姆挡测量氧传感器内部电热元件的电阻值 (2)用电压表检测传感器加热元件的工作电压 (3)对于氧化钛式传感器，可用万用表欧姆挡测量传感器两端子间的电阻值 (4)氧传感器的工作状态还可根据其颜色来判断 (5)测波形					
技术标准及要求	(1)当氧传感器呈淡灰色时，说明传感器正常；呈棕色时，说明传感器有铅污染现象；呈黑色时，说明传感器积炭严重(排除积炭后，传感器仍能正常使用)；呈白色时，说明传感器有硅污染现象，应更换氧传感器 (2)丰田汽车氧传感器加热元件的标准电阻值为 4～40Ω，桑塔纳汽车的为 1～5Ω (3)传感器加热元件的工作电压(12V) (4)发动机运转时，信号电压在 0.1～0.9V 之间波动					
实测数据	电热元件的电阻值(丰田)					
	传感器加热元件的工作电压					
检测方法及步骤	(1)检查氧传感器的加热元件 (2)检查氧传感器加热元件工作电路 (3)检查氧传感器的工作情况 (4)检查氧传感器		参考数据	元件电阻：4～40Ω		
				工作电压：12V		
得分		考评人签名		日期	年 月 日	

氧传感器检测相关知识

1. 氧传感器的功用与类型

氧传感器是排气氧传感器的简称，安装在排气管中，如图 4-22 所示，其功用是通过监测排气中氧离子的含量来获得混合气的空燃比信号，并将该信号转变为电信号输入电脑。电脑根据氧传感器信号，对喷油时间进行修正，实现空燃比反馈控制（闭环控制）。利用氧传感器对混合气的空燃比进行闭环控制后，能将空燃比控制在约为 14.7，使发动机能够得到最佳浓度的混合气，从而降低有害气体的排放量。

汽车目前采用的氧传感器有氧化钛式和氧化锆式两种氧传感器。目前应用最多的是氧化锆式氧传感器，分为加热型氧传感器与非加热型氧传感器两种。

2. 氧化锆式氧传感器

氧化锆式氧传感器的结构如图 4-23 所示，主要由钢质护管、二氧化锆制成的陶瓷管、电极引线等组成，如图 4-23（a）所示。

二氧化锆是一种固体电解质，将其制作成试管形状的陶瓷管，以便排气中的氧离子能够均匀扩散与渗透。氧化锆陶瓷管称为锆管，锆管内外表面都喷涂有一层铂膜作为电极，并与传感器信号输出引线相连接。锆管内表面通大气，外表面通排气。为了防止发动机排出的排

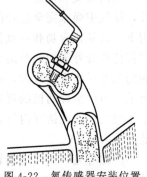

图 4-22 氧传感器安装位置

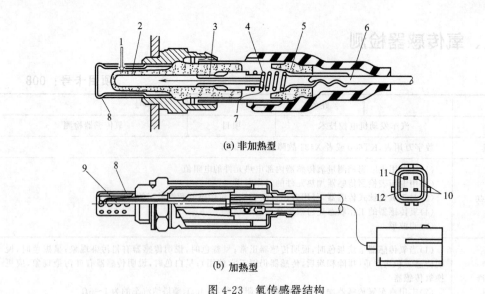

图 4-23 氧传感器结构
1—排气；2—锆管；3—电极；4—弹簧；5—绝缘座；6—引出电极；7—大气；8—钢质护管；
9—加热元件；10—加热元件引线端子；11,12—信号输出引线端子

气对铂膜产生腐蚀，在锆管外表面的铂膜上还喷涂有一层氧化锆陶瓷粉末（白色）作为保护膜。

氧化锆陶瓷管的强度很低，而且安装在排气管上承受排气压力冲击。为了防止锆管受排气压力冲击而造成陶瓷管破碎，因此将锆管封装在钢质护管内。护管上制有螺纹、螺边和若干个小孔，螺纹用于安装传感器，六角螺边用于拆卸传感器，小孔便于排气流通，以便排气能与锆管接触。

3. 氧化锆式氧传感器的工作原理

二氧化锆固体电解质属于多孔性材料，氧离子在其内部能够扩散和渗透。当氧离子在锆管中扩散时，锆管内外表面之间的电位差将随氧离子浓度差的变化而变化，因此，锆管相当于一个微电池，如图 4-24（a）所示，传感器的信号源相当于一个可变电源。

当供给发动机的可燃混合气浓（即空燃比小于 14.7）时，排气中氧离子含量较少，此外，排气中尚未完全燃烧的碳氢化合物和一氧化碳等成分在锆管外表面上催化剂铂的催化作用下，碳氢化合物和一氧化碳等将与氧离子发生氧化反应，生成无害的水和二氧化碳物质，这将使锆管外表面的氧离子浓度进一步降低。由于锆管内表面与大气相通，因此锆管内外表面的氧离子浓度差较大，锆管两个铂膜电极之间的电位差较高，约为 0.9V，如图 4-24（b）所示。当供给发动机的可燃混合气稀时，由于排气中氧离子含量较多，锆管外表面上氧离子浓度较大，因此锆管内外表面之间的氧离子浓度差较小，锆管两个铂膜电极之间的电位差较低，约为 0.1V。

由此可见，氧化锆式氧传感器的输出电压将在混合气空燃比 A/F 约为 14.7（过量空气系数λ约为 1）时产生突变。当混合气偏浓时，由于燃烧不完全，排气中会剩余一定的氧气，催化剂铂使剩余氧离子与排气中的一氧化碳和碳氢化合物产生化学反应生成二氧化碳和水，将排气中的氧离子进一步消耗掉，还能提高氧传感器的灵敏度。

由于氧化锆式氧传感器必须满足以下三个条件才能正常调节混合气浓度，因此将其安装在温度较高的排气管上。同时，为了使氧传感器迅速达到工作温度（600℃）而投入工作，因此采用了加热元件对锆管进行加热。加热元件采用热敏电阻，其上绕有钨丝并引出两个电

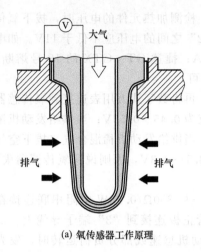
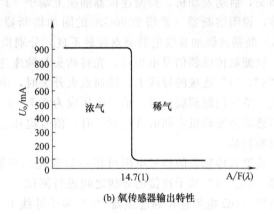

(a) 氧传感器工作原理　　　　　　(b) 氧传感器输出特性

图 4-24　氧传感器

极直接与汽车电源（12～14V）相通。

(1) 发动机温度高于 60℃；

(2) 氧传感器温度高于 600℃；

(3) 发动机工作在怠速工况和部分负荷工况。

4. 氧传感器的检测

含铅汽油中的铅离子以及汽油和润滑油硫化产生的硅酮都可附着在铂金的表面而使传感元件失效。铅离子附着在传感元件表面导致氧传感器失效的现象称为铅中毒，硅酮附着在传感元件表面导致氧传感器失效的现象称为硅中毒。汽油燃烧后生成的炭虽然也能附着在传感元件表面，但当发动机转速升高到 2000～3000r/min 运转几分钟后就会能排除。虽然氧化钛式氧传感器具有耐铅中毒的能力，但是汽油和润滑油硫化产生的硅酮仍会导致二氧化钛传感元件失效，因此每当汽车行驶一定里程（一般为 80000km），应当更换氧传感器。更换氧传感器时，一定要用专用防粘胶液刷涂氧传感器安装螺纹，否则下次检修时很难拆下。刷涂防粘胶液时，切勿涂到氧传感器的透气孔中。

检测氧传感器主要是检查加热元件和信号电压变化频率是否正常。检测氧传感器信号电压变化的频率时，高、低电平之间变化应不低于每分钟 10 次。下面以桑塔纳 2000GSi、捷达 GT、GTX 型轿车氧传感器为例说明检测方法。

(1) 检测加热元件电阻　桑塔纳 2000GSi、捷达 GT、GTX 型轿车氧传感器插头与插座上各端子的位置如图 4-25 所示。加热元件的电阻值在常温条件下为 1～5Ω，温度上升很少时，阻值就会显著增大。因此，在室温下，可用万用表进行检测。检测时，拔下氧传感器线束插头，检测插头上端子"1"、"2"之间的阻值常温下应为 1～5Ω。如常温下阻值为无穷大，说明加热元件断路，应更换氧传感器。

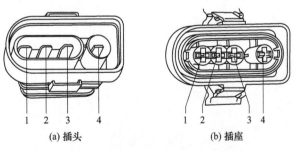

(a) 插头　　　　　　(b) 插座

图 4-25　桑塔纳轿车氧传感器插头与插座
1—加热元件正极；2—加热元件负极；
3—信号电压负极；4—信号电压正极

(2) 检测氧传感器电压　氧传感器加热元件的电压为整车电源电压，当点火开关接通使燃油泵继电器触点接通时，加热元件的电源即被接通。检测加热元件的电压时，拔下氧传感器插头，启动发动机，检测连接器插座上端子"1"、"2"之间的电压应不低于 11V。如电压为零，说明熔断器（桑塔 2000GSi 的附加熔断器，30A；捷达 GT、GTX 的 18 号熔断器，20A）断路或燃油泵继电器触点接触不良，分别检修即可。

检测氧传感器信号电压时，先将插头与插座连接，再将数字式万用表连接到氧传感器端子"3"、"4"连接的导线上，接通点火开关时，电压应为 0.45~0.55V；当供给发动机浓混合气（节气门踩到底）时，信号电压应为 0.7~1.0V；当供给发动机稀混合气（拔下空气流量传感器至发动机之间的真空管）时，信号电压应为 0.1~0.3V，否则说明氧传感器失效，应更换新品。

检测氧传感器的信号电压可将一只发光二极管和一只 300Ω/0.25W 电阻串联连接在传感器"3"、"4"端子连接的导线之间进行测试。二极管正极连接到"3"端子导线上，二极管负极 300Ω 电阻连接到连接器"4"端子导线上。发动机怠速或部分负荷运转时，发光二极管应当亮。如电源电压正常，二极管不闪亮，说明传感器故障，应更换新品。

发光二极管闪亮频率每分钟不低于 10 次。二极管不闪或闪亮频率过低的需要更换传感器。

九、爆震传感器检测

项目卡号：009

班级		姓名		学号	
类别	汽车发动机电控技术		项目		爆震传感器检测
工量具	数字万用表，KT600 或者 X431 故障诊断仪				
检测要点	(1)用万用表欧姆挡检测爆震传感器的接线端子与外壳间的电阻，应为∞(不导通)；若为0Ω(导通)则须更换爆震传感器 (2)在发动机怠速时用万用表电压挡检查爆震传感器的接线端子与搭铁间的电压，应有脉冲电压输出。如没有，应更换爆震传感器 (3)在敲击发动机缸体之后，紧接着在波形测试设备上应显示有一振动，敲击越重，振动幅度就越大				
技术标准及要求	(1)信号电压：无爆震0.1V，急加速1V左右 (2)线束电阻：<0.5Ω (3)信号电压为交流信号；其输出电压波形是一条上下震荡的曲线，信号电压的频率和幅值随发动机的振动强度成正比的变化；发动机振动越大，信号电压的频率和幅值就越大				
实测数据					
检测方法及步骤	(1)检测电压、频率、线束电阻 (2)测量数据流 (3)用故障诊断仪读取故障代码 (4)测波形				
得分		考评人签名		日期	年　月　日

爆震传感器检测相关知识

这种传感器的作用是检测发动机是否产生爆震，并将产生爆震的信号输送给电控单元，实现点火正时的控制。爆震传感器安装在气缸体或气缸盖上，如图 4-26（a）所示。其内部是一个压电陶瓷片，一个惯性配重 2 通过螺钉紧压在压电陶瓷片 1 上，使之产生一定的预压力。当发动机出现爆震时，产生 1~10kHz 的压力波，这一压力波通过气缸体传给爆震传感

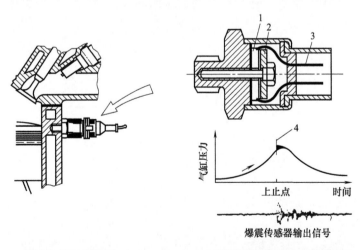

(a) 爆震传感器安装位置　　(b) 爆震传感器的结构与输出信号

图 4-26　爆震传感器的结构与工作原理

1—压电陶瓷片；2—配重；3—输出引线；4—爆震压力波波形

器，又通过惯性配重，使作用在压电陶瓷片上的压力发生变化，产生约 20mV/g 的电动势，如图 4-26（b），将这一信号传给电控单元。

电控单元收到最初的爆震信号后，就按预定的控制程序将点火提前角稍稍推迟。随着爆震的消失，控制系统又逐渐地增大点火提前角。这样不断地循环，可将点火提前角始终控制在接近爆震的最理想范围内。爆震传感器通常十分耐用，所以传感器只会因本身失效而损坏。

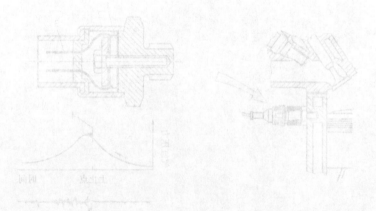

十、电动汽油泵检测

项目卡号：010

班级		姓名		学号		
类别	汽车发动机电控技术		项目		电动汽油泵检测	
工量具	常用工具，数字万用表					
检测要点	(1)燃油系统静态油压的测量 (2)燃油系统保持压力的测量 (3)发动机运转时燃油压力的测量 (4)电动汽油泵最大压力和保持压力的测量 (5)检测电动燃油泵电阻值					
技术标准及要求	(1)静态油压正常应为 300kPa 左右 (2)保持压力正常值应不小于 147kPa (3)拔下油压调节器上的真空软管，并用手堵住，让发动机怠速运转，测量此时的燃油压力，该压力应和节气门全开时的燃油压力基本相等 (4)最大压力 490～640kPa (5)用万用表欧姆挡测得泵体两电极的电阻值在 100～140Ω 之间为正常					
实测数据	泵体两电极的电阻值					
	燃油系统静态油压					
检测方法及步骤	(1)燃油系统的压力释放 (2)燃油泵的拆装与检验 (3)燃油泵的就车检查		参考数据	泵体两电极的电阻值：100～140Ω		
				燃油系统静态油压：300kPa		
得分		考评人签名		日期	年 月 日	

电动汽油泵检测相关知识

1. 电动燃油泵的类型

（1）按安装位置不同分类

① 内置式：安装在油箱中，具有噪声小、不易产生气阻、不易泄漏、管路安装简单等特点。

② 外置式：串接在油箱外部的输油管路中，易布置、安装自由大，但噪声大，易产生气阻。

（2）按电动燃油泵的结构不同分类

① 涡轮式。

② 滚柱式。

③ 转子式。

④ 侧槽式。

2. 电动燃油泵的构造

（1）涡轮式电动燃油泵

① 结构：主要由燃油泵电动机、涡轮泵、出油阀、卸压阀组成。

② 原理：油泵电动机通电时，电动机驱动涡轮泵叶片旋转，由于离心力的作用，使叶轮周围小槽内的叶片贴紧泵壳，将燃油从进油室带往出油室。由于进油室的燃油不断被带走，所以形成一定的真空度，将燃油从进油口吸入；而出油室燃油不断增多，燃油压力升高，当达到一定值时，顶开出油阀出油口输出。出油阀在油泵不工作时阻止燃油流回油箱，保持油路中有一定的压力，便于下次启动。

③ 优点：具有泵油量大、泵油压力较高、供油压力稳定、运转噪声小、使用寿命长等优点。此外，由于不需要消声器所以可以小型化，因此广泛地应用在轿车上，如捷达、本田雅阁。

(2) 滚柱式电动燃油泵

① 结构：主要由燃油泵电动机、滚柱式燃油泵、出油阀、卸压阀等组成。

② 原理：当转子旋转时，位于转子槽内的滚柱在离心力的作用下，紧压在泵体内表面上，对周围起密封作用，在相邻两个滚柱之间形成工作腔。在燃油泵运转过程中，工作腔转过出油口后，其容积不断增大，形成一定的真空度，当转到与进油口连通时，将燃油吸入；而吸满燃油的工作腔转过进油口后，容积不断减小，使燃油压力提高，受压燃油流过电动机，从出油口输出。

3. 电动燃油泵的控制

(1) ECU 控制的燃油泵控制电路　主要应用在装用 D 型 EFI、装用热式和卡门旋涡式空气流量计的 L 型 EFI 系统中。

控制原理：燃油泵控制 ECU 根据发动机 ECU 端子 FPC 和 DI 的信号，控制+B 端子与 FP 端子的连通回路，以改变输送给燃油泵电压，从而实现对燃油泵转速的控制。当发动机高速、大负荷工作时，发动机 ECU 的 FPC 端子向燃油泵控制 ECU 发出指令，使 FP 端子向燃油泵提供 12V 的蓄电池电压，燃油泵以高速运转。当发动机低速、小负荷工作时，发动机 ECU 的 DI 端子向燃油泵控制 ECU 发出指令，使 FP 端子向燃油泵提供较低的电压（一般为 9V），燃油泵以低速运转。

ECU 的电源端子+B 和燃油泵控制端子 FP，分别有导线与诊断座上的相应端子相连，以便对燃油泵进行检查。

(2) 燃油泵开关控制的燃油泵控制电路　主要用于装叶片式空气流量计的 L 型 EFI 系统中。

控制原理：当点火开关 ST 端子接通时，启动机继电器线圈通电使触电闭合，此时开路继电器中 L1 线圈通电使其触电闭合，从而通过主继电器、开路继电器向燃油泵供电，油泵工作；发动机正常运转时，点火开关 IG 端子与电源接通，同时空气流量计测量板转动使油泵开关闭合，开路继电器 L2 通电，使开路继电器触电保持闭合，油泵继续工作。发动机停转时，L1 和 L2 线圈不通电，燃油泵停止工作。

(3) 燃油泵继电器控制的燃油泵控制电路　此控制电路根据发动机转速和负荷的变化，通过燃油泵继电器改变油泵的供电线路，从而控制油泵的工作转速。

点火开关接通后即通过主继电器将开路继电器+B 端子与电源接通，启动时开路继电器的 L1 线圈通电，发动机正常运转时，ECU 中的晶体管 VT1 导通，开路继电器的 L2 线圈通电，均使开路继电器触电闭合，油泵继电器 FP 端子与电源接通，燃油泵工作。发动机熄火后，ECU 中的晶体管 VT1 截止，开路继电器内的 L1 和 L2 线圈均不通电，其开关断开燃油泵电路，燃油泵停止工作。

发动机 ECU 控制油泵继电器。发动机低速、中小负荷工作时，ECU 中的晶体管 VT2 导通，燃油泵继电器线圈通电，使触电 A 闭合，由于将电阻串联到燃油泵电路中，所以燃油泵两端电压低于蓄电池电压，燃油泵低速运转。发动机高速、大负荷工作时，ECU 中的晶体管 VT2 截止，燃油泵继电器触电 B 闭合，直接给燃油泵输送蓄电池电压，燃油泵高速运转。

4. 燃油泵的就车检查

(1) 用专用导线将诊断座上的 FP 端子和+B 端子跨接。

（2）将点火开关转至"ON"位置，但不要启动发动机。

（3）旋开油箱盖能听到燃油泵工作的声音，或用手捏进油软管应感觉有压力。

（4）若听不到燃油泵的工作声音或进油管无压力，应检修或更换燃油泵。

（5）若有燃油泵不工作故障，且上述检查正常，应检查燃油泵电路导线、继电器、易熔线和熔丝有无断路。

5. 燃油泵的拆装与检测

拆装燃油泵时注意：应释放燃油系统压力，并关闭用电设备。拆下燃油泵后，测量燃油泵两端子之间电阻，应为 2~3Ω。用蓄电池直接给燃油泵通电，应能听到油泵电机高速旋转的声音。注意：通电时间不能太长。

十一、燃油压力调节器检测

项目卡号：011

班级		姓名		学号		
类别	汽车发动机电控技术		项目	燃油压力调节器检测		
工量具	油压检测表，电喷发动机台架					
检测要点	(1)供油压力：发动机怠速运转中燃油系统的实际工作油压 (2)调节压力：发动机怠速运转中，将油压调节器真空管拆开后，燃油系统升高后的油压，减去供油压力的差值 (3)最大压力：发动机怠速运转中，将回油管夹住时燃油系统的油压 (4)系统残压：发动机怠速运转，然后熄火 5min 后读取燃油系统油压					
技术标准及要求	(1)供油压力：发动机怠速运转中燃油系统的实际工作油压，正常油压值在 0.25～0.35MPa。如果指针剧烈摆动油压可能不正常 (2)调节压力：发动机怠速运转中，将油压调节器真空管拆开后，燃油系统升高后的油压，减去供油压力的差值，应在 28～70kPa 之间 (3)最大压力：发动机怠速运转中，将回油管夹住时燃油系统的油压，应为供油压力的 2～3 倍					
实测数据						
检测方法及步骤	(1)燃油系统压力释放 ①启动发动机，维持怠速运转 ②拔下油泵继电器或油泵的电源接线，启动发动机，使发动机自行熄火 ③再使发动机启动 2～3 次，即可完全释放燃油系统压力 ④关闭点火开关，装上油泵继电器或电动燃油泵电源接线 (2)燃油压力调节器的检测 供油压力、调节压力、最大油压、供油量					
得分		考评人签名		日期	年 月 日	

燃油压力调节器检测相关知识

1. 作用

调节燃油管的压力，使它与进气歧管内空气压力之间的差值保持恒定的 250～300kPa。

2. 组成

主要由阀片、膜片、膜片弹簧和外壳组成。

3. 原理

发动机工作时，燃油压力调节器膜片上方承受的压力为弹簧压力和进气管内气体的压力之和，膜片下方承受的压力为燃油压力，当压力相等时，膜片处于平衡位置不动。当进气管内气体压力下降时，膜片向上移动，回油阀开度增大，回油量增多，使输油管内燃油压力也下降；反之，进气管内气体压力升高时，燃油的压力也升高。

4. 燃油系统压力释放的方法

① 启动发动机，维持怠速运转。
② 拔下油泵继电器或油泵的电源接线，启动发动机，使发动机自行熄火。
③ 再使发动机启动 2～3 次，即可完全释放燃油系统压力。
④ 关闭点火开关，装上油泵继电器或电动燃油泵电源接线。

5. 燃油压力调节器的检测

(1) 燃油系统压力的检查　在进行燃油系统压力的检查时，首先按要求安装好燃油压力表（简称油压表）。油压表可以安装在汽油滤清器油管接头、燃油分配管进油接头处，或用三通接头接在燃油管道上便于安装和观察的任何部位。

(2) 供油压力　指发动机怠速运转中燃油系统的实际工作油压。正常油压值在 0.25～0.35MPa。如果指针剧烈摆动油压可能不正常。

(3) 调节压力　指发动机怠速运转中，将油压调节器真空管拆开后，燃油系统升高后的油压减去供油压力的差值，应在 28～70kPa 之间。

(4) 最大油压　指发动机怠速运转中，将回油管夹住时燃油系统的油压，应为供油压力的 2～3 倍。

(5) 供油量　供油量的判断方法为，在发动机怠速运转中，读取燃油系统的供油压力，然后急加速到 3000r/min 以上，立刻读取此时油压值，应高于供油压力 21kPa 以上。如果低于此值，表示供油量不足。

(6) 系统残压　在发动机怠速运转中，读取燃油系统油压。然后将发动机熄火，并等待 5min，其系统油压应保持在 250kPa 以上。如果无法保持残压，则再将发动机启动，并在建立油压后熄火。此时如果将回油管夹住后即能保持正常残压，表示油压调节器漏油；如果夹住进油管后才能保持正常残压，则表示燃油泵（单向阀）漏油；如果同时夹住进油管及回油管仍无法保持残压，表示喷油器漏油。

6. 故障原因

(1) 系统油压不足原因：①管接头或管子渗漏；②汽油滤清器过脏；③汽油泵不良或蓄电池电压不足；④汽油压力调节器损坏。

(2) 系统油压过高原因：汽油压力调节器损坏。

十二、喷油器检测

项目卡号：012

班级		姓名		学号	
类别	汽车发动机电控技术		项目		喷油器检测
工量具	常用工具，数字万用表				
检测要点	(1)喷油器电磁线圈电阻的测量，元件侧测量 (2)喷油器电路电压的检测，线束侧测量 (3)喷油器工作情况检查 (4)喷油器的测试				
技术标准及要求	(1)电磁线圈电阻，13～16Ω(高阻)，2～3Ω(低阻) (2)喷油器电源电压 12V (3)发动机热车后怠速运转时，喷油器有嗒嗒声 (4)通电 15s，用量筒测出喷油器的喷油量 50～70mL (5)检查喷油器喷嘴处有无漏油。在检测喷油量后，脱开蓄电池与喷油器的连接线，要求每分钟漏油不多于 1 滴				
实测数据	喷油器的电阻测量				
	喷油器的电压				
检测方法及步骤	(1)喷油器的电阻测量 (2)喷油器的电压测量 (3)喷油器的线路测量 (4)喷油器波形的测量		参考数据	喷油器的电阻测量：13～16Ω(高阻)，2～3Ω(低阻)	
				喷油器的电压；12V	
得分		考评人签名		日期　　年　　月　　日	

喷油器检测相关知识

喷油器是燃油供给系中的重要组成部件，其性能好坏及其控制电路对发动机工作性能及能否工作影响很大。喷油器及其控制电路的检修内容主要如下。

(1) 喷油器工作状况检查　在发动机运转时，通过检查喷油器的工作声音来判断其是否工作。可用手指触摸或用改锥接触喷油器用耳听的办法来检查。

(2) 喷油器电特性检查　拔下喷油器导线连接器，用万用表欧姆挡测量喷油器电磁线圈的电阻值，低阻线圈阻值为 2～3Ω，高阻线圈阻值为 13～16Ω。如超出标准电阻值范围，则应更换喷油器。

(3) 喷油质量的检查　喷油器喷油质量的检查主要包括喷油量、雾化质量和泄漏的检查。

此项检查可在专用的喷油器试验台上进行。若无专用试验台，可就车将压力调节器、喷油器用软管及接头接于发动机的主油路中，并将喷油器置于一个量筒上。用导线将喷油器负端与蓄电池负极连接，正端用导线连接好，但暂时不要接蓄电池正极。上述准备工作做完后，可进行如下检查。

① 接通点火开关，但不要启动发动机。

② 使燃油泵强制进入运转（丰田车系可采用将诊断座上的＋B与FP端子连接的方法进行）。

③ 将喷油器正端连接线与蓄电池正极连接。观察喷油器喷油雾化质量，测量并记录每次的喷油量，每个喷油器重复 3 次。标准喷油量为 55～70mL/15s，喷油量误差应小于 10mL，如不符合标准则应更换喷油器。

④ 在燃油泵运转、喷油器不工作的条件下，可检查喷油器的泄漏情况，在 3min 内，泄漏一滴或更少为正常，否则应更换喷油器。试验完毕，关闭点火开关，卸下所有连接导线及软管，注意卸油管时一定要防止剩余油压引起喷溅。将油压调节器、喷油器装回原位。

(4) 喷油器控制电路的检查　喷油器控制电路一般均由点火开关或主继电器供电，由 ECU 控制喷油器的搭铁回路，检查方法如下。

① 拔下喷油器连接器插头。

② 接通点火开关，不要启动发动机。

③ 测量喷油器控制线连接器插头上的电源线的电压，应为 12V。若无电压，则应检查点火开关及保险或主继电器及线路。

④ 检查 ECU 的喷油器搭铁线 E01、E02，搭铁是否良好。

⑤ 将专用检查试灯串接到喷油器连接器两插头上，启动发动机，试灯应闪烁，不亮或不闪烁则控制回路有故障，可检查喷油器至 ECU 的线路和 ECU 是否有故障。也可用示波器检测喷油器脉冲波形，对控制电路进行检查。

十三、炭罐电磁阀检测

项目卡号：013

班级		姓名		学号	
类别	汽车发动机电控技术		项目		炭罐电磁阀检测
工量具	数字万用表，常用工具1套				
检测要点	(1)就车检查 (2)电磁阀的单件检测 检查电磁阀电磁线圈的电阻值 检查电磁阀的工作 检测泄漏				
技术标准及要求	(1)将发动机预热至正常温度，并使之急速运转，拔下蒸气回收罐上的真空软管，检查软管内有无真空吸力。真空软管内若无真空吸力，表明电磁阀关闭。此时燃油蒸发控制系统正常，如果此时真空软管内有真空吸力，表明电磁阀处于打开状态，不正常 (2)踩下加速踏板，当发动机转速大于2000r/min时，检查上述真空软管内有无真空吸引力。若真空软管内有真空吸力，则说明该系统工作正常；若真空软管内无真空吸力，不正常				
实测数据					
检测方法及步骤	(1)就车检查 将发动机预热至正常温度，并使之急速运转 拔下蒸气回收罐上的真空软管，检查软管内有无真空吸力 踩下加速踏板，当发动机转速大于2000r/min时，检查上述真空软管内有无真空吸引力 (2)电磁阀的单件检测 检查电磁阀电磁线圈的电阻值 检查电磁阀的工作 检测泄漏				
得分		考评人签名		日期	年　月　日

碳罐电磁阀检测相关知识

炭罐一般装在汽油箱和发动机之间。由于汽油是一种易挥发的液体，在常温下燃油箱经常充满蒸气，燃料蒸发排放控制系统的作用是将蒸气引入燃烧并防止挥发到大气中。这个过程起重要作用的是活性炭罐储存装置。

为了减小油箱中汽油蒸汽对环境的污染并且提高燃油经济性，现代轿车对燃油挥发进行了控制，普遍采用了活性炭罐系统。该系统的原理如图4-27所示，油箱中的燃油蒸汽被炭罐中的活性炭所吸附。当发动机运转时，电子控制单元通过控制活性炭罐电磁阀的通断，依靠进气管中的真空度将燃油蒸汽吸入发动机的进气道中进行燃烧。采用燃油蒸汽的控制可减少大气中的碳氢化合物和节约燃料。

1. 炭罐电磁阀的工作原理及异响故障

（1）炭罐　蒸发排放控制系统有一个活性炭储存罐，来自燃油箱的燃油蒸气从有"TANK"标记的管子进入炭罐。进入炭罐的液态燃油储存在炭罐底部的储存器中，以保护炭罐上部的活性炭炭基，而燃油蒸气则被活性炭吸收。当发动机在急速以上的转速运转时，环境中空气通过上部空气管进入炭罐，燃油蒸汽被进气气流吹洗出来，并混合成混合气被吸入进气歧管。

（2）炭罐净化电磁阀的工作原理及位置　炭罐净化电磁阀通过电脉冲宽度的调制来控制炭罐的净化作用，也就是说ECU电脑根据发动机不同的运行条件，以一定的频率使电磁阀

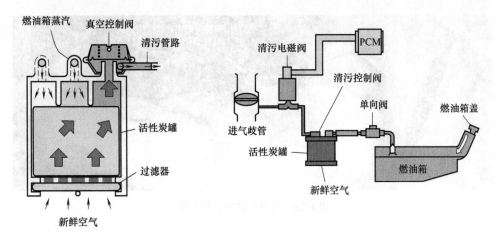

图 4-27 炭罐系统工作原理

的搭铁电路接通或断开，ECU 电脑通过对 1 个常闭电磁阀的操纵来控制净化炭罐的真空。

炭罐电磁阀是好的还是坏的，对下面的一些基本知识要有基本的概念。

① 炭罐电磁阀在启动后如果要建立工作状态，必须满足下面两个基本条件：

a. 当防冻冷却液温度高于 60℃后；

b. 当环境温度高于 5℃后。

另外，有些车辆使用的是全封闭油箱，发动机在启动时，发动机控制电脑会对炭罐电磁阀进行特殊工况处理。

ECU 对启动时和冷启动后（根据水温）这个短时间内的"特殊工况"处理，其实就是打开电磁阀，让从炭罐脱附下的汽油和空气混合气在启动时吸入到发动机，增加吸入到发动机缸体内的空混气浓度，辅助启动点火燃烧。气温低于 5℃时，炭罐里这种清洗后脱附掉的混合气很稀薄甚至没有，但系统尽量会让那些炭罐中有脱附混合气的发动机把脱附掉的空混气吸到发动机里去。所以，时常会听到在低温启动时，有频繁的电磁阀动作，巴得儿、巴得儿响；尽管绝大多数电磁阀是白忙活。

② 炭罐电磁阀的动作，是由发动机电脑输出占空比电压周期性控制的。尽管各品牌各车型设计的工作周期不一样，但下列五种情况是一致的：

a. 发动机工作温度在 70℃左右；

b. 炭罐电磁阀是周期性开启；

c. 炭罐电磁阀在满负荷时开启；

d. 炭罐电磁阀在减速时关闭；

e. 炭罐电磁阀在熄火状态是关闭的。

2. 检查方法

（1）拆掉电磁阀的接线，见图 4-28。

（2）新、旧两个电磁阀对比，见图 4-29。

（3）先吹气检查旧电磁阀故障。因为炭罐电磁阀是阻尼设计或者脉动阻尼设计，好的电磁阀在不通电吹气的时候，就会有点通气，但有稍大的阻力（阻尼现象）；当电磁阀通电吸合打开后，一吹就通，这个炭罐电磁阀绝对就是好的了。第一步吹气检查是"稍有通气"，看似正常，但不是最终结果；因为还要通过下一步通电检查才能确定。见图 4-30。

（4）用电线把电瓶正负极电源引出（可以用一根有插头的旧电线）。

（5）用接好电源的电线插头两端碰一下电磁阀的两个接头。如果没动静，就是电磁阀坏

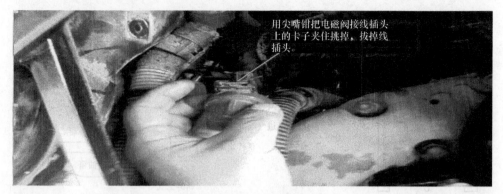

图 4-28　电磁阀的安装位置图

图 4-29　新、旧两个电磁阀

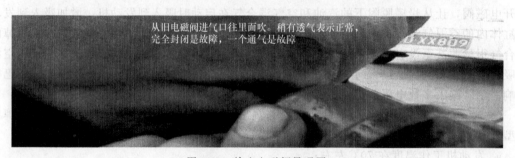

图 4-30　检查电磁阀导通图

了；如果"吧嗒吧嗒"响，或者手感有微微震动，电磁阀就是好的。

十四、点火模块检测

项目卡号：014

班级		姓名		学号		
类别	汽车发动机电控技术		项目		点火模块检测	
工量具	数字万用表,常用工具1套,KT600,X431,桑塔纳2000台架					
检测要点	(1)发动机运转时,不要触摸或拔下点火线 (2)用启动机带动发动机旋转时,应拔下点火线圈插头和所有喷油器插头 (3)拔下或插上喷油器插头或点火系的插头或测试导线、清洁发动机、拆装蓄电池之前,要关闭点火开关					
技术标准及要求	(1)拔下点火线圈4针插头,用发光二极管测试灯连接蓄电池正极和插头上端子4,发光二极管测试灯应亮。如果测试灯不亮,检查端子4和接地点的线路是否有断路 (2)测试点火线圈的供电电压:拔下点火线圈的4针插头,用发光二极管测试灯连接在发动机接地点和插头上端子2之间,打开点火开关,发光二极管测试灯应亮。如果测试灯不亮,检查中央电器D插头23端子与4针插座端子2之间线路是否断路 (3)测试点火线圈工作:拔下4个喷油器的插头和点火线圈的4针插头,打开点火开关,用发光二极管测试灯连接发动机接地点和插头上端子1,接通启动机数秒,测试灯应闪亮,然后用测试灯连接发动机接地点和端子3,接通启动机数秒,测试灯应闪亮。如果测试灯不闪,检查点火线圈插头上端子和发动机控制单元线束的插头间导线是否开路或短路,如果线路正常,应更换发动机ECU					
实测数据						
检测方法及步骤	(1)检查端子4和接地点的线路是否有断路 (2)测试点火线圈的供电电压 (3)测试点火线圈工作 (4)测初级、次级波形					
得分		考评人签名		日期	年 月 日	

点火模块检测相关知识

1. 组成原理

(1) 上海桑塔纳轿车采用霍尔式无触点电子点火系统,该系统由分电器、信号发生器、点火器、高能点火线圈、高压线、火花塞等组成。霍尔信号发生器是根据霍尔效应原理制成的,它装在分电器内。霍尔信号发生器由触发叶轮1和霍尔传感器4组成。触发叶轮像传统的分电器凸轮一样,套在分电器轴的上部,它可以随分电器轴一起转动,又能相对分电器轴作少量转动,以保证离心调节装置正常工作。

(2) 触发叶轮的叶片数与气缸数相等,其上部套装分火头,与触发叶轮一起转动。霍尔传感器由带导板（导磁）的永久磁铁和霍尔集成块组成,触发叶轮的叶片在霍尔集成块和永久磁铁之间转动。霍尔集成块包括霍尔元件和集成电路。由于霍尔信号发生器工作时,霍尔元件产生的霍尔电压U_h是毫伏级的,信号很微弱,还需进行信号处理。这一任务由集成电路完成,这样霍尔元件产生的霍尔电压U_h信号,还要经过放大、脉冲整形,最后以整齐的矩形脉冲（方波）信号U_g输出。

(3) 霍尔信号发生器是一个有源器件,它需要提供电源才能工作。霍尔集成块的电源由点火器提供。霍尔集成电路输出极的集电极为开路输出形式,其集电极的负载电阻在点火器内设置。霍尔信号发生器有三根引出线且与点火器相连接,其中一根是电源输入线（红黑色线）,一根是信号输出线（绿白色线）,一根是接地线（棕白色线）。霍尔信号发生器外壳的三线插座分别标有"＋""0""－"符号。

(4) 分电器工作时，叶片随分电器轴转动，每当叶片进入永久磁铁与霍尔元件之间的空气隙时，霍尔集成块中的磁场即被触发叶轮的叶片旁路（或称隔磁），这时霍尔元件不产生霍尔电压，集成电路输出极的三极管处于截止状态，信号发生器输出高电位。当触发叶轮的叶片离开空气隙时，永久磁铁的磁通便通过霍尔集成块经导板构成回路，这时霍尔元件产生霍尔电压，集成电路输出极的三极管处于导通状态，信号发生器输出低电位。分电器轴转一圈，输出4个方波。触发叶轮的转向从上向下看时是顺时针方向。当叶轮缺口的后边缘转动使磁极端面只露一半时，信号输出端的电压瞬间从低电位跳到高电位，此时就是点火时刻。

(5) 霍尔点火器与信号发生器通过二线插头相连接，当信号输出端把信号输入到点火控制器后，经过其内部电路处理，控制一只大功率三极管，进而控制点火线圈，使点火线圈高压输出端输出高压脉冲到火花塞点火。霍尔点火器实质上是个电子开关，它受霍尔传感器产生的信号电压控制。点火控制器还具有停机自动断电功能，以保护点火线圈不被烧坏。不仅如此，该点火控制器还具有限流控制功能，当检测到点火线圈中电流值小于额定值的94%时，控制电路在输入信号向低电平转换前加大电流的上升率，保证初级线圈产生足够的磁性。

(6) 闭合角控制功能，它可以根据发动机的工作转速、电源电压及点火线圈的性能，对闭合角不断调节，使得一次侧电路接通时间，在发动机的工作转速范围之内基本保持不变，从而使发动机高速时有足够的点火能量和点火电压，不致发生断火现象；低速时不致因点火线圈和点火电子组件过度发热而影响其使用寿命。与磁感应式电子点火装置相比，霍尔式电子点火装置由于其点火信号发生器输出的点火信号幅值波形不受发动机转速的影响，即使发动机转速很低时，也能输出稳定的点火信号，因此低速性能好，有利于发动机的启动，并且发动机在任何工况下，霍尔式点火信号发生器均能输出高低电平时间比一定的方波信号，故点火正时精度高且易于控制。另外霍尔式点火信号发生器无需调整，不受灰尘、油污的影响，使霍尔式电子点火装置的工作性能更加可靠，寿命更长。

2. 霍尔式电子点火系统故障检测方法

(1) 确定点火系故障。怀疑点火系有故障时，可拔出分电器中央高压线，使其端部距气缸体5～7mm，接通点火开关，启动发动机，观察高压线端是否跳火，如无强烈火花，说明点火系统有故障。正确检查点火系统的零件及连接导线，是排除点火系故障的关键。

(2) 点火线圈、高压线及分火头的检查。测量点火线圈初、次级绕组的电阻值。测量前先断开点火开关，拆除点火线圈上的导线。初级绕组的电阻值即点火线圈"＋"（或"15"）与"－"（或"1"）接柱之间的电阻值，应为0.52～0.76Ω；次级绕组的电阻值即点火线圈"－"（或"1"）与高压插孔之间的电阻值，应为2.4～3.5kΩ。如果电阻值符合规定，说明点火线圈良好，应及时装上点火线圈上的所有导线。每根高压线的电阻值应为1kΩ左右，分火头的电阻值应为1kΩ左右。

3. 点火器的检查

① 确认点火器电源电路是否正常：关断点火开关，拔下点火器插接件，将万用表（电压挡）两触针接在线束插头的4和2接柱上，接通点火开关，电压表测得的电压值应约为蓄电池电压，否则应找出电源断路故障并予以排除。

② 确认点火器工作性能：关断点火开关，连接好点火器插接件，拔下分电器霍尔信号发生器插接件，将电压表两触针接在点火线圈的15（＋）和1（－）接柱上。当接通点火开关时电压表的电压值应为2～6V，并在1～2V后降为零，否则应更换点火器。

③ 确认点火器向霍尔信号发生器输出电压值是否正常：关断点火开关，将电压表的两触针接在霍尔信号发生器线束插头"＋"和"－"接柱上。接通点火开关时；电压表测得的

电压值应为 5～11V，如低于 5V 或为 0V，再用同样方法对点火器插件中的接柱 5 和 3 进行测试，若电压值为 5V 以上，则说明点火器与信号发生器之间的线束有断路故障，应予以排除；若电压值也为 5V 以下，则应更换点火器。

④ 用旁路信号发生器检查点火器：关断点火开关，拔下分电器盖上的中央高压线，使其端部距缸体 5～7mm。拔下分电器信号发生器线束插接件，用一跨接线，让其一端接在信号线插头上，另一端暂时悬空。接通点火开关，将跨接线悬空的一端反复搭铁；此时观察中央高压线端部是否跳火，如跳火，说明点火器是好的，工作正常；如不跳火，在点火线圈及连接导线正常时，说明点火器有问题。

十五、进气歧管压力传感器检测

项目卡号:015

班级		姓名		学号		
类别	汽车发动机电控技术			项目	进气歧管压力传感器检测	
工量具	数字万用表,常用工具1套,KT600,X431,桑塔纳2000台架					
检测要点	(1)发动机运转时,不要触摸或拔下点火线 (2)拔下控制器、传感器插头 (3)拔下或插上喷油器插头或点火系的插头或测试导线、清洁发动机、拆装蓄电池之前,要关闭点火开关					
技术标准及要求	(1)当用万用表直流电压挡就车检测电压时,接通点火开关,检测传感器电源端子导线(传感器端子3连接的导线)与搭铁端导线(传感器端子1连接的导线)之间的电源电压应为5V左右 (2)当点火开关接通,发动机不启动时,检测传感器输出端导线(传感器端子4连接的导线)与搭铁端导线(传感器端子1连接的导线)之间的信号电压应为3.8~4.2V (3)当发动机怠速运转时,信号电压应为0.8~1.3V;当加大油门时,信号电压应随油门加大而升高 (4)如信号电压不符合上述规定,说明传感器失效,应予更换					
实测数据	蓄电池的供电电压					
	传感器的参考电压					
检测方法及步骤	(1)控制器12端子至传感器插头3端子<0.5Ω (2)控制器7端子至传感器插头4端子<0.5Ω (3)控制器30端子至传感器插头1端子<0.5Ω (4)控制器44端子至传感器插头2端子<0.5Ω			供电电压:12V		
				参考电压:5V		
得分		考评人签名		日期	年 月 日	

进气歧管绝对压力传感器检测相关知识

进气歧管绝对压力传感器MAP与动力腔相连,用于测量进气歧管内空气的绝对压力,并将其转变为电压信号输送到发动机ECU,ECU据此信号和发动机转速信号确定实际进气量,作为确定喷油器基本喷油量的依据。

进气歧管绝对压力传感器种类很多,其中电容式和半导体压敏电阻式进气压力传感器在当今发动机电子控制系统中应用较为广泛。压敏电阻式进气压力传感器的信号是电压型的,电容式进气压力传感器的信号是频率型的。目前压敏电阻式进气歧管压力传感器应用最多,国产桑塔纳200GLi型轿车和切诺基吉普车采用的即为压敏电阻式进气歧管压力传感器。

1. 进气歧管压力传感器的结构与工作原理

桑塔纳2000GLi型轿车的歧管压力传感器与进气温度传感器做成一体。压力传感器与温度传感器配合工作,能较为精确地反映进入气缸的空气量,传感器插座上共有四个引线端子,用四端子连接器直接与电控单元连接,电路如图4-31所示。

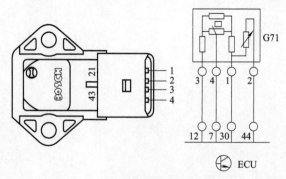

图4-31 桑塔纳2000GLi型轿车MAP外形与连接电路图
1—搭铁端子;2—进气温度信号输出端子;
3—电源(+5V)端子;4—传感器信号输出端子

半导体压敏电阻式进气歧管压力传感器由硅膜片、集成电路、滤清器、真空室和壳体等组成,如图 4-32 所示。硅膜片是压力转换元件,它是利用半导体的压电效应制成的。硅膜片的一面是真空室,另一面是导入的进气压力。集成电路是信号放大装置,它的端头与 ECU 连接。

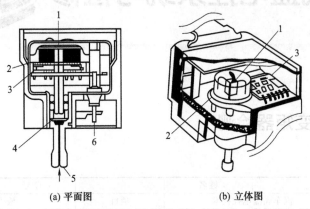

图 4-32 进气压力传感器
1—硅膜片;2—真空室;3—集成电路;4—滤清器;5—进气端;6—接线端

发动机工作时,从进气管来的空气经传感器的滤清器滤清后作用在硅膜片上,硅膜片产生变形(由于进气流量对应着相应的进气压力,故进气流量越大,进气管压力就越高,硅膜片变形也就越大)。硅膜片的变形,使扩散在硅膜片上电阻的阻值改变,导致电桥输出的电压变化。传感器上的集成电路将电压信号放大处理后,作为进气管压力信号送到电控单元,此信号成为电控单元计算进入气缸空气量的主要依据。

2. 进气歧管压力传感器 MAP 的检测

以桑塔纳 2000GL 型轿车的压敏电阻式进气歧管压力传感器 MAP 为例说明检测方法。

在发动机运行过程中,当歧管压力传感器出现故障时,发动机电控单元能够检测到,并能使发动机进入故障应急状态运行,利用一汽大众公司提供的 V.A.G1552 型专用系统故障检测仪,通过故障诊断插座可以读取此故障的有关信息。当用万用表电阻 $R \times 1$ 挡检测线束电阻时,断开点火开关,拔下控制器线束插头和传感器线束插头,检测两插头上各端子之间导线电阻应当符合表 4-3 规定。如阻值过大或为无穷大,说明线束与端子接触不良或断路,应予修理。

表 4-3 桑塔纳 2000GLi 型轿车 MAP 线束的检测标准

检测项目	检测条件	检测部位	标准值/Ω
歧管压力传感器正极导线	拔下控制器、传感器插头	控制器 12 端子至传感器插头 3 端子	<0.5
歧管压力传感器信号线	拔下控制器、传感器插头	控制器 7 端子至传感器插头 4 端子	<0.5
歧管压力传感器负极导线	拔下控制器、传感器插头	控制器 30 端子至传感器插头 1 端子	<0.5
进气温度传感器信号线	拔下控制器、传感器插头	控制器 44 端子至传感器插头 2 端子	<0.5

汽车底盘电控系统与检修

一、液力变矩器检测

项目卡号：001

班级		姓名		学号		
类别	汽车底盘电控技术		项目		液力变矩器检测	
工量具	磁力座表、百分表、专用工具等					
检测要点	(1)用清洁剂清洗变矩器内部零件,清洗后只能用压缩空气吹干 (2)检查变矩器外壳有无损坏、发蓝和裂纹,轴套有无磨损,连接螺栓有无损坏 (3)检查变矩器油泵驱动毂表面光滑无损伤,键฀或键槽无损伤,用磁力座表检查驱动毂径向圆跳度 (4)用专用工具检查液力变速器涡轮轴的轴向间隙 (5)用专用工具检查单向离合器,是否顺时针转动自如,逆时针锁止					
技术标准及要求	(1)变矩器油泵驱动毂径向圆跳度应小于0.20 (2)液力变速器涡轮轴的轴向间隙应小于0.08 (3)单向离合器顺时针转动自如,逆时针锁止					
注意事项	(1)液力变矩器的清洗需采用专用设备进行清洗 (2)测量记录变矩器到变矩器壳的深度,以便装配时证实传动系、油泵、变矩器是否完全安装到位 (3)保证飞轮及挠性板无翘曲、裂纹,齿圈无变形损坏,驱动盘端面圆跳度符合标准 (4)用压缩空气吹净液力变速器内清洁液及清洁物时要戴好护目镜,气枪不能朝向人吹 (5)测量工具要轻拿轻放,避免与测量表面产生二次冲击变形或损坏 (6)清洁液溅到地面上要及时清洁,以避免应因地面湿滑而造成人身伤害					
实测数据	驱动毂径向圆跳度的检测： 液力变速器涡轮轴的轴向间隙的检测： 单向离合器的检测：					
是否修理	○是 ○否		修理意见			
检测方法及步骤	(1)量具使用(示范) (2)测量方法(示范) (3)测量数据分析及修理建议分析(讲解)					
得分		考评人签名		日期	年 月 日	

 液力变矩器检测相关知识

1. 液力变矩器的结构

典型的液力变矩器由泵轮、导轮、涡轮和单向离合器等组成,如图5-1所示。

(1) 泵轮 泵轮的作用是将发动机的机械能转变为液力能,并通过延伸套驱动变速器油泵工作。泵轮与液力变矩器壳体连成一体,液力变矩器壳体用螺栓固定在飞轮上,因为泵轮

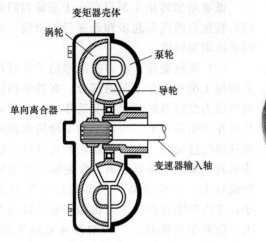 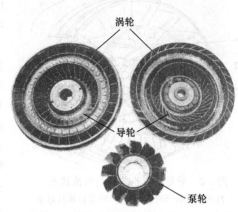

(a) 液力变矩器的结构示意图　　　(b) 液力变矩器主要部件分解图

图 5-1　液力变矩器的结构

与曲轴相连，它总是和曲轴一起转动。其结构如图 5-1（a）所示。泵轮由许多具有一定曲率的叶片按一定的方向辐射状安装在泵轮壳体上，泵轮的壳体固定在曲轴大飞轮上，当曲轴旋转时，泵轮便随曲轴同方向同速旋转，而每两个叶片间均充满自动变速器油液，当泵轮旋转时，叶片便带动其间的液体介质一起运动。

（2）涡轮　涡轮的作用是将液力能转变为机械能，输入变速器。涡轮也装有弯曲方向与泵轮叶片的弯曲方向相反的叶片，涡轮转轮装在变速器输入轴上，其叶片与泵轮叶片相对放置，中间留有 3mm 的间隙，其结构如图 5-1 所示。

涡轮转轮与变速器输入轴相连，变速器换挡杆置于 D、2、L 或 R 挡位，当车辆行驶时，涡轮转轮就与变速器输入轴一起转动；当车辆停驶时，涡轮转轮不能转动。在变速器换挡杆置于 P 或 N 挡位时，涡轮转轮与泵轮一起自由转动。

（3）导轮　导轮的作用是在汽车起步和低速行驶时，增大变速器输入的扭矩。

导轮上有许多具有一定曲率、一定方向的叶片组装在导轮架上，导轮轴孔内装有单向离合器。因此，导轮只能向一个方向自由转动，而向另一方向转动时，则被单向离合器锁止在壳体上。

2. 液力变矩器的作用和工作原理

（1）低速增加转矩。变矩器不仅可以传递转矩，而且还可以增大转矩。将发动机传来的转矩放大之后再传到变速器的输入轴上，当然这时涡轮的转速就会比泵轮的转速低，变速器输入轴的转速也就比发动机的转速低。

变矩器转矩增大的作用是由导轮的工作状态决定的。

如图 5-2 所示，在涡轮转速较低时，从涡轮出口流出的工作液流向导轮叶片的正面。这时固定的导轮叶片改变了工作液的流动方向，使之以有利于泵轮转动的方向进入泵轮；泵轮更有力地加速油液，这样油液作用于涡轮上的转矩就可能大于泵轮接受的发动机转矩，因此变矩器实现了转矩增大的作用。但是，当涡轮转速接近泵轮转速时，从涡轮流出的油液冲击到导轮叶片的背面，油液将以与泵轮转向相反的方向流动。这时导轮必须自由转动，不再改变油液的流向，否则变矩器的效率和转矩将急剧下降。所以，单向离合器只允许导轮以与泵轮相同的方向转动，而不能以与此相反的方向转动。

泵轮和涡轮间转速差越大，增扭效果就越明显。这和车速越低行驶阻力越大正好成正比。

低速增加转矩工况只存在于泵轮和涡轮之间有转速差的汽车起步和低速行驶阶段,所以叫低速增加转矩。

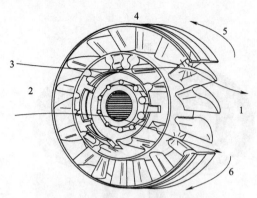

图 5-2 导轮的工作状态与液流状况
1—液流形成有利的折射;2—涡轮转速接近泵轮时的液流;3—涡轮转速较低时的液流;4—导轮;5—导轮不能按此方向转动;6—导轮可按此方向转动

(2)无级变速。液力变矩器的工作可以分为增扭工况和耦合工况两部分。在整个增扭工况中液力变矩器起到无级变速作用。主动轮叶片焊在变矩器壳上,变矩器和发动机曲轴通过螺栓刚性连接在一起,即泵轮和发动机曲轴同步运转。发动机转速越高,泵轮输出液流的转矩就越大;车速越高,汽车的行驶阻力就越小;在汽车刚起步时,泵轮和涡轮的转速差最大,随着车速提高,二者的转速差逐步缩小;在到达耦合工况(二者转速差消失)前的这个过程为无级变速。由于液力变矩器的增扭工况只存在低速阶段,所以液力变矩器的无级变速也只存在汽车的低速阶段。

(3)驱动油泵。

(4)驱动变速器输入轴。

(5)充当发动机飞轮使用。

3. 带锁止离合器的液力变矩器

因液力变矩器的涡轮和泵轮之间存在转速差和液力损失,液力变矩器的传动效率不如机械传动效率高,最高传动效率也只有 85%~90%,因而在正常行驶时油耗高,经济性差。为提高变矩器在高传动比工况下的效率,从 20 世纪 70 年代起,广泛采用了具有液压锁止离合器的变矩器,典型的带锁止离合器的变矩器如图 5-3 所示。在这种变矩器内增设了一套锁止离合器压盘组件,其工作过程类似于活塞,故又称为活塞式锁止离合器。离合器压盘有扭转减振器,在锁止过程中起缓冲减振作用。在压盘的左侧或外侧是摩擦片,摩擦片和经过机械加工的液力变矩器壳内面的主动盘配合。

图 5-3 带锁止离合器的液力变矩器实物分解图

锁止离合器的主动盘即为变矩器的壳体,从动盘是一个可做轴向移动的压盘,它通过花键套与涡轮连接。压盘右侧的液压油与液力变矩器泵轮、涡轮中的油液相通;压盘左侧的油液通过液力变矩器输出轴中间的控制油道与阀板总成上的锁止控制阀相通。锁止控制阀由自动变速器的电子控制单元（ECU）通过锁止电磁阀来控制。

4. 液力变矩器的检修

与液力变矩器有关的一些检查在拆装前的检查中已经作了介绍，此处讨论液力变矩器单向离合器有关的检修。如图 5-4 所示，装上维修专用工具，使其贴合在变矩器毂缺口和单向离合器的外座圈中，转动驱动杆，检查单向离合器工作是否正常，在逆时针方向转动时应锁住，而在顺时针方向应能自由转动。如有异常，说明单向离合器损坏，应更换液力变矩器。

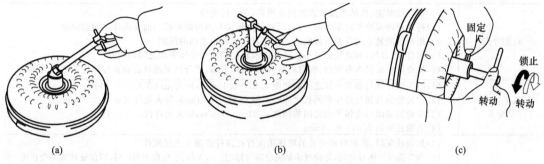

图 5-4　变矩器单向离合器的检查

二、内啮合油泵拆装及检测

项目卡号：002

班级		姓名		学号	
类别	汽车底盘电控技术		项目		内啮合油泵拆装及检测
工量具	塞尺、刀尺(直尺)、内卡钳、千分尺、维修常用工具等				
检测要点	(1)检查油泵主、从动齿面是否磨损或损坏,必要时更换 (2)将从动内齿轮推向泵体的一侧,用塞尺测量油泵内齿轮外圆与油泵壳体之间的间隙 (3)用塞尺测量小齿轮及内齿轮的齿顶与月牙形隔板之间的间隙 (4)用直尺(刀尺)和塞尺测量小齿轮和内齿轮的端面与壳体平面之间的间隙 (5)检查前轴瓦是否有划伤、疲劳剥落等,并用内卡钳、千分尺来测量前轴瓦与导轮轴之间的间隙				
技术标准及要求	(1)内齿轮外圆与油泵壳体之间的间隙 0.07~0.15mm,最大允许误差为 0.30mm (2)内齿轮的齿顶与月牙形隔板之间的间隙 0.11~0.14mm,最大允许误差为 0.30mm (3)齿轮的端面与壳体平面之间的间隙 0.02~0.05mm,最大允许误差为 0.10mm (4)前轴瓦间隙 0.04~0.13mm				
注意事项	(1)拆装油泵时,按照对称交叉的顺序依次拧松或拧紧油泵连接螺栓 (2)当泵盖与泵体分离后,要检查油泵齿轮啮合标记。若无标记,应做无损记号,以保证油泵啮合正确 (3)组装前应用煤油清洗干净,并用压缩空气吹干,再在清洁的零件上涂上少许ATF液 (4)安装时更换所有O形密封圈,并在新的O形密封圈上涂上少许ATF液 (5)将组装后的油泵插入液力变矩器中,转动油泵,齿轮转动应平顺,无异响 (6)用压缩空气吹净清洁零件时要戴好护目镜,气枪不能朝向人吹 (7)测量工具要轻拿轻放,避免与测量表面产生二次冲击变形或损坏 (8)煤油溅到地面上要及时清洁,以避免应因地面湿滑而造成人身伤害				
实测数据	内齿轮外圆与油泵壳体之间的间隙检测： 内齿轮的齿顶与月牙形隔板之间的间隙检测： 齿轮的端面与壳体平面之间的间隙检测： 前轴瓦间隙的检测：				
是否修理	○是　　○否		修理意见		
检测方法及步骤	(1)量具使用(示范) (2)测量方法(示范) (3)测量数据分析及修理建议分析(讲解)				
得分		考评人签名		日期	年　月　日

  油泵相关知识

1. 常见油泵的结构和工作原理

自动变速器的液压控制系统主要由动力源油泵、控制系统控制阀、执行机构施力装置、安全缓冲系统及冷却系统等组成。

油泵由液力变矩器驱动,通常装在变速器最前端,和发动机曲轴同步旋转,负责向液压控制系统提供动力源。自动变速器油泵有三种类型：内啮合齿轮泵（简称为齿轮泵）、摆线转子泵及可变量的叶片泵（简称为叶片泵）。常见的是齿轮泵和叶片泵。

（1）齿轮泵　齿轮泵工作时,在吸油腔由于主动轮和从动轮不断退出啮合,容积不断增大,形成局部真空,自动变速器油经油液滤清器和油泵进油口被吸入,且随着齿轮的旋转,齿间的自动变速器油被带到压油腔,随着主动轮、从动轮不断啮合,容积不断减小,形成油泵油压从出油口排出。齿轮泵结构见图5-5（a）。

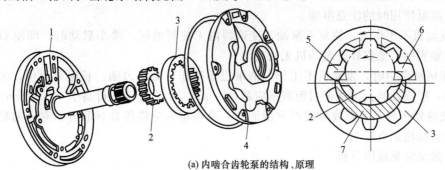

(a) 内啮合齿轮泵的结构、原理
1—泵盖；2—主动齿轮；3—从动齿轮；4—壳体；5—进油腔；6—出油腔；7—月牙板

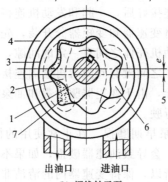

(b) 摆线转子泵
1—驱动轴；2—内转子；3—外转子；4—泵壳；5—偏心距；6—进油腔；7—出油腔

图5-5 油泵

出厂时，齿轮泵齿隙必须小于0.15mm，齿轮和泵壳间隙必须小于0.04mm；齿轮泵齿隙超过0.25mm，齿轮和泵壳间隙超过0.08mm，会造成主油压过低，必须更换。

（2）摆线转子泵 摆线转子泵是一种特殊齿形的齿轮泵，尺寸紧凑，噪声小，其主要缺点是低速运转时较其他油泵输出油压要低，故较少使用。摆线转子泵见图5-5（b）。

（3）叶片泵 当转子旋转时，叶片在离心力和叶片底部液压油压力的作用下向外张开，在相邻的叶片间形成密封的工作腔。在转子与定子中心连线的右半部工作腔容积逐渐增大，形成局部真空，将自动变速器油吸入；在左半部工作容腔逐渐减小，形成油泵油压。为了减少汽车高速运转时泵油量过多而引起的动力损失，叶片泵多做成可变量的。叶片泵的定子不是固定在壳体上，而是绕一个销轴作一定的摆动，通过改变定子和转子的偏心距，从而改变油泵的排量。油泵低速运转时排油量较小，油压调节阀将反馈油路关小，使反馈压力下降，定子在调压弹簧作用下绕销轴旋转一个角度，加大了定子和转子的偏心距，使进油量加大；油泵高速运转时，油压升高，油压调节阀反馈油路被开大，控制腔内反馈油压上升，定子在反馈油压推动下绕销轴逆时针方向摆动，定子和转子偏心距减小，进油量也随之减少。叶片泵的结构见图5-6。

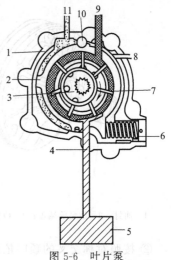

图5-6 叶片泵
1—泵壳；2—定子；3—转子；4—进油口；5—油滤清器；6—调压弹簧；7—叶片；8—卸压口；9—出油口；10—销轴；11—反馈油道

叶片泵的转子边缘磨成圆形会造成主油压过低，必须更换。

（4）油泵使用时的注意事项

① 发动机不工作时，油泵不泵油，变速器内无控制油压。推车启动时，即使D位或R位，输出轴实际上是空转，发动机无法启动。

② 车辆被牵引时，发动机不工作，油泵也不工作，无压力油。长距离牵引，齿轮系统无润滑油，磨损加剧。因此牵引距离不应超过50km，牵引速度不得高于30～50km/h。

③ 变速器齿轮系统有故障或严重漏油时，牵引车辆应将传动轴脱开。对于前轮驱动的汽车，应将前轮悬空牵引。

（5）油泵常见故障分析

① 装配不当造成油泵损坏　自动变速器和发动机连接的方式有两种：一种是有举升器的，将变速器和变矩器在下边连接好后，一起和发动机连接，这种装配方式不会造成油泵损坏；另一种是没有举升器的，将变速器和变矩器分开装，先装变矩器，再装变速器。将变速器向前推到头后，变速器和发动机壳体之间有一定的间隙，应该一边旋转曲轴，一边往里推变速器，待变速器和发动机壳体之间没有间隙后再紧固连接螺栓。如果在变速器和发动机壳体之间有间隙时就紧固连接螺栓，由于变矩器驱动毂和油泵驱动键没有对正，驱动毂会将油泵主动轮顶坏，造成汽车无法行驶。

② 油滤器破损后会造成油泵早期磨损　在正常使用的情况下，油泵和行星齿轮机构是不用更换的。但变速器内过脏，会导致油滤器破损，如果不及时发现，大量杂质就会进入油泵，从而造成油泵早期磨损。所以，保持变速器内的清洁非常重要。

2. 液压油泵的检修

（1）油泵的分解

① 拆下油泵后端轴颈上的密封环（如图5-7所示）。

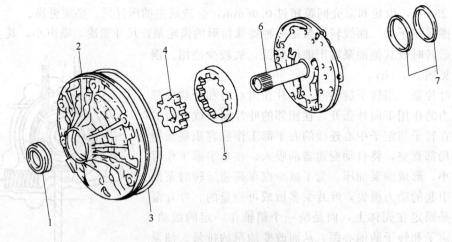

图5-7　油泵的分解结构图

1—油封；2—油泵前端盖；3—O形密封圈；4—小齿轮；5—内齿轮；6—油泵后端盖及导轮轴；7—密封圈

② 按照对称交叉的顺序依次松开油泵的连接螺栓，打开油泵。

③ 用油漆在小齿轮和内齿轮上作一记号，取出小齿轮及内齿轮。

④ 拆下油泵前端盖上的油封。

（2）油泵零件的检测

① 如图5-8所示，用厚薄规分别测量油泵内齿轮外圆与油泵壳体之间的间隙、小齿轮

图 5-8 油泵间隙测量

及内齿轮的齿顶与月牙板之间的间隙、小齿轮及内齿轮端面与泵壳平面的端隙，应符合技术标准，否则更换齿轮、泵壳或油泵总成。

② 检查油泵小齿轮、内齿轮与泵壳端面有无可见的磨损痕迹，如有则应更换新件。

(3) 油泵的组装　用干净的煤油清洗油泵的所有零件，并用压缩空气吹干，再在清洁的零件上涂少许自动变速器用液压油，按下列步骤组装。

① 在油泵前端盖上装入新的油封。

② 更换所有的 O 形密封圈，并在新的 O 形密封圈上涂 ATF 油。

③ 按分解时相反的顺序组装油泵各零件。

④ 按照对称交叉的顺序，依次拧紧油泵盖紧固螺栓，拧紧力矩为 $10N·m$。

⑤ 在油泵后端轴颈上的密封环槽内涂上润滑脂，安装新的密封环。

(4) 检查油泵运转性能　将组装后的油泵插入液力变矩器中，转动油泵，齿轮转动应平顺，无异响。

三、离合器检测

项目卡号：003

班级		姓名		学号	
类别	汽车底盘电控技术		项目		离合器检测
工量具	塞尺、直尺、维修工具等				
检测要点	（1）检查离合器的摩擦片，如有烧焦、表面粉末冶金层脱落或翘曲变形，则应更换；且许多自动变速器的摩擦片表面上印有符号，若这些符号已被磨去，则说明摩擦片已磨损至极限，应更换；也可测量摩擦片的厚度，若小于极限厚度，则应更换 （2）检查钢片是否磨损过度、翘曲变形，如有应更换 （3）检查离合器和制动器活塞表面有无损伤或拉毛，如有应更换新件 （4）检查挡圈的摩擦面，若有磨损应更换 （5）检查活塞上的单向球阀，摇动活塞时，球阀应活动自如；从液压缸侧向单向阀吹压缩空气，单向阀应该密封不漏气。如果检查异常，应更换活塞 （6）检查离合器毂，其液压缸内表面应无损伤或拉毛，与钢片配合的花键槽应无磨损，如有异常，应更换新件 （7）检查活塞回位弹簧的自由长度及变形量，如果不符合标准，应更换新弹簧 （8）用塞尺检查离合器间隙				
技术标准及要求	A341E、A342E 中 C_0 离合器：自由间隙 1.45～1.70mm，弹簧自由长度 15.8mm A341E、A342E 中 C_1 离合器：自由间隙 0.70～1.00mm A341E、A342E 中 C_2 离合器：自由间隙 1.37～1.60mm，弹簧自由长度 24.35mm				
注意事项	（1）安装时更换所有离合器液压缸活塞上的 O 形密封圈及轴颈上的密封环，并在新的 O 形密封圈上涂上少许 ATF 液 （2）组装、检查前应用专用清洗剂（酒精、化油器清洗剂等）清洗所有零件。清洗后用清水清洗，以彻底清除清洗剂；然后再用压缩空气吹干净所有零件；最后再在所有零件上涂上一层洁净的 ATF 液 （3）不能用纤维组织物擦拭零件，以防纤维堵塞油道 （4）更换新的摩擦片需在 ATF 液中浸泡 30min 以上 （5）用压缩空气吹净清洁零件时要戴好护目镜，气枪不能朝向人吹				
实测数据	C_0 离合器：自由间隙　　　　弹簧自由长度 C_1 离合器：自由间隙　　　C_2 离合器：自由间隙　　　弹簧自由长度				
是否修理	○是　　○否	修理意见			
检测方法及步骤	（1）量具使用（示范） （2）测量方法（示范） （3）测量数据分析及修理建议分析（讲解）				
得分		考评人签名		日期	年　月　日

离合器检测相关知识

1. 离合器

离合器的功用是连接轴和行星齿轮机构中的元件或是连接行星齿轮机构中的不同元件。

（1）结构、组成　离合器主要由离合器毂、花键毂、活塞、主动摩擦片、从动钢片、回位弹簧等组成，如图 5-9（a）所示。

离合器毂是一个液压缸，毂内有内花键齿圈，内圆轴颈上有进油孔与控制油路相通。离合器活塞为环状，内外圆上有密封圈，安装在离合器毂内。如图 5-9（b）所示，从动钢片和主动摩擦片交错排列，二者统称为离合器片，均使用钢料制成，但摩擦片的两面烧结有铜基粉末冶金的摩擦材料。为保证离合器接合柔和及散热，离合器片浸在油液中工作，因而称为湿式离合器。钢片带有外花键齿，与离合器毂的内花键齿圈连接，并可轴向移动，摩擦片

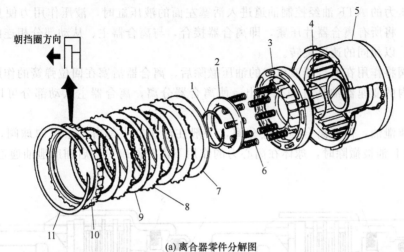

(a) 离合器零件分解图

1—卡环；2—弹簧座；3—活塞；4—O形圈；5—离合器毂；6—回位弹簧；7—碟形弹簧；
8—从动钢片；9—主动摩擦片；10—压盘；11—卡环

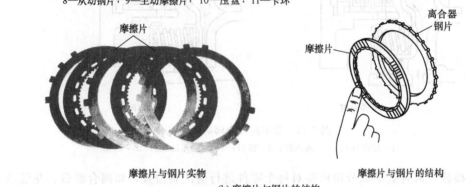

(b) 摩擦片与钢片的结构

图 5-9　离合器

则以内花键齿与花键毂的外花键槽配合，也可做轴向移动。花键毂和离合器毂分别以一定的方式与变速器输入轴或行星齿轮机构的元件相连接。碟形弹簧的作用是使离合器接合柔和，防止换挡冲击。可以通过调整卡环或压盘的厚度调整离合器的间隙。

(2) 工作原理　离合器的工作原理如图 5-10 所示。

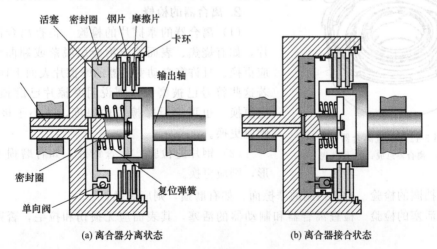

(a) 离合器分离状态　　　(b) 离合器接合状态

图 5-10　离合器工作原理

当一定压力的 ATF 油经控制油道进入活塞左面的液压缸时,液压作用力便克服弹簧力使活塞右移,将所有离合器片压紧,即离合器接合,与离合器主、从动部分相连的元件也被连接在一起,以相同的速度旋转。

当控制阀将作用在离合器液压缸的油压撤除后,离合器活塞在回位弹簧的作用下回复原位,并将缸内的变速器油从进油孔排出,使离合器分离,离合器主从动部分可以不同转速旋转。

为了快速泄油,保证离合器彻底分离,一般在液压缸中都有一个单向球阀,如图 5-11 所示。当 ATF 油被撤除时,球体在离心力的作用下离开阀座,开启辅助泄油通道,使 ATF 油迅速撤离。

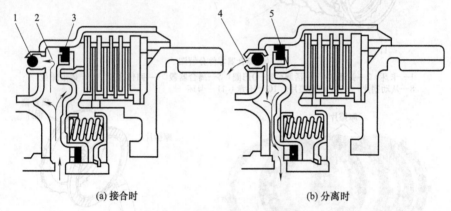

图 5-11 带单向安全阀的离合器
1—单向球阀;2—液压缸;3—油封;4—辅助泄油通道;5—活塞

（3）检修 离合器总成分解后要对每个零件进行清洗和检查,如离合器毂、花键毂、离合器片、压盘等是否磨损严重、变形,回位弹簧是否断裂、弹性不足,单向球阀是否密封良好等,必要时更换零部件和总成。

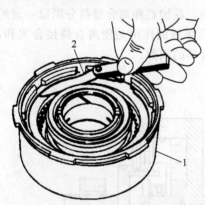

图 5-12 检查离合器间隙
1—离合器总成;2—厚薄规

离合器重新装配后要检查离合器的间隙。间隙过大会使换挡滞后、离合器打滑；间隙过小会使得离合器分离不彻底。检查离合器间隙一般是用厚薄规（塞尺）进行,如图 5-12 所示。

2. 离合器的检修

（1）离合器的摩擦片的检验 检查离合器的摩擦片,如有烧焦、表面粉末冶金层脱落或翘曲变形,则应更换。且许多自动变速器的摩擦片表面上印有符号,若这些符号已被磨去,则说明摩擦片已磨损至极限,应更换。也可测量摩擦片的厚度,若小于极限厚度,则应更换。

（2）钢片的检验 检查钢片,如有磨损或翘曲变形,则应更换。

（3）挡圈的检验 检查挡圈的摩擦面,如有磨损,则应更换。

（4）活塞的检验 检查离合器和制动器的活塞,其表面应无损伤和拉毛,否则应更换新件。

（5）单向阀的检验 检查离合器活塞上的单向阀,其球阀应能在阀座内活动自如；检查单向阀的密封性,如图 5-13 所示,用压缩空气或煤油,从液压缸一侧向单向阀内吹气,密封应良好,如有异常,应更换活塞。

(6) 离合器毂的检验　检查离合器毂其液压缸内表面应无损伤或拉毛,与钢片配合的花键槽应无磨损,如有异常,则应更换新件。

(7) 活塞回位弹簧自由长度的检验　测量活塞回位弹簧的自由长度,其值应符合标准。弹簧长度标准参见表 5-1。若弹簧自由长度过小或有变形,则应更换新弹簧。

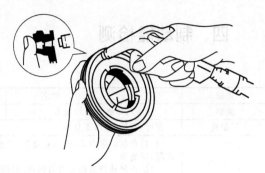

图 5-13　检查单向阀

表 5-1　A341E、A342E 自动变速器离合器检修标准

离合器的名称	代号	弹簧自由长度标准/mm	自由间隙/mm
超速离合器	C_0	15.8	1.45～1.70
前进离合器	C_1		0.7～1.00
高、倒挡离合器	C_2	24.35	1.37～1.60

四、制动器检测

项目卡号：004

班级		姓名		学号	
类别	汽车底盘电控技术		项目		制动器检测
工量具	塞尺、直尺、维修工具等				
检测要点	（1）检查制动带内表面，如有烧焦、表面粉末冶金层脱落或表面符号磨去，则说明摩擦片已磨损至极限，应更换 （2）检查制动鼓表面是否有污点、划伤、磨光、变形等缺陷，如有则需打磨修理 （3）检查制动伺服机构部件有无磨损或划伤，检查制动器活塞表面有无损伤或拉毛，检查液压缸内表面有无损伤或拉毛，如有异常，应更换新件 （4）检查挡圈的摩擦面，若有磨损应更换 （5）检查活塞回位弹簧的自由长度及变形量，如果不符合标准，应更换新弹簧 （6）片式制动器的检修与片式离合器的检修基本相同				
技术标准及要求	A341E、A342E 中 B_0 离合器：自由间隙 1.75～2.05mm，弹簧自由长度 17.23mm A341E、A342E 中 B_1 离合器：自由间隙 2.00～3.00mm A341E、A342E 中 B_2 离合器：自由间隙 0.63～1.98mm，弹簧自由长度 19.64mm A341E、A342E 中 B_3 离合器：自由间隙 0.70～1.22mm，弹簧自由长度 12.90mm				
注意事项	（1）安装时更换所有制动器液压缸活塞上的 O 形密封圈及轴颈上的密封环，并在新的 O 形密封圈上涂上少许 ATF 液 （2）组装、检查前应用专用清洗剂（酒精、化油器清洗剂等）清洗所有零件。清洗后用清水清洗，以彻底清除清洗剂；然后再用压缩空气吹干净所有零件；最后再在所有零件上涂上一层洁净的 ATF 液 （3）不能用纤维组织物擦拭零件，以防纤维堵塞油道 （4）更换新的制动带需在 ATF 液中浸泡 30min 以上 （5）用压缩空气吹净清洁零件时要戴好护目镜，气枪不能朝向人吹				
实测数据	B_0 离合器：自由间隙　　　　弹簧自由长度 B_1 离合器：自由间隙　　　B_2 离合器：自由间隙　　　弹簧自由长度 B_3 离合器：自由间隙　　　弹簧自由长度				
是否修理	○是　　○否	修理意见			
检测方法及步骤	（1）量具使用（示范） （2）测量方法（示范） （3）测量数据分析及修理建议分析（讲解）				
得分		考评人签名		日期	年　月　日

制动器检测相关知识

1. 制动器

制动器的功用是固定行星齿轮机构中的元件，防止其转动。制动器有摩擦片式和带式两种形式。摩擦片制动器的结构和工作原理与离合器完全相同，只不过在作用上有所不同。摩擦片制动器连接运动元件与变速器壳体，而离合器连接的是两个运动元件。下面只介绍带式制动器。

（1）结构、组成　带式制动器由制动带和控制油缸组成，如图 5-14（a）所示为带式制动器的零件分解图。制动带是内表面带有摩擦材料镀层的开口式环形钢带，如图 5-14（b）所示。制动带的一端支承在与变速器壳体固连的支座上，另一端与控制油缸的活塞杆相连。

（2）工作原理　制动器的工作原理如图 5-15 所示，制动带开口处的一端通过支柱支承于固定在变速器壳体的调整螺钉上，另一端支承于油缸活塞杆端部，活塞在回位弹簧和左腔

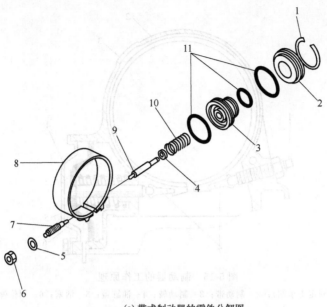

(a) 带式制动器的零件分解图

1—卡环； 2—活塞定位架； 3—活塞； 4—止推垫圈； 5—垫圈； 6—锁紧螺母；
7—调整螺钉； 8—制动带； 9—活塞杆； 10—回位弹簧； 11—O形圈

(b) 带有摩擦材料镀层的制动带

图 5-14 制动器

油压作用下位于右极限位置，此时，制动带和制动鼓之间存在一定间隙。

制动时，压力油进入活塞右腔，克服左腔油压和回位弹簧的作用力推动活塞左移，制动带以固定支座为支点收紧。在制动力矩的作用下，制动鼓停止旋转，行星齿轮机构某元件被锁止。随着油压撤除，活塞逐渐回位，制动解除。

（3）检修　检查制动带是否有破裂、过热、不均匀磨损、表面剥落等情况，如果有任何一种，制动带都应更换。

检查制动鼓表面是否有污点、划伤、磨光、变形等缺陷。

制动器装配后要调整工作间隙，原因与离合器间隙的调整是一样的。方法是：将调整螺钉上的锁紧螺母拧松并退回大约五圈，然后用扭力扳手按规定转矩将调整螺钉拧紧，再按维修手册的要求将调整螺钉退回一定圈数，最后用锁紧螺母紧固。

2. 制动器的检修

（1）片式制动器的检修　对于片式制动器，检查制动器摩擦片有无烧焦、表面粉末冶金层有无脱落或翘曲变形，若有应更换新片；另外许多自动变速器摩擦片表面上印有符号，若

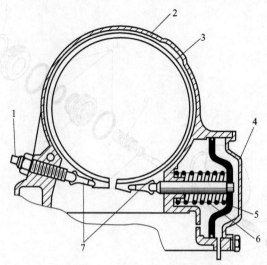

图 5-15 制动器的工作原理

1—调整螺钉（固定支承端）；2—制动带；3—制动鼓；4—油缸盖；5—活塞；6—回位弹簧；7—支柱

这些符号已被磨去，说明摩擦片已磨损至极限，应更换新片；也可以测量摩擦片的厚度，若小于极限厚度，应更换新片。检查钢片，如有磨损或翘曲变形，应更换。

（2）带式制动器的检修　对于带式制动器，检查制动带内表面有无烧焦、表面粉末冶金层有无脱落或表面符号有无磨去，若有应更换制动器带。检查制动器伺服机构部件有无磨损或划痕，检查制动器的活塞，其表面应无损伤或拉毛，液压缸内表面应无损伤或拉毛，如有异常，则应更换新件。

（3）挡圈、活塞回位弹簧等部件的检测　检查挡圈的摩擦面有无磨损，若有应更换新件。测量活塞回位弹簧的自由长度，应符合技术标准。若过小或有变形，则应更换新弹簧，更换所有制动器液压缸活塞上的 O 形密封圈及轴颈上的密封环。

A341E、A342E 自动变速器制动器的检修标准见表 5-2。

表 5-2　A341E、A342E 自动变速器制动器的检修标准

制动器的名称	代号	弹簧自由长度标准/mm	自由间隙/mm
超速制动器	B_0	17.23	1.75～2.05
2 挡强制制动器	B_1		2.0～3.0
2 挡制动器	B_2	19.64	0.63～1.98
低、倒挡制动器	B_3	12.9	0.70～1.22

五、行星排及单向离合器检测

项目卡号：005

班级		姓名		学号	
类别	汽车底盘电控技术		项目	行星排及单向离合器检测	
工量具	塞尺、维修工具等				
检测要点	(1) 检查太阳轮、行星齿轮、齿圈的齿面，如有磨损、斑点或疲劳剥落，则应更换整个行星排 (2) 用塞尺检查行星齿轮与行星架之间的间隙，如超过极限，则需更换止推垫片或行星架及行星齿轮组件 (3) 检查太阳轮、行星架、齿圈等零件的轴颈或滑动轴承处有无磨损，如有异常，应更换新件 (4) 检查单向离合器、滚柱有无破损，滚柱保持架有无断裂或内外滚道是否磨损起槽，若有则更换新件；若在锁止方向上出现打滑或在自由转动方向上有卡滞现象，也应更换新件				
技术标准及要求	行星齿轮与行星架之间的间隙 0.2～0.6mm，极限值为 1.0mm				
注意事项	(1) 组装、检查前应清洗所有零件，并在所有零件上涂上一层洁净的 ATF 液 (2) 不能用纤维组织物擦拭零件，以防纤维堵塞油道 (3) 安装单向离合器必须注意单向离合器的装配方向。装好单向离合器之后，应保证其锁止方向正确，且在自由转动方向上转动灵活 (4) 楔块式单向离合器与两座圈间的间隙非常小，装配时稍有歪斜就很难装到位。装配时最好用双手(保持平行)使单向离合器按释放的方向，一边旋转一边往里轻压，就可以轻松地装到位 (5) 大部分单向离合器上下两端都有薄铜片制成的保持限位件，装配时严禁敲打或挤压造成变形。只要变形或打出一个凹坑，汽车在这个单向离合器负责的挡位上行驶时一收节气门就可以听到"嗡嗡"的异响声 (6) 用压缩空气吹净清洁零件时要戴好护目镜，气枪不能朝向人吹				
实测数据	行星齿轮与行星架之间的间隙：				
是否修理	○是　○否	修理意见			
检测方法及步骤	(1) 量具使用(示范) (2) 测量方法(示范) (3) 测量数据分析及修理建议分析(讲解)				
得分		考评人签名		日期	年　月　日

行星排及单向离合器检测相关知识

1. 单排行星轮系的组成

单排行星齿轮由一个齿圈、一个太阳轮、一个行星架和数个行星轮组成，其结构如图 5-16 所示。在单排行星齿轮的工作过程中，齿圈、太阳轮和行星架可作为输入、输出或固定元件，行星齿轮一般不具此功能。

齿圈制有内齿，其余齿轮均为外齿轮。太阳轮位于机构的中心，行星轮与之外啮合，行星轮与齿圈内啮合。通常行星轮有 3～6 个，通过滚针轴承安装在行星齿轮轴上，行星齿轮轴对称、均匀地安装在行星架上。行星齿轮机构工作时，行星轮除了绕自身轴线的自转外，同时还绕着太阳轮公转，行星轮绕太阳轮公转，行星架也绕太阳轮旋转。

2. 单排行星轮系的运动规律

根据机械基础有关行星轮系的传动比计算方法，可以得出表示单排行星齿轮机构（如图 5-17 所示）运动规律的特性方程式为

$$n_1 + \alpha n_3 - (1+\alpha)n_2 = 0$$

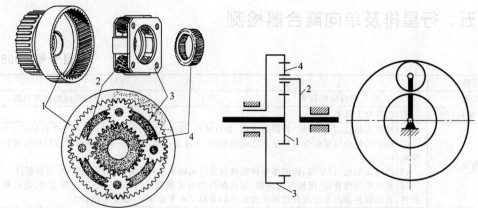

(a) 行星齿轮机构　　　　　　　　(b) 单排行星齿轮的传动原理图
1—齿圈；2—行星轮；3—行星架；4—太阳轮　　1—太阳轮；2—行星架；3—齿圈；4—行星轮

图 5-16　单排行星齿轮

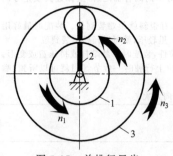

图 5-17　单排行星齿轮工作原理工意图

式中，n_1 为太阳轮转速；n_3 为齿圈转速；n_2 为行星架转速；α 为齿圈齿数 z_3 与太阳轮齿数 z_1 之比，即 $\alpha = z_3/z_1$，且 $\alpha > 1$。

由于一个方程有三个变量，如果将太阳轮、齿圈和行星架中某个元件作为主动（输入）部分，让另一个元件作为从动（输出）部分，则由于第三个元件不受任何约束和限制，所以从动部分的运动是不确定的。因此为了得到确定的运动，必须对太阳轮、齿圈和行星架三者中的某个元件的运动进行约束和限制。通过对不同的元件进行约束和限制，可以得到不同的动力传动方式。

(1) 太阳轮为主动件（输入），行星架为从动件（输出），齿圈固定，如图 5-18 (a) 所示。此时，$n_3 = 0$，则传动比 i_{12} 为：$i_{12} = n_1/n_2 = 1 + \alpha > 1$。

由于传动比大于 1，说明为减速传动，可以作为降速挡。

(2) 齿圈为主动件（输入），行星架为从动件（输出），太阳轮被锁止，如图 5-18 (b) 所示。此时，$n_1 = 0$，则传动比 i_{32} 为：$i_{32} = n_3/n_2 = 1 + 1/\alpha > 1$。

由于传动比大于 1，说明为减速传动，可以作为减速挡。

对比这两种情况的传动比，由于 $i_{12} > i_{32}$，虽然都为减速挡，但 i_{12} 是减速挡中的低挡，

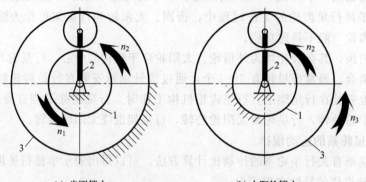

(a) 齿圈锁止　　　　　　　　(b) 太阳轮锁止

图 5-18　单排行星齿轮工作原理示意图（一）

而 i_{32} 为降速挡中的减挡。

(3) 行星架为主动件（输入），齿圈为从动件（输出），太阳轮被锁止，如图 5-18（b）所示。此时，$n_1=0$，则传动比 i_{23} 为：$i_{23}=n_2/n_3=\alpha/(1+\alpha)<1$。

由于传动比小于 1，说明为增速传动，可以作为超速挡。

(4) 行星架为主动件（输入），太阳轮为从动件（输出），齿圈被锁止，如图 5-19（a）所示。此时，$n_3=0$，则传动比 i_{21} 为：$i_{21}=n_2/n_1=1/(1+\alpha)<1$。

由于传动比小于 1，说明为增速传动，可以作为超速挡。

(5) 太阳轮为主动件（输入），齿圈为从动件（输出），行星架被锁止，如图 5-19（b）所示。此时，$n_3=0$，则传动比 i_{12} 为：$i_{12}=n_1/n_2=-\alpha$。

由于传动比为负值，说明主从动件的旋转方向相反；又由于 $|i_{13}|>1$，说明为增速传动，可以作为倒挡。

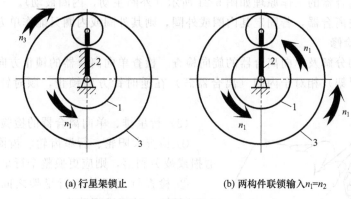

图 5-19 单排行星齿轮工作原理示意图（二）

(6) 如果 $n_1=n_2$，则可以得到 $n_3=n_1=n_2$。同样，$n_1=n_3$ 或 $n_2=n_3$ 时，均可以得到 $n_1=n_2=n_3$ 的结论。因此，若使太阳轮、齿圈和行星架三个元件中的任何两个元件连为一体转动，则另一个元件的转速必然与前二者等速同向转动。即行星齿轮机构中所有元件（包含行星轮）之间均无相对运动，传动比 $i=1$。这种传动方式用于变速器的直接挡传动。

(7) 如果太阳轮、齿圈和行星架三个元件没有任何约束，则各元件的运动是不确定的，此时为空挡。

3. 单向离合器

单向离合器可限制一些运动元件只能做单方向的转动，或者限制两个元件在某一方向自由转动，在相反的方向相互制约。目前，在自动变速器中应用的单向离合器有滚柱式单向离合器和楔块式单向离合器两种。

滚柱式单向离合器工作原理如图 5-20 所示（外圈主动，内圈被动）。

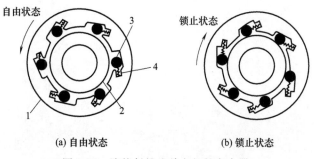

图 5-20 滚柱斜槽式单向超越离合器

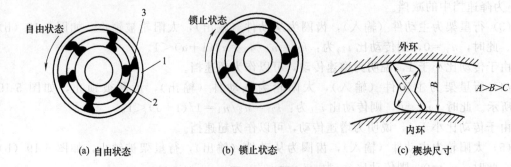

图 5-21　楔块式单向超越离合器
1—外环；2—内环；3—滚柱

楔块式单向离合器的工作原理如图 5-21 所示（外圈主动，内圈被动）。

以上两种单向离合器，若固定其内圈或外圈，则其外圈或内圈只能作单方向旋转。

4. 行星排的检修

（1）行星排的分解及单向离合器的旋向检查　检查单向离合器的锁止方向，应使该单向离合器外圈（行星架）相对于内圈（离合器毂）在逆时针方向锁止，顺时针方向可以自由转动。

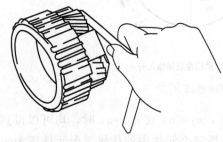

图 5-22　检查行星齿轮与行星架的间隙

（2）行星排、单向离合器的检验

① 检查太阳轮、行星齿轮、齿圈的齿面，如有磨损或疲劳剥落，则应更换整个行星排。

② 检查行星齿轮与行星架之间的间隙（如图 5-22 所示），其标准间隙为 0.2～0.6mm，最大不得超过 1.0mm，否则应更换止推垫片或行星架及行星齿轮组件。

③ 检查太阳轮、行星架、齿圈等零件的轴颈或滑动轴承处有无磨损，如有异常，则应更换新件。

④ 检查单向离合器、滚柱有无破损，滚柱保持架有无断裂或内外圈滚道是否磨损起槽，若有则应更换新件；若在锁止方向上出现打滑或在自由转动方向上有卡滞现象，也应更换新件。

将行星排和单向离合器的所有零件清洗干净，涂少许液压油，按分解相反的顺序进行装配。装好单向离合器之后，应保证其锁止方向正确，且在自由转动方向上应转动灵活。

六、AT 主要传感器、执行器检测

项目卡号：006

班级		姓名		学号	
类别	汽车底盘电控技术		项目	AT 主要传感器、执行器检测	
工量具	万用表、接线盒、维修工具等				
检测要点	(1)节气门位置传感器的就车电压检测和元件电阻检测 (2)车速传感器的就车静态电阻和动态电压检测及元件检测 (3)温度传感器的电阻检测 (4)模式选择开关、空挡启动开关、OD挡开关、制动灯开关、强制降挡开关等的开关及线束检测 (5)电磁阀的线束检测 (6)电磁阀的密封性检测 (7)电磁阀的电阻和电压检测 (8)检查及调整要规范到位				
技术标准及要求	(1)节气门位置传感器的电压、电阻应符合维修手册标准 (2)车速传感器电阻一般为 300～1500Ω；用手转动车轮时，车速传感器的动态交流电压为 0.4～0.8V (3)各开关打到相应位置时应导通，电阻或电压符合导通标准；关闭开关时电阻值为∞（开路），同时开关触点间隙应符合标准 (4)温度传感器常温下的电阻及各温度下的电阻值应符合标准 (5)电磁阀线束检测的电阻值应小于 1.5Ω (6)电磁阀在规定的压缩空气下应保证密封良好 (7)电磁阀的电阻应符合标准，加 12V 电源后应能听到相应的响声"咔"声				
实测数据					
考核要点	(1)检查操作正确规范 (2)检查内容规范全面 (3)注意安全事项				
得分		考评人签名		日期	年　月　日

AT 主要传感器、执行器检测相关知识

1. 节气门位置传感器

节气门位置传感器是一个电位计，装在节气门体上，用于检测节气门开度的大小，并将数据传送给电脑，电脑根据此信号判断发动机负荷，从而控制自动变速器的换挡、调节主油压和对锁止离合器控制。

装备自动变速器的汽车，通常采用线性可变电阻型的节气门位置传感器。这种节气门位置传感器由一个线性电位计和一个怠速开关组成，如图 5-23 所示。节气门轴带动线性电位计及怠速开关的滑动触点。节气门关闭时，怠速开关接通；节气门开启时，怠速开关断开。当节气门处于不同位置时，电位计的电阻也不同。这样，节气门开度的变化被转变为电阻或电压信号输送给电脑。电脑通过节气门传感器可以获得表示节气门由全闭到全开的所有开启角度的连续变化的模拟信号以及节气门开度的变化速率，以作为其控制不同行驶条件下的挡位变换的主要依据之一。

2. 车速传感器（VSS）

车速传感器用于检测自动变速器输出轴转速，自动变速器 ECU 根据车速传感器输入的

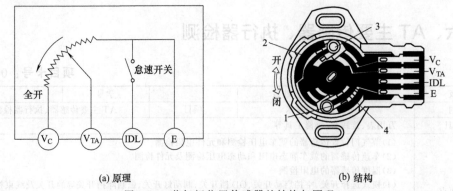

(a) 原理　　　　　(b) 结构

图 5-23　节气门位置传感器的结构与原理

1—怠速信号触点；2—电阻器；3—节气门开度信号触点；4—绝缘体

信号计算出车速，并以此信号控制自动变速器的换挡和锁止离合器的锁止。

常见的车速传感器有电磁式、舌簧开关式、光电式三种形式。一般自动变速器装有两个车速传感器，分为1号传感器和2号传感器。2号车速传感器一般为电磁式的，它装在变速器输出轴附近的壳体上，为主车速传感器；1号车速传感器一般为舌簧开关式的，为副车速传感器，它装在车速表的转子附近，负责车速的传输，它同时也是2号车速传感器的备用件，当2号车速传感器失效后，由1号车速传感器代替工作。

下面以常见的电磁式车速传感器（见图5-24）为例介绍其结构、原理和检修。

电磁式车速传感器主要由永久磁铁、电磁感应线圈、转子等组成，如图5-25（a）所示。转子一般安装在变速器输出轴上，永久磁铁和电磁感应线圈安装在变速器壳体上。当输出轴转动，转子也转动，转子与传感器之间的空气间隙发生周期性变化，使电磁感应线圈中磁通量也发生变化，从而产生交流感应电压，如图5-25（b）所示，并输送给电脑。交流感应电压随着车速（输出轴转速）具有两个响应特性：一是随着车速的增加，交流感应电压增高；二是随着车速的增加，交流感应电压脉冲频率也增加。电脑根据交流感应电压脉冲频率大小计算车速，并以此控制自动变速器的换挡。

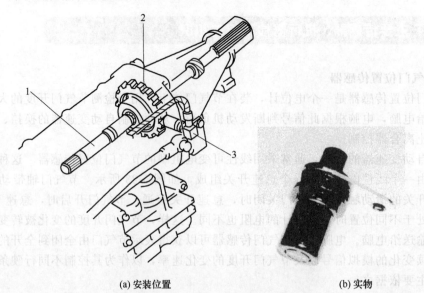

(a) 安装位置　　　　　(b) 实物

图 5-24　车速传感器

1—输出轴；2—停车锁止齿轮；3—车速传感器

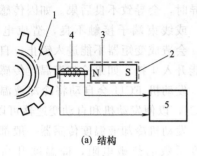 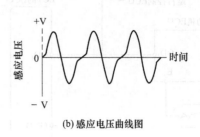

(a) 结构　　　　　　　　　　　(b) 感应电压曲线图

图 5-25　车速传感器工作原理示意图

1—停车锁止齿轮；2—车速传感器；3—永久磁铁；4—感应线圈；5—电脑

3. 输入轴转速传感器

输入轴转速传感器的结构、工作原理与车速传感器相同。它安装在行星齿轮变速器的输入轴或与输入轴连接的离合器毂附近的壳体上，见图 5-26、图 5-27。输入轴转速传感器的主要作用如下。

（1）检查自动变速器各个挡位的传动比是否正常　输入轴转速传感器和车速传感器（VSS）一起检测自动变速器各个挡位的传动比是否正常。控制单元掌握了挡位和发动机负荷的信号，然后根据自动变速器输入轴和输出轴的转速差和储存的数据对比，即可判断该挡位负责连接和固定作用的离合器和制动器是否打滑。

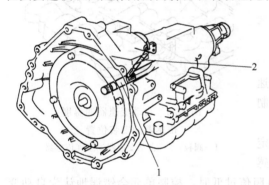 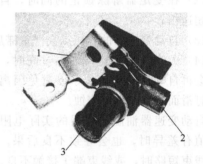

图 5-26　输入轴转速传感器　　　　　　图 5-27　输入轴转速传感器实物

1—行星齿轮变速器输入轴；2—输入轴转速传感器　　1—安装支架；2—电气插接器；3—传感器

（2）检查变矩器的传动比是否正常　控制单元根据来自输入轴转速传感器的信号和发动机转速传感器的信号进行比较，计算出液力变矩器的传动比，使变矩器的锁止离合器的锁止油压控制过程和锁止离合器锁止程度的控制过程得到进一步优化，以改善变矩器的锁止工况的平顺性。

（3）用于控制变矩器锁止离合器　控制单元在变矩器锁止离合器进入锁止工况时机的控制时，也要参考输入轴转速传感器的信号。

4. 发动机冷却液温度传感器（CTS）

发动机冷却液温度传感器是热敏电阻式负温度系数传感器，装在发动机水套出液口处。发动机冷却液温度传感器主要负责提供发动机冷却液温度的信息，控制单元根据这些信息对变矩器锁止和自动变速器进入超速挡的时机进行控制。

发动机冷却液温度达到 56～65℃以上时，变矩器才能进入锁止；冷却液温度达到 70℃以上时自动变速器才能升入 4 挡。发动机冷却液温度传感器的实际电阻值与规定电阻值有

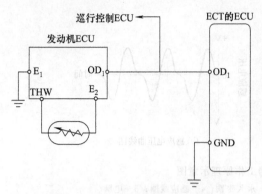

图 5-28 冷却液温度传感器线路图

差异时，会导致不良后果。如因传感器自身故障，或线束端子接触不良，造成电阻值过高时，会造成变矩器不能进入锁止，自动变速器不能升入 4 挡。如果冷却液温度传感器出现故障，发动机 ECU 会自动将冷却液温度设定为 80℃，以便发动机和自动变速器可以工作。

发动机冷却液温度传感器一般都是一个负温度系数的热敏电阻，即温度升高，电阻下降。如图 5-28 所示，发动机 ECU 在 THW 端子接收到一个与冷却液温度成正比的电压，从而得到冷却液温度信号。

5. 自动变速器油温传感器

自动变速器油温传感器都是热敏电阻式负温度系数传感器，装在控制阀上，见图 5-29，当自动变速器油温达到 132～150℃（不同车型在温度上略有差异）时自动变速器控制单元进入失效保护。

(1) 变矩器先进入锁止工况，进入锁止工况 20～30s 后，如果油温仍不下降，变矩器解除锁止。

(2) 在变矩器解除锁止的同时，自动变速器退出超速挡。

(3) 自动变速器的升挡点会严重滞后。

(4) 大众自动变速器油温过高时，自动变速器还会再自动降一个挡位，以避免因离合器或制动器打滑而造成摩擦片烧蚀。

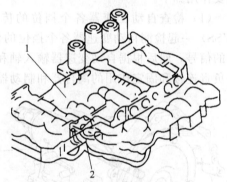

图 5-29 自动变速器油温度传感器的安装位置
1—阀板；2—自动变速器油温度传感器

自动变速器油温传感器的实际电阻值与规定电阻值有差异时，也会导致不良后果。如因传感器或线束短路时，或线束端子接触不良，造成电阻值过低时，控制单元会错误地认为自动变速器油温过高（明明自动变速器油温正常，数据流却显示自动变速器油温超过150℃），造成变矩器不能进入锁止，自动变速器升挡点严重滞后，而且不能升入超速挡。自动变速器油温过低时，自动变速器控制单元会根据自动变速器油温传感器的信号不让变矩器进入锁止工况。发动机控制单元在换挡瞬间推迟点火提前角过程中也要参考自动变速器油温传感器的信号。

6. 执行器

电控自动变速器的执行器主要是指各种电磁阀，其功用是根据变速器 ECU 的指令接通、切断或部分接通、切断液压回路，以实现自动变速器的换挡、变矩器锁止、主油压调节、发动机制动等内容的控制。

(1) 分类　电磁阀根据功能的不同可以分为换挡电磁阀、锁止离合器电磁阀和油压电磁阀。根据工作原理的不同可以分为开关式电磁阀和脉冲线性式电磁阀。不同的自动变速器使用的电磁阀数量不同，一般为 3～8 个不等。例如上海通用的 4T65-E 自动变速器电控系统有 4 个电磁阀，其中 2 个是换挡电磁阀、1 个是油压电磁阀、1 个是锁止离合器电磁阀。而一汽大众的 01M 自动变速器电控系统则采用 7 个电磁阀。

绝大多数换挡电磁阀是采用开关式电磁阀，油压电磁阀是采用脉冲线性式电磁阀，而锁止离合器电磁阀采用开关式的和脉冲线性式的都有。

(2) 开关式电磁阀　开关式电磁阀的作用是开启或关闭液压油路，通常用于控制换挡阀及变矩器锁止控制阀的工作。

开关式电磁阀由电磁线圈、衔铁、回位弹簧、阀芯和阀球所组成，如图5-30所示。它有两种工作方式：一种是让某一条油路保持油压或泄空，如图5-30（a）所示，即当电磁线圈不通电时，阀芯被油压推开，打开泄油孔，该油路的液压油经电磁阀泄空，油路压力为零；当电磁线圈通电时，电磁阀使阀芯下移，关闭泄油孔，使油路油压上升。另一种是开启或关闭某一条油路，即当电磁线圈不通电时，油压将阀芯推开，阀球在油压作用下关闭泄油孔，打开进油孔，使主油路压力油进入控制油道，如图5-30（b）所示；当电磁线圈通电时，电磁力使阀芯下移，推动阀球关闭进油孔，打开泄油孔，控制油道内的压力油由泄油孔泄空，如图5-30（c）所示。

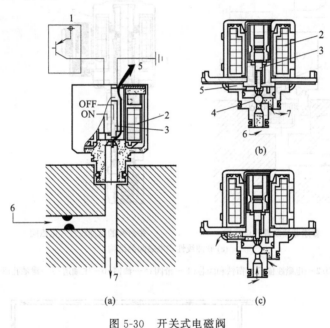

图5-30　开关式电磁阀
1—电脑；2—电磁线圈；3—衔铁和阀芯；4—阀球；5—泄油孔；6—主油道；7—控制油道

换挡电磁阀控制换挡阀的工作原理：当换挡手柄位于"D"位时，控制单元根据节气门位置传感器的信号和车速传感器的信号给换挡电磁阀指令，由换挡电磁阀操纵换挡阀进行自动变速器的升挡和降挡。换挡阀两侧各装有一个换挡电磁阀，当一侧换挡电磁阀通电，关闭泄油孔建立起工作油压时，另一侧换挡电磁阀不通电，处于泄压状态，于是换挡阀向不通电的电磁阀一侧移动，自动变速器完成换挡。换挡阀有弹簧的一侧为降挡，没有弹簧的一侧为升挡。

开关式电磁阀是二位二通电磁阀，工作频率较低，所以电阻值相对较高。丰田公司自动变速器中所有电磁阀的电阻值都是11~15Ω，大众公司的换挡开关式电磁阀的电阻值为56~65Ω，其余公司自动变速器的换挡开关式电磁阀的电阻值通常为20~30Ω。

(3) 脉冲线性式电磁阀　脉冲线性式电磁阀的结构与电磁式相似，也是由电磁线圈、衔铁、阀芯或滑阀等组成，如图5-31（a）所示。它通常用来控制油路中的油压。当电磁线圈通电时，电磁力使阀芯或滑阀开启，液压油经泄油孔排出，油路压力随之下降。当电磁线圈断电时，阀芯或滑阀在弹簧弹力的作用下将泄油孔关闭，使油路压力上升。和开关式电磁阀的不同之处在于脉冲线性式电磁阀的电压信号是一个固定频率的脉冲信号。电磁阀在脉冲电信号的作用下不断反复地开启和关闭泄油孔，ECU通过改变每个脉冲周期内电流接通和断开的时间比率（即占空比，变化范围为0%～100%），改变电磁阀开启和关闭时间的比率，来控制油路的压力。占空比越大，经电磁阀泄出的液压油越多，油路压力就越低；反之，占空比越小，油路压力就越大。如图5-31（b）所示为脉冲线性式电磁阀控制的主油路调压阀工作原理。

脉冲线性式电磁阀一般安装在主油路或蓄压器背压油路上，ECU通过这种电磁阀在自动变速器升挡或降挡的瞬间使油压下降，进一步减少换挡冲击，使挡位的变换更加平顺。

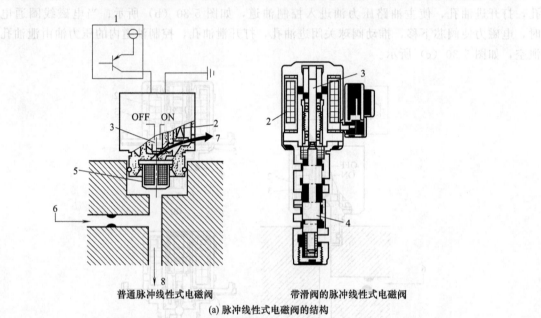

普通脉冲线性式电磁阀　　带滑阀的脉冲线性式电磁阀
(a) 脉冲线性式电磁阀的结构
1—ECU；2—电磁线圈；3—衔铁和阀芯；4—滑阀；5—滤网；6—主油道；7—泄油孔；8—控制油道

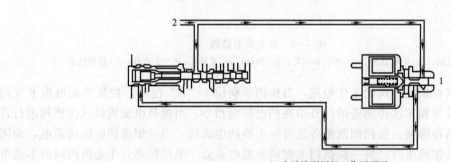

(b) 主油路调压阀工作原理图
1—调压电磁阀；2—主油路压力油

图5-31　脉冲线性式电磁阀

七、自动变速器油检查及更换

项目卡号：007

班级		姓名		学号	
类别	汽车底盘电控技术		项目		自动变速器油检查及更换
工量具	检修工具等				
检测要点	（1）通过目视检查油封、管接头等部位有无渗漏，如有渗漏应及时更换油封 （2）检查 ATF 油面高度时，查看油面是否在 HOT 范围；如果不在，应加油 （3）检查 ATF 油质，可以从颜色、气味、杂质等方面进行判断 （4）一般国产汽车行驶 36000～48000km 应更换 ATF。进口汽车为 48000～60000km 应更换 ATF。具体车型请按照保养手册规定的里程及时间进行换油 （5）按规定流程及技术要求，检查液面高度、油质及更换 ATF 液				
检测方法及步骤	（1）检查 ATF 油面高度 （2）检查 ATF 油质，可从颜色、气味、杂质等方面进行判断 （3）更换 ATF 注意：必须使用纯正的原车 ATF 油进行换油作业。因冷油器多在水箱中，换油时应将该处旧油放净；同时多数变矩器上无放油塞，有近 1/3 的油液不能放出，对个别换油过晚、过脏的自动变速器应清洗后换新油（换油两次），以保证油质的纯度。现在越来越多的自动变速器为了更彻底的换油，4S 店多采用智能动态换油法				
考核要点	（1）操作正确规范 （2）检查内容规范全面 （3）注意安全、清洁				
得分		考评人签名		日期	年　月　日

自动变速器油检查及更换相关知识

1. 自动变速器油的检查

自动变速器油的液面高度不合适或变质，会影响自动变速器的正常工作，缩短自动变速器的使用寿命。自动变速器油的检查包括自动变速器漏油检查，ATF 检查与更换。

（1）自动变速器漏油检查　漏油会导致液面高度下降、液压系统油压下降，使换挡执行元件打滑，换挡延迟。通过目视检查油封、管接头等部位有无渗漏来判断。如有渗漏应及时更换油封。

（2）ATF 检查与更换

① 检查 ATF 油面高度　运行车辆，使发动机和自动变速器的温度达到正常工作温度。将车辆停在水平地面，并可靠驻车。发动机怠速运转，将选挡杆由 P 位依次换至 L 位，再退回 P 位。拔出油尺，并将其擦拭干净；再将油尺全部插回套管。重新将油尺拉出，检查油面是否在热态（HOT）刻度范围；如果不在，应加油至适合的油面高度。如图 5-32 所示。

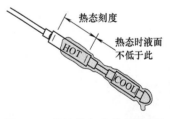

图 5-32　常见的自动变速器油尺

② 检查 ATF 油质　油质可以从颜色、气味、杂质等方面进行判断。正常颜色为鲜红色，如果发黑则说明已经变质或有杂质，如果呈粉红色或白色则说明油冷却器进水。如果有焦糊味，说明摩擦材料烧蚀。如果有气泡，说明有空气进入。一些引起油质状况变化的原因见表 5-3。

表 5-3　油质状况与故障原因

油液状态	变质原因
油液呈深红色或深褐色	①没有及时换油 ②长期重负荷运行,某些部件打滑或损坏引起变速器过热
油液有烧焦气味	①油面过低,油量减少使油的负荷增大;或因换挡执行元件打滑导致油温过高 ②ATF 冷却系统的管路或冷却器堵塞
油液中有金属屑	换挡执行元件或齿轮等严重磨损
油液从加油管溢出	油面过高或通气孔堵塞
油尺上黏附有黏稠胶质	由于上面提到的各种原因造成油温过高

③ 更换 ATF　一般,国产汽车行驶 8000~10000km 应更换 ATF。进口汽车为 20000~40000km(或 24 个月)应更换 ATF。更换时先拆下放油塞,将 ATF 排放到容器中;再将放油塞紧固上。在发动机熄火的情况下,通过加油管加入新油。启动发动机,将选挡杆由 P 位依次转至 L 位,再退回 P 位。检查油位,应在冷态刻度(COOL)范围内。还应当同检查 ATF 油面高度那样,在热态时检查油位,必要时加油。

2. 发动机怠速检查

在关闭空调的情况下,将选挡杆置于 N 位,检查发动机怠速转速。

变速杆位于 N 挡位,发动机在怠速工况下工作时,空调未打开时,怠速转速在 600~800r/min。若怠速过低,选挡手柄从 N 或 P 位移到 D、S、L、R 位时,轻则引起车身振动,重则发动机熄火。若怠速过高,选挡手柄在 D、S、L、R 位时,如果不用力踩住制动踏板,车辆会产生移动;行车过程中出现明显的换挡冲击。但是对功率大的发动机或空车来说,有点轻微的"爬行"是正常的。

八、选挡杆位置、空挡启动开关检测

项目卡号：008

班级		姓名		学号	
类别	汽车底盘电控技术	项目		选挡杆位置、空挡启动开关检测	
工量具	检修工具等				
检测要点	(1)将选挡杆自N位换到其他挡位，检查选挡杆是否能平稳而又精确地换到其他挡位。同时检查挡位指示灯是否正确地指示挡位 (2)检查发动机是否仅能在选挡杆位于N或P位时启动，在其他挡位不能启动 (3)检查及调整要规范到位				
检测方法及步骤	(1)选挡杆位置的检查及调整 (2)空挡启动开关的检查及调整				
考核要点	(1)操作正确规范 (2)检查内容规范全面 (3)注意安全事项				
得分		考评人签名		日期	年　月　日

选挡杆位置、空挡启动开关检测相关知识

1. 空挡启动开关

空挡启动开关装在自动变速器的上边或右侧。空挡启动开关又叫自动变速器挡位传感器或叫多功能开关，包含一组作用如同分压器的电阻器。由一个随换挡摇臂轴旋转的活动触头（活动触头和点火开关相连）和"P"位、"R"位、"N"位、"D"位及手动挡的固定触头组成（每个选位上有一个固定触头和自动变速器控制单元相连），其中在"P"位和"N"位各多设一个启动触头（和启动开关相连）。"R"位多设一个倒车灯触头（和倒车灯开关相连）。

空挡启动开关有两个功用，一是感知变速杆位置并将此状态信号送给自动变速器ECU，二是保证只有变速杆置于P或N位才能启动发动机。

如图5-33所示，当变速杆置于不同的挡位时，仪表盘上相应的挡位指示灯会点亮。当ECU的端子N、2或L与端子E接通时，ECU便分别确定变速器位于N、2或L位，否

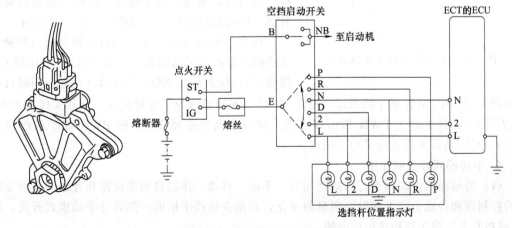

图5-33　空挡启动开关线路图

则，ECU 便确定变速器位于 D 位。只有当变速杆置于 P 或 N 位时，端子 B 与 NB 接通，才能给启动机通电，使发动机启动。

2. 超速挡控制开关

超速挡开关（O/D 开关）安装在自动变速器的变速杆上，如图 5-34 所示，由驾驶员操作控制，可以使自动变速器有或没有超速挡。

如图 5-34 所示，当按下 O/D 开关（ON），O/D 开关的触点实际为断开，此时 ECU 的 OD_2 端子的电压为 12V，自动变速器可以升至超速挡，且 O/D OFF 指示灯不亮。

如图 5-35 所示，当再次按下 O/D 开关，O/D 开关会弹起（OFF），O/D 开关的触点实际为闭合，此时 ECU 的 OD_2 端子的电压为 0V，自动变速器不能升至超速挡，且 O/D OFF 指示灯点亮。

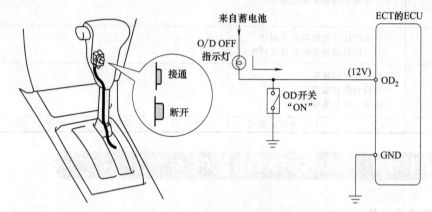

图 5-34　O/D 开关位置及 O/D 开关 ON 的线路图

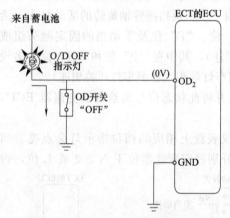

图 5-35　O/D 开关 OFF 的线路图

3. 模式选择开关

模式选择开关又称程序选择开关，用于选择变速器控制模式。模式选择开关一般安装在操纵手柄旁边，常见的模式选择开关有常规模式（Normal）、动力模式（Power）、经济模式（Economy）、雪地模式（Snow）。自动变速器 ECU 根据所选择的行驶模式执行不同的换挡程序，控制换挡和锁止正时。如选择动力模式，自动变速器会推迟升挡，以提高动力性，而选择经济模式，自动变速器会提前升挡，以提高经济性，常规模式介于二者之间。

如图 5-36 所示为常见的具有常规和动力两种模式的模式选择开关线路图，当开关接通 NORM（常规模式），仪表盘上 NORM 指示灯点亮，同时自动变速器 ECU 的 PWR 端子的电压为 0V，ECU 从而知道选择了常规模式。当开关接通 PWR（动力模式），仪表盘上 PWR 指示灯点亮，同时自动变速器 ECU 的 PWR 端子的电压为 12V，ECU 从而知道选择了动力模式。

4. 手动模式开关的作用

（1）通过换挡电磁阀进行增减挡控制　手动、自动一体的自动变速器和普通的自动变速器的控制阀和传动系统上并没有明显的变化，只是在换挡手柄的一侧装有手动模式开关，即增/减挡开关，位于换挡选位的外侧。

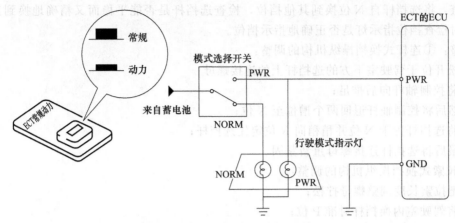

图 5-36　模式选择开关及其线路图

小提示：自动变速器控制单元根据增/减挡开关的信号通过换挡电磁阀对换挡滑阀进行增挡或减挡控制。

（2）根据实际需要选择合适的起步挡位　汽车正常行驶的条件是牵引力大于或等于行驶阻力，小于附着力。在附着力较差的路面上起步时利用手动模式开关选择 2 挡或 3 挡起步，可保证顺利起步。

5. 制动灯开关

制动灯开关用以判断制动踏板是否踩下。如果踩下，则该开关便将信号输给电控单元，以解除锁止离合器的结合，防止突然制动时发动机熄火。

如图 5-37 所示，制动灯开关安装在制动踏板支架上。当踩下制动踏板，开关接通，ECU 的 STP 端子电压为 12V；当松开制动踏板，开关断开，STP 端子电压为 0V。ECU 根据 STP 端子的电压变化了解制动踏板的工作情况。

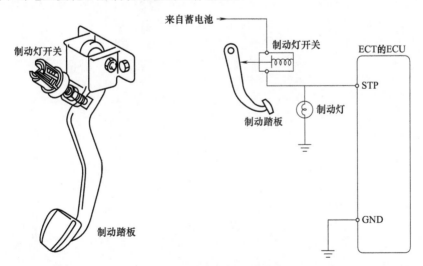

图 5-37　制动灯开关及其线路图

6. 强制降挡开关

强制降挡开关安装在节气门拉索上，当节气门开度达到一定值时，此开关闭合，这表示驾驶员要求较高的动力，变速器控制 ECU 接到此信号后，将降低一个挡位。

（1）选挡杆位置的检查及调整

检查：将选挡杆自 N 位换到其他挡位，检查选挡杆是否能平稳而又精确地换到其他挡位。同时检查挡位指示灯是否正确地指示挡位。

调整：①连杆式换挡操纵机构的调整：
a. 松开位于驾驶室下方的选挡杆上的连接螺母；
b. 将控制轴杆向后推足；
c. 然后将控制轴杆退回两个槽位至 N 位；
d. 将选挡杆置于 N 位并稍稍向 R 位定住选挡杆；
e. 最后将选挡杆连接螺母重新紧固。
② 拉索式换挡操纵机构的调整：
a. 把拉索长度调整螺母拧松；
b. 将驾驶室内换挡杆对准 P 位；
c. 将自动变速器上换挡摇臂也对准 P 位（向前推到止点）；
d. 调整拉索长度，使拉索绷紧；
e. 拧紧螺母锁死。

（2）空挡启动开关的检查及调整

检查：检查发动机是否仅能在选挡杆位于 N 或 P 位时启动，在其他挡位不能启动。

调整：松开空挡启动开关螺栓；

将选挡杆放到 N 位；

将槽口对准空挡基准线；

定位并拧紧螺栓。

九、时滞试验

项目卡号：009

班级		姓名		学号	
类别	汽车底盘电控技术		项目		时滞试验
工量具	秒表等				
检测要点	(1)迟滞时间：在发动机怠速运转时将挡操纵手柄从空挡(N)位置拨至前进挡(D)或倒挡(R)位置后，需要有一段短暂时间的迟滞或延时才能使自动变速器完成挡位的结合(此时汽车会产生一个轻微的振动)，这一短暂的时间称为自动变速器换挡的迟滞时间 (2)试验条件是发动机和自动变速器达到正常工作温度 (3)试验时要拉紧手制动，踩下制动踏板，使汽车实现可靠驻车，防止发生事故 (4)重复试验 N→D 或 N→R 的迟滞时间均需做 3 次，并取平均值 (5)2 次重复实验的间隔时间至少 1min 以上				
技术标准及要求	(1)一般自动变速器的 N→D 迟滞时间小于 1.0～1.2s (2)一般自动变速器的 N→R 迟滞时间小于 1.2～1.5s (3)若 N→D 迟滞时间过长，则说明主油路油压过低、前进挡离合器摩擦片磨损过甚或前进挡单向超越离合器工作不良 (4)若 N→R 迟滞时间过长，则说明倒挡主油路油压过低、倒挡离合器或倒挡制动器磨损过甚或工作不良				
实测数据	N→D 迟滞时间： N→R 迟滞时间：				
是否修理	○是　○否	修理意见			
检测方法及步骤	(1)让汽车行驶，使发动机和自动变速器达到正常工作温度 (2)将汽车停放在水平地面上，拉紧手制动，踩下制动踏板，使汽车实现可靠驻车 (3)检查发动机怠速。如不正常，应按标准予以调整 (4)将自动变速器换挡操纵手柄从空挡(N)位置拨至前进挡(D)位置，用秒表测量从拨动换挡操纵手柄开始到感觉到汽车振动为止所需的时间，称为 N→D 迟滞时间 (5)将换挡操纵手柄拨至空挡(N)位置，让发动机怠速运转 1min 之后，再重复做一次同样的试验 (6)做 3 次试验，取其平均值 (7)按照上述方法，将换挡操纵手柄由空挡(N)位置拨至倒挡(R)位置，以测量 N→R 迟滞时间				
得分		考评人签名		日期	年　月　日

时滞试验相关知识

在发动机怠速运转时将操纵手柄从空挡拨至前进挡或倒挡后，需要有一段短暂时间的迟滞或延时才能使自动变速器完成挡位的接合（此时汽车会产生一个轻微的震动），这一短暂的时间称为自动变速器换挡的迟滞时间。时滞试验是测量自动变速器换挡迟滞时间的试验。迟滞时间就是从拨动操纵手柄到汽车轻微震动的延时时间。

时滞试验目的就是测出自动变速器换挡的迟滞时间，根据迟滞时间的长短来判断主油路油压及换挡执行元件的工作是否正常。时滞试验操作步骤如下（见图 5-38）：

（1）让汽车行驶，使发动机和自动变速器达到正常工作温度。

（2）将汽车停放在水平地面上，拉紧手制动，踩下制动踏板，使汽车实现可靠的驻车。

（3）检查发动机怠速。如不正常，应按标准予以调整。保持发动机怠速运转。

（4）将自动变速器操纵手柄从空挡"N"位置拨至前进挡"D"位置，用秒表测量从拨动操纵手柄开始到感觉汽车震动为止所需的时间，该时间称为 N-D 延时时间。

(5) 将操纵手柄拨至 N 位置，让发动机怠速运转 1min 后，再做下一次同样的试验。

(6) 做 3 次试验，并取 N-D 延时时间平均值。

(7) 按上述方法，将操纵手柄由 N 位置拨至 R 位置，测量 N-R 延时时间。

对于大部分自动变速器标准的迟滞时间，N-D 延时时间小于 1.0~1.2s，N-R 延时时间小于 1.2~1.5s。将上述试验实测的迟滞时间与标准的迟滞时间进行比较，得出试验结果的分析。若 N-D 延时时间过长，说明主油路油压过低，前进离合器摩擦片磨损过甚或前进单向超越离合器工作不良；若 N-R 延时时间过长，说明倒挡主油路油压过低，倒挡离合器或倒挡制动器磨损过甚或工作不良。

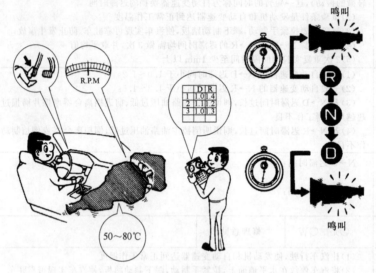

图 5-38 换挡时滞试验

常用汽车维修保养设备

一、亨特四轮定位操作

项目卡号：001

班级		姓名		学号	
类别	常用汽车维修保养设备	项目	亨特四轮定位操作		

目的和要求：
(1) 掌握亨特四轮定位的性能及使用
(2) 掌握四轮定位操作流程

设备及器材：
(1) 四轮定位仪主机
(2) 大剪举升机(带二次举升)
(3) 卡具装置

技术参数：
详见操作流程

注意事项
(1) 可靠地放置车辆，且不能使车辆歪斜
(2) 保证按一定的条件，满足操作过程
(3) 检车车辆的胎压是否标准、轮胎花纹是否严重磨损
(4) 确定举升机承载板的宽度与被测车辆的前后轴距一致

轮胎平衡操作：
详见亨特四轮定位操作流程相关知识

得分		考评人签名		日期	年 月 日

亨特四轮定位操作流程相关知识

(1) 打开定位仪电源开关，系统自动进入定位程序界面，如图6-2所示。

(2) 点击［开始定位］按键，进入到工单界面，在工单号位置输入选手编号，以及VIN码。如图6-2所示。

(3) 点击［确定］按钮，进入车型选择界面，按照下面顺序逐级找到并选定大赛指定车型。

双击［工厂规格库China……］，如图6-3所示。

首先显示北京汽车（见图6-4），下拉找到上海通用（见图6-5）。

找到12-雪佛兰 科鲁兹，见图6-6。

图 6-1

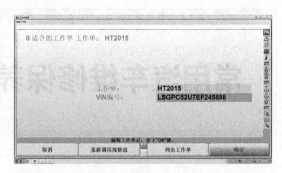

图 6-2

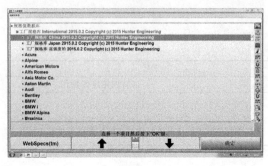

图 6-3

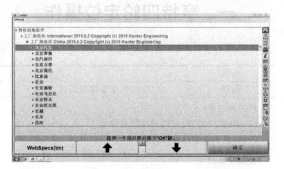

图 6-4

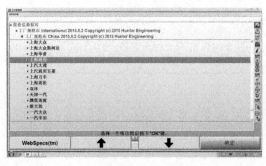

图 6-5

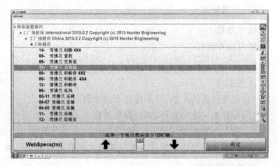

图 6-6

(4) 点击 [确定]，界面显示转向角度传感器归零提示，如图 6-7 所示。

(5) 点击 [确定]，显示车轮定位标准数据，如图 6-8 所示。

图 6-7

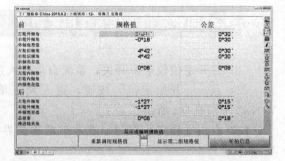

图 6-8

(6) 点击 [轮胎信息] 按钮，在规定位置输入轮胎编号、气压、胎纹测量数据，如图

6-9所示。

(7) 举升大剪至检测高度,点击[确定],进入滚动补偿界面。检查方向盘是否基本对中,安装定位仪卡具,解除驻车制动,调整驻车挡块至合适位置,将车辆推至转角盘中心,完成偏位补偿操作,放置挡块。如图6-10所示。

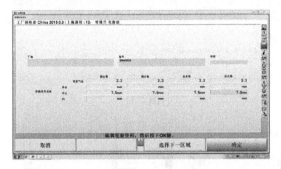

图 6-9

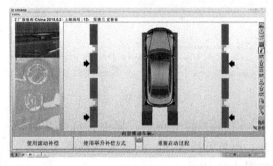

图 6-10

(8) 显示车辆测量值。如图6-11所示。

(9) 实施驻车制动,安装刹车锁和扩展反光板,拔出转角盘和后滑板固定销,移除转角盘垫块。

(10) 点击[测量后倾角]按钮,按照屏幕提示打正方向,若已在绿色区域,自动跳转到下一步。如图6-12所示。

(11) 按照屏幕提示左转20°,右转20°,然后回正方向盘。如图6-13~图6-18所示。

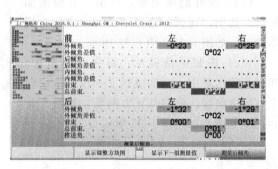

图 6-11

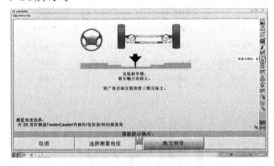

图 6-12

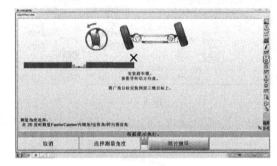

图 6-13

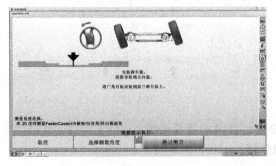

图 6-14

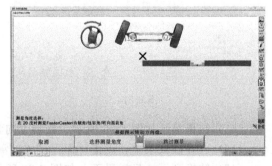

图 6-15

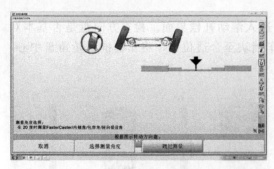

图 6-16

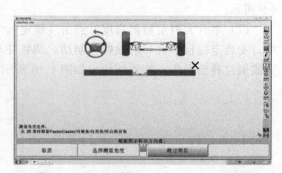

图 6-17

(12) 车轮对中后,操作人员要及时躲开,避免阻挡光线,测量值在屏幕上显示,如图 6-19 所示。

(13) 展开隐藏菜单,点击"其他附加测量"选项,找到并选择"最大转向角"检测功能。如图 6-20~图 6-22 所示。

(14) 按照屏幕提示,首先车轮对中,如果车轮已对中,自动跳到下一步,依次向左打死方向盘,向右打死方向盘,然后车轮回正。如图 6-23~图 6-25 所示。

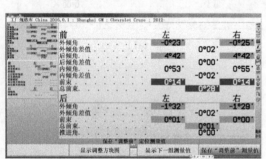

图 6-19

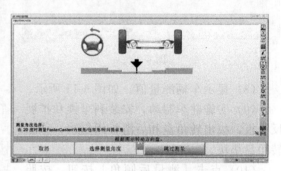

图 6-18

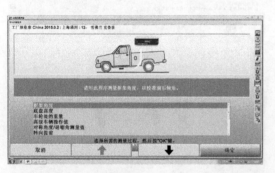

图 6-21

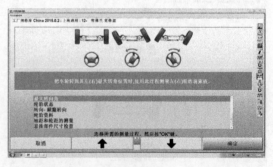

图 6-22

(15) 结果显示如图 6-26 所示,安装方向盘锁。移除扩展反光板。

(16) 点开隐藏菜单,点击[保存调整前测量值]。如图 6-27 所示。

(17) 转换到下一显示界面。如图 6-28 所示。

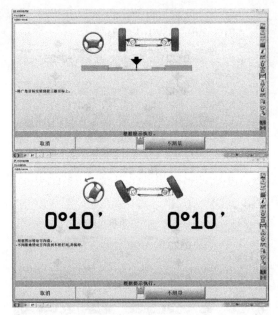
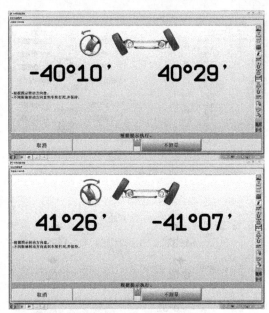

图 6-23

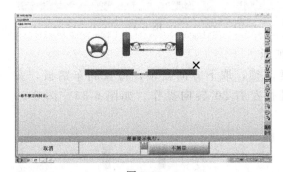

图 6-24

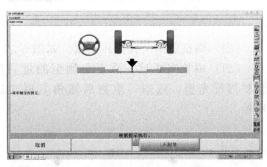

图 6-25

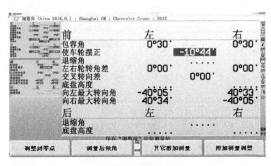

图 6-26

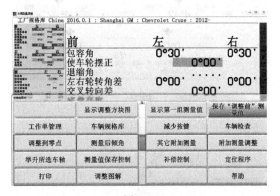

图 6-27

(18) 点击［调整前轮外倾角和后倾角］，显示前轴数据。如图 6-29 所示。
(19) 点击屏幕左侧窗口，选择后轴，查看数据，报告后轮数据合格。如图 6-30 所示。
(20) 切换回前轴数据，报告前轮外倾角和后倾角合格，前束不合格需要调整。如图 6-31 所示。
(21) 检查方向盘水平，如需要进行调整并锁定。
(22) 举升大剪至合适位置落锁。

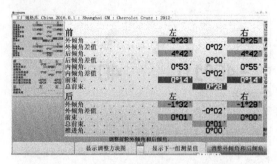
图 6-28

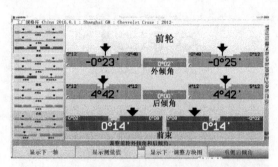
图 6-29

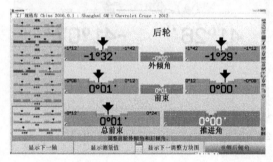
图 6-30

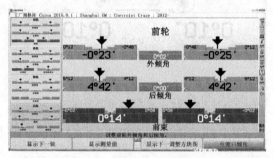
图 6-31

(23) 调整前束至合格并锁紧。如图 6-32 所示。

(24) 调整完毕后，降下车辆至测量高度落锁，取下方向盘锁，检查刹车踏板，安装扩展反光板，点击［重测后倾角］再次进行左右 20°转向操作。如图 6-33～图 6-39 所示。

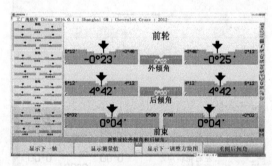
图 6-32

图 6-33

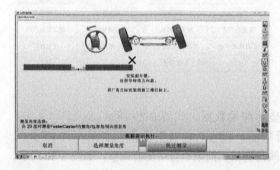
图 6-34

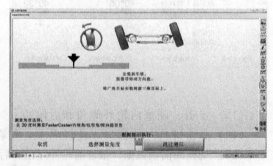
图 6-35

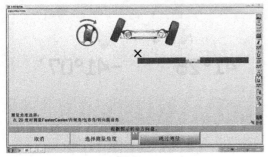

图 6-36

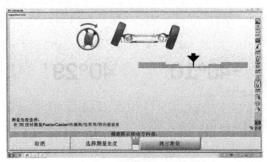

图 6-37

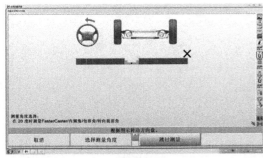

图 6-38

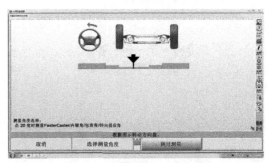

图 6-39

(25) 显示测量值界面，再次进行最大转向角测试，如图 6-40～图 6-47 所示。

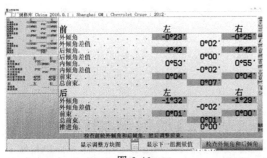

图 6-40

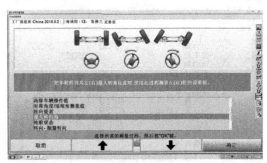

图 6-41

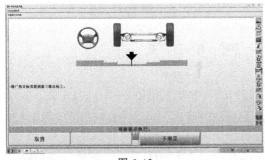

图 6-42

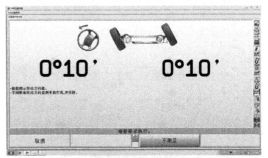

图 6-43

(26) 测量完成后，显示最大转向角测量结果，如图 6-48 所示。
(27) 从隐藏菜单点击检查外倾角和后倾角。如图 6-49 所示。
(28) 显示如图 6-50 所示。
(29) 确认无误后点击"打印"按钮。
(30) 在打印界面下，按左上窗口提示，将方向打正后点击"打印"，如图 6-51 所示。

图 6-44

图 6-45

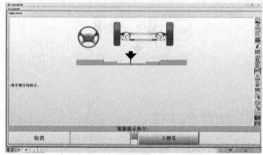

图 6-46

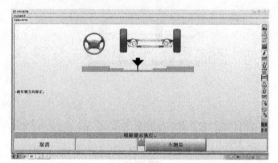

图 6-47

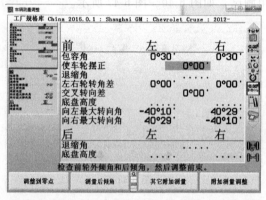

图 6-48

图 6-49

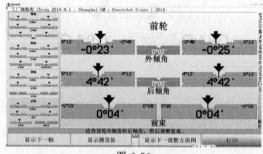

图 6-50

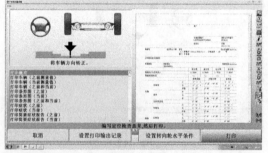

图 6-51

（31）程序自动跳转到复位界面，确认无误后点击"复位"，如图 6-52 所示。

（32）点击"是"选项进行定位程序复位，如图 6-53 所示。

（33）整个定位过程完成，程序恢复到定位初始界面，拆卸传感器、刹车锁等工具，将车辆复位，如图 6-54 所示。

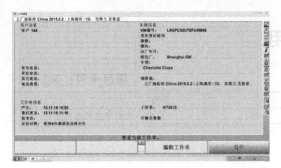
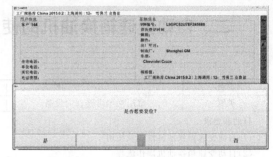

图 6-52　　　　　　　　　　　　　　图 6-53

图 6-54

二、自动变速箱换油机的使用

项目卡号：002

班级		姓名		学号	
类别	常用汽车维修保养设备	项目		自动变速箱换油机的使用	

目的和要求
(1)自动变速箱换油机性能及使用
(2)自动变速箱换油机操作流程

设备及器材
(1)电压 DC12V；(2)最大功率 150W；(3)压力表 0～150psi(1psi＝6894.76Pa)；(4)出油管 2.5m；(5)环境温度－10～40℃；(6)相对湿度＜85％

技术参数：按照自动变速箱养护规定，汽车自动变速器在 5 万～6 万公里里程后，需进行油液更换，自动变速箱经过长时间使用，内部变速箱油将会变质，若不能及时更换自动变速箱油，将会引起变速箱工作异常。现市场上的自动变速箱油更换机都不能精确控制变速箱油更换等量精度，而是由人工来调整进出油阀来控制等量换油，人工控制不当容易使油液加注过多或不足而导致变速箱损坏，油液加注过多或过少造成的自动变速器故障屡见不鲜。ATF-801 自动变速箱换油机，15min 内自动完成变速箱、液力变矩器、变速箱散热器的高精度等量清洗换油，换油率可接近 100％，可提高时效、设备的更换等量精度控制来保障汽车自动变速器新旧油的更换质量，设备全自动运行，自动识别装置自动识别变速器进出油方向，而无需操作员来判别，操作人性化

注意事项
(1)在设备运行过程中，严禁从加油口加入自动变速器油或清洗剂
(2)设备存放时，设备新旧油箱严禁存有油液，旧油在设备工作完成后，应马上排出
(3)容器及时清理以免影响到设备的更换等量精度
(4)设备运行时应放于水平位置运行，以防设备油泵吸不干净油箱内的油液
(5)设备在等量更换自动变速器油过程中，除紧急情况外，应避免将发动机熄火再启动；防止发动机启动时电压波动过大，影响等量精度
(6)汽车在换油过程中，需人员监控更换情况

轮胎平衡操作：
详见自动变速箱换油机的使用相关知识

得分		考评人签名		日期	年 月 日

自动变速箱换油机的使用相关知识

1. 工作环境和技术指标

(1) 工作环境　环境温度－10～40℃，相对湿度＜85％。

(2) 技术指标　电压 DC12V，最大功率 150W，压力表 0～150psi，出油管 2.5m，回油管 2.5m，排油管 1m，滤清器精度 5μm，油箱 20L×2，等量更换误差±100g，噪声＜70dB，净量 50kg，毛重 70kg。

2. 操作流程

(1) 操作前准备　举车，将汽车可靠顶起，使驱动轮悬空。

(2) 连接管路

① 找出汽车上便于拆装的一条自动变速箱与散热器连接的油管，并从接头盒内找到与拆下的接头相配的接头连接（由于车型不断更新或汽车发动机设计时接头位置不够，有部分车型与设备接头连接不上，设备接头不能保证配有 100％与汽车相配的接头，可自行加工或咨询公司）。

② 将 ATF-801 上"TO TRANSMISSION"的两根油管与拆开的自动变速箱油管的两

端相连（不必考虑其流向）。

（3）连接电源　将设备电源线夹至汽车电瓶两个极柱上（DC12V，设备可自动识别极性）。

（4）检查确认

① 启动发动机，确认管道连接可靠、无泄漏。

② 打开 ATF-801 电源开关，确认设备电源正常。

（5）加液

① 加清洗剂：准备对自动变速箱循环进行清洗作业时，在确认设备新油为空的情况下，从加液口加入适量清洗剂。

② 加变速箱油：准备进行自动变速箱油更换作业时，从加液口加入准备更换的新油。

（6）循环清洗，将清洗剂加入自动变速箱

① 选择主菜单中的"更换变速箱油"功能。

② 选择"运行"即可将新油箱中的清洗剂加入变速箱并且等量更换出与清洗剂同样多的变速箱油。

③ 加入清洗剂后，在发动机运行状态下，选择循环清洗，并开始计时，自动变速油便开始通过 ATF-801 进行循环，并将清洗下来的杂质通过设备过滤器过滤。为加快循环速度，可视情况进行挂挡操作（可选择每次换挡约停留 1min 左右，在高速挡工作时，加油门使车速达 60km/h 以上，以保证清洗质量）。

④ 循环清洗约 12min 后，即可关闭发动机结束循环清洗。

（7）更换自动变速箱油

① 向设备加入新的自动变速箱油。

② 启动汽车，变速箱热车到正常油温。

③ 设定更换量：液晶屏显示的是新油箱内的全部油量，可选择全部也可按更换量的要求按 键进行调整。

④ 按键进行自动变速油更换。当更换完毕后，设备声音报警，设备将自动进入循环状态，液晶屏显示。

⑤ 虽然设备可保证精确等量更换，但由于在更换前自动变速器油位有可能不在正常范围，所以在更换完成后请检查变速箱油位，如不在油尺或油液观察孔（请参照汽车检修指导书标准）标准范围内，使用增加油量或减少油量功能调整自动变速器油位至标准油位。

⑥ 恢复好变速箱散热油管。

⑦ 启动发动机，检查汽车管路是否有渗漏油现象。

三、汽车剪式举升机的使用

项目卡号：003

班级		姓名		学号	
类别	常用汽车维修保养设备	项目		汽车剪式举升机的使用	
			考试时间	年 月 日	

目的和要求
(1) 掌握汽车剪式举升机的性能
(2) 掌握汽车剪式举升机操作方法及流程

设备及器材
(1) 汽车剪式举升机
(2) 电源和气源
(3) 车轮垫块

技术参数
(1) 主机举升重量：3.5t
(2) 电动机功率：1.5kW
(3) 主机举升高度：1700mm
(4) 额定电压：380V/50Hz
(5) 驱动方式：电动液压
(6) 液压油：20号液压油

注意事项
(1) 使用前检查电源、气源和液压油等设备是否完好
(2) 在举升机上升和下降过程中以及未保险时不能在其上下做其他工作
(3) 上升至所需高度时再按下降阀手柄按钮，使托架保险
(4) 需下降时先按启动钮使托架略升高一点，使保险架能转出保险板，打开气阀即可下降
(5) 禁止无操作资格的人员操作举升机、严禁超载运行
(6) 工作平台操作时，任何人员不得留滞于工作平台上或工作平台下
(7) 禁止机器在故障情况下运行
(8) 只有确定安全锁止后，操作人员方能进行工作
(9) 在工作平台上停留的车辆必须拉紧手刹，垫好防滑支座
(10) 举升机在不使用时，应下降至最低位置并切断电源
(11) 当举升机使用一段时间后，如果存在不能两边同步锁止时，应及时维护保养举升设备

操作流程：
详见剪式举升机的操作流程相关知识

得分		考评人签名		日期	年 月 日

剪式举升机的操作流程相关知识

(1) 举升车辆时，排除周围障碍物，并注意举升机（见图 6-55）平台和周围不能站人，并检查举升机两边同步上升。举升的车辆不得超过该产品的额定举升重量，举升机不可超负荷工作。电源电路必须安装可靠的漏电开关并有良好接地，使用者（维护人）应定期按要求做好设备维护，并保持设备的清洁。

(2) 接通电源开关，打开进气（高压）阀，确定举升机在最低位置。

(3) 将举升的车辆低速平稳开到举升机上，在车辆两侧底部合适位置垫上橡胶软垫，避免举升时把车辆大边挤压变形。

(4) 当汽车升起离开地面 300mm 左右时要停下进行检查，看汽车支撑是否可靠，汽车

图 6-55 剪式举升机

前后、左右是否平衡，检查无误后，安全可靠后才可将举升机平稳举升到所需高度，按保险按钮，将主机锁定在同一高度，使保险爪与保险齿完全啮合。再进行检查，安全可靠后才可进入车辆下面操作。

（5）若发现平台两边不同步时，应停机，并排除故障后再使用。

（6）设备长时不工作时，应降到地面最低位置。如车辆需在举升机上过夜时，应降低到地面最低位置。

（7）定期做检查、保养，加液压油和润滑脂。每天下班前，必须清洁举升机周围环境卫生，保持举升机清洁干净。

（8）举升机在上升过程中，注意避免汽车顶部触及上限位。在举升到一定高度的汽车进行检修过程中，严禁用撬杠等工具试图移动汽车或汽车内发动机以及其他部件。

四、汽车两柱举升机的使用

项目卡号：004

班级		姓名		学号		
类别	常用汽车维修保养设备	项目		汽车两柱举升机的使用		
			考试时间	年	月	日

目的和要求
(1)掌握汽车两柱举升机的性能
(2)掌握汽车两柱举升机操作方法及流程

设备及器材
(1)汽车两柱举升机
(2)电源和气源
(3)车轮垫块

技术参数
(1)主机举升重量：3.5t
(2)电动机功率：1.5kW
(3)主机举升高度：1700mm
(4)额定电压：380V/50Hz
(5)驱动方式：电动液压
(6)液压油：20号液压油

注意事项
(1)使用前检查电源、气源和液压油等设备是否完好
(2)在举升机上升和下降过程中以及未保险时不能在其上下做其他工作
(3)上升至所需高度时再按下降阀手柄按钮，使托架保险
(4)需下降，先按启动钮使托架略升高一点，使保险架能转出保险板，打开气阀即可下降
(5)禁止无操作资格的人员操作举升机，严禁超载运行
(6)工作平台操作时，任何人员不得滞于工作平台上或工作平台下
(7)禁止机器在故障情况下运行

操作流程：
详见举升机安全操作规程相关知识

得分		考评人签名		日期	年	月	日

举升机安全操作规程相关知识

举升机实物如图6-56所示。

(1) 举升的车辆不得超过该产品的额定举升重量，举升机不可超负荷工作。电源电路必须安装可靠的漏电开关并有良好接地，使用者（维护人）应定期按要求做好设备维护，并保持设备的清洁。

(2) 操作举升机和使用都要进行检查，看液压件有没有漏油、胶座是否损坏、开关是否有损坏和有其他异常现象，保险钩是否正常，如发现故障应修复后方可使用。

(3) 汽车驶入前，将四个托臂向外敞开，注意将汽车重心位于两立柱中间。

(4) 举升车辆时，将托臂放到被托汽车合适位置后，再分别转动四只橡胶托盘，使四只托盘距车身位置相等，再按上升按钮，当车离地面10cm左右时，应检查托盘位置，并晃动一下车辆，检查是否安全，确信安全后，方可继续工作。

(5) 调整托臂和托盘垫使其对正该型车辆规定的举升点，并将汽车前后移动，使前后托

图 6-56 两柱式举升机

臂尽量获得对称的支撑距离和最大支撑平面。

（6）注意托盘垫和汽车之间不允许垫入木块等垫块。注意托臂的活动臂升长不要超出极限位，并留有余位。

（7）当汽车升起离开地面 300mm 左右时要停下进行检查，看汽车支撑是否可靠，汽车前后、左右是否平衡，检查无误后，可将汽车升到所需高度，确定两边立柱安全保险钩卡住，再进行检查，安全可靠后才可进入车辆下面操作。液压举升上升后，其安全保险锁止手柄必须朝上。

（8）举升机在上升下降过程中，禁止人员物件滞留在汽车和托臂底部，并注意关上车门。

（9）举升机在上升过程中，注意避免汽车顶部触及上限位。在举升到一定高度的汽车进行检修过程中，严禁用撬杠等工具试图移动汽车或汽车内发动机以及其他部件。

（10）下降时，先按动上升按钮，把举升机上升一点，将两边立柱保险钩脱开，才能操作下降手柄。

（11）如下降过程中止，人员需重新进入汽车下面操作，必须确定两边立柱安全保险钩卡住，再进行检查，安全可靠后才可进入汽车下面操作。

（12）在操作时如发现汽车有移动和举升机有异响时，操作人员应立即停止操作，马上离开危险范围，了解情况并排除一切故障后，确保安全时才可继续操作。

（13）下班前，如举升机上的汽车未修理完毕，须将举升机下降至托臂离地面约 150～250mm，并切断电源。

（14）保养、链条、滑块轨道、轴承等活动部位的润滑，用油润滑一周一次。

（15）每月检查一次保险钩、链条、钢丝绳等安全装置。

（16）严格按使用说明书对举升机进行保养及检修，严禁不熟悉本机的人员排除故障工作，超出力所能及的故障，必须通知原生产厂家或由专业厂家检修。

五、制冷剂回收加注机的操作说明

项目卡号：005

班级		姓名		学号	
类别	常用汽车维修保养设备	项目		制冷剂回收加注机的操作说明	

目的和要求
(1)制冷剂回收加注机性能及使用
(2)制冷剂回收加注机操作流程

设备及器材
(1)额定电压：220~230V,50Hz
(2)额定功率：300W
(3)额定电流：1.8~7A
(4)回收速度：400g/min
(5)极限真空度：-30inHg
(6)净重：80kg
(7)毛重：100kg

技术参数
(1)一试：空调正常开启一段时间后吹到身上的风感到很凉，并能很快达到设定温度，室外的压缩机能像电冰箱一样工作一会儿停一会儿，这就表明是正常的。否则就有可能需要制冷剂
(2)二测：用温度计测量室内机的进、出风口的温差差值在8℃以上为正常，温差越大说明空调的工作情况越好。好的可达15℃左右，而差值低于8℃的就可能需要加制冷剂了
(3)三看：在开机十几分钟后打开室内机面板应看到蒸发器铜管上穿满铝片，进行热交换的部件上均匀布满冷凝水，这样为正常，空气湿度大时多，反之较少。如果一半没有就可能是缺制冷剂。如局部结霜或结冰也不正常
(4)四查：使用半年以上的用户可查看室内机的管道接头和室外机阀门处是否有明显的漏油迹象。如有明显的漏油现象则表明机器有泄漏，因为油氟互溶，漏油必漏氟，漏氟必漏油

注意事项
(1)只允许合格的人员操作该设备
(2)禁止向加满的存储罐里充注或添加制冷剂
(3)只允许经过许可的器皿充注制冷剂
(4)必须佩戴防护装备(护目镜、防护手套)
(5)避免延长线缆的使用

轮胎平衡操作：
详见制冷机回收加注机(AC350C)操作相关知识

得分		考评人签名		日期	年	月	日

制冷机回收加注机（AC350C）操作相关知识

1. 制冷剂回收操作

对于符合规定的制冷剂，使用制冷剂回收加注机（AC350C）进行回收（图6-57、图6-58）。

(1) 开机准备。将AC350C的电源插头接在220V电源上，转动电源开关，操作界面显示主菜单，包括储罐重量和储罐内部的制冷剂重量（图6-59）。

(2) 排气。此步骤是对AC350C自身进行排气、清理，应在30s内完成。操作方法：
① 按下排气键，设备进行排气，2s后完成。
② 按下确认键。

图 6-57　AC350C 实物

图 6-58　AC350C 操作面板

(3) 回收。此步骤是将车辆空调系统的制冷剂回收到 AC350C 中。操作方法：

① 按下回收键，然后按界面提示接好管路及接头。

② 设定制冷剂的回收量：利用数字键输入制冷剂重量，按下确认键。

③ 界面显示"清理管路 1 分钟"。设备开始自动进行清理，然后进行回收（图 6-60）。

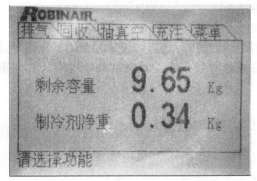

图 6-59　操作界面显示主菜单

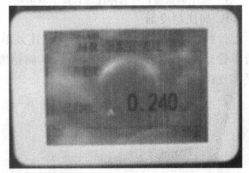

图 6-60　正在进行制冷剂回收

2. 完成回收作业

当界面显示"回收完成"后，按下确认键。

3. 制冷剂净化作业

(1) 净化作业准备及开始　在完成制冷剂回收之后，按下 AC350C 的确认键，AC350C 开始进行排油。完成后（约 10s），必要时记录排油量。

(2) 纯度指标检测　使用制冷剂鉴别仪（16910）对加收的制冷剂进行检测。根据检测结果得出结论。

(3) 净化操作　若制冷剂纯度达不到要求，则继续进行净化。

4. 加注作业

(1) 加注作业准备及开始　制冷剂净化作业之后，若没有拆卸相关管路，可直接进行下面步骤。

(2) 检漏　在抽真空之后，可通过保压来进行检漏。

(3) 视情清洗。

(4) 抽真空。

① 在 AC350C 完成排油之后,按下确认键,进入抽真空操作菜单。此时利用数字键设定抽空时间。按下确认键,AC350C 开始抽真空,时间到,即完成(图 6-61)。

② 根据界面提示信息,按下确认键,进行保压。保压时间固定为 3min(图 6-62)。

图 6-61　正在抽真空

图 6-62　正在进行保压

5. 补充冷冻油

在补充冷冻油之前,确认冷冻油的贮罐按下确认键,进行注油(见图 6-63)。通过观察油瓶的油面变化确定已加注的油量。当达到要求的注油时,停止注油。

注:按下确认键,可暂停注油;按下取消键,可结束注油。

6. 加注制冷剂

(1) 按下确认键,进入制冷剂充注菜单,按操作信息进行相应的设置:关闭低压阀,进行单管充注;设定充注重量(对照车辆铭牌信息或查看数据库,并通过数字键输入充注重量),按下确认键(图 6-64)。

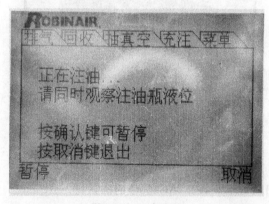
图 6-63　正在注油

图 6-64　设定制冷剂的充注重量

(2) 设备开始进行充注。充注完成后,关闭阀门(图 6-65)。

(3) 按下确认键。设备开始清理管路,2min 后自动完成(图 6-66)。

(4) 按下确认键,返回主菜单。

7. 空调系统性能检验

完成制冷剂加注作业后,应进行检验。

(1) 在制冷装置工作状态下,用检漏设备检测加注阀处有无泄漏。

(2) 制冷装置高、低压侧压力及空调出风口温度检测应根据汽车制造厂商的要求进行。可参照以下方法。

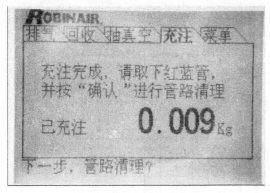

图 6-65 制冷剂充注完成

图 6-66 清理管路

① 车辆停放在阴凉处，将干湿球温度计放置在空调进风口位置。
② 打开车窗、车门。
③ 打开发动机盖。
④ 打开所有空调出风口，调节到全开。
⑤ 设置空调控制器。
——外循环位置；
——强冷；
——A/C 开；
——风机转速最高（HI）；
——若是自动空调应设为手动并将温度设定为最低值。
⑥ 将温度计探头放置在空调出风口内 50mm 处。
⑦ 启动发动机，将发动机转速控制在 1500～2000r/min，使压力表指针稳定。
⑧ 待温度计显示数值趋于稳定后，读取压力表和温度计的显示值，将所测得的高、低侧压力、相对湿度、空调进风温度、出风温度与汽车制造商提供的空调性能参数或图表上的参数比较（图 6-67、图 6-68），如压力表、温度计显示的高、低侧压力和空调出风温度不在规定的范围内，应对制冷装置做进一步的诊断和检修。

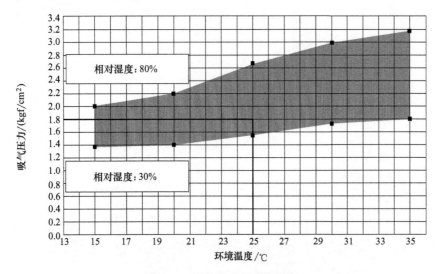

图 6-67 吸气压力与环境温度

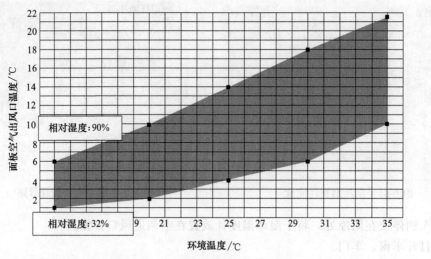

图 6-68 空调出风温度与环境温度

8. 完成加注作业

确认空调系统工作正常,加注作业完成。

六、万用表的使用

项目卡号：006

班级		姓名		学号		
类别	常用汽车维修保养设备		项目		万用表的使用	
			考试时间		年　月　日	

目的和要求
(1)万用表性能及使用
(2)万用表操作流程及注意事项

设备及用途
(1)测电阻；　　(2)测直流电压；　　(3)测交流电压；　　(4)测直流电流；
(5)测直流电流；(6)测温度；　　　　(7)测电容等

技术参数：
　　详见万用表的使用相关知识

注意事项
(1)使用万用表之前,应充分了解各转换开关、专用插口、测量插孔以及相应附件的作用,了解其刻度盘的读数
(2)万用表在使用时一般应水平放置在无干燥、无振动、无强磁场的条件下
(3)测量完毕,应将量程选择开关调到最大电压挡,防止下次开始测量时不慎烧坏万用表

轮胎平衡操作：
　　详见万用表的使用相关知识

得分		考评人签名		日期	年　月　日

  万用表的使用相关知识

1. 简介

万用表又叫多用表、三用表、复用表。万用表分为指针式万用表和数字式万用表,是一种多功能、多量程的测量仪表。一般万用表可测量直流电流、直流电压、交流电流、交流电压、电阻和音频电平等,有的还可以测交流电流、电容量、电感量及半导体的一些参数。如图 6-69 所示。

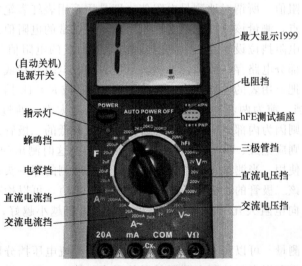

图 6-69　万用表

2. 挡位说明

(1) 交流电压挡位：把转换开关拨动到交流电压挡，表笔分红表笔和黑表笔，红表笔一般接正极（＋），黑表笔一般接负极（－）或者地（COM），交流电无正负之分，像市电 220V 就是交流电，两个表笔插入电源插座孔中即可显示电压数值，注意，红黑表笔不能短接，否则，会引起短路跳闸现象。

(2) 手不能触摸表笔的金属部分，以免造成人身伤害。

(3) 直流电压挡位：直流电压就是经过电子元器件整流过的电压，一般常见的直流电压有 2V、20V、200V、1000V，测量时，把转换开关拨到直流电压挡，红笔接测量点，黑笔接地（COM），屏幕上显示的就是当前的直流电压。

(4) 欧姆挡位：此挡位是测量电阻的，将转动开关拨至欧姆挡，红黑表笔接到电阻两端的金属部分，屏幕即可显示电阻数值，此万用表是自适应测量范围，应当注意量程的选择，测电压一般情况下是从小到大的调试。

(5) 二极管挡位：此挡位是测量电路的二极管是否烧坏，转动开关是在二极管挡位，二极管具有单向导通性质，红笔接＋极，黑笔接－极，处于导通，红笔接－极，黑笔接＋极，处于不导通状态。

(6) 蜂鸣挡：主要测量电路中是否有短路或者断路的情况，转动开关蜂鸣挡位，测量方法很简单，红笔接导线的 A 端，黑笔接导线的 B 端，蜂鸣器响，证明线是通的，蜂鸣器不响，证明线是开路的，意思就是 A 和 B 直接是断开的状态。

(7) 电容挡位，此挡位是测量电容值的，转动开关拨至电容挡，一般情况下，红表笔接＋极，黑表笔接－极，屏幕上显示的数值就是电容值，和电容体上标示的是差不多的数值。

(8) 电流挡位：转动开关拨至电流挡，测量方法为，将红表笔插头插到"A"孔中，红表笔和黑表笔分别串联到电路中，即可显示电路中的电流值，一般情况下，很少用到此挡。

3. 方法/步骤

(1) 电阻的测量　用万用表测量电阻时，首先应该将表笔短接，拧动调零电位器调零，使指针在欧姆零位上。而且每次换挡之后也需重新调整调零电位器调零。在选择欧姆挡位时，尽量选择被测阻值在接近表盘中心阻值读数的位置，以提高测试结果的精确度；如果被测电阻在电路板上，则应焊开其中一脚方可测试，否则被测电阻有其他分流器件，读数不准确！测量阻值电阻时，不要两手手指分别接触表笔与电阻的脚，防止增加误差。

(2) 对地测量电阻值　所谓对地测量电阻值，即是用万用表红表笔接地，黑表笔接被测量的元件的其中一个点，测量该点在电路对地电阻值，与正常的电阻值进行比较来断定故障的范围。在测量时，电阻挡位设置在 $R \times 1k$ 挡，当测得的点的电阻值与正常的比较相差较大的情况下，说明该部分电路存在故障，如滤波电空漏电，电阻开路或集成 IC 损坏等。

晶体管的测量：把万用表的量程转换到欧姆挡 $R \times 100$ 或 $R \times 1k$ 挡来测量二极管。不能用 $R \times 10$，$R \times 10k$ 挡。前为两者一个电阻太小，一个电阻太大，通过二极管的电流太大，易损坏二极管，后者则因为内部电压较高，容易击穿耐压较低的二极管。如果测出的电阻只有几百欧到几千欧，则应把红、黑表笔对换一下再测，如果这时测出的电阻值是几百千欧，说明这只二极管可以使用。当测量正向电阻值时，红表笔所测的那一头是二极管的负极，而黑表笔所测的一头是该二极管的正极。通过测量正反向电阻值，可以检查二极管的好坏，一般要求反向电阻比正向电阻大几百倍。也就是说，正向电阻越小越好，反向电阻则是越大越好。

(3) 交流电压的测量　可以用万用表的直流电压挡和交流电压挡分别测量直流和交流电的电压值，测的时候把万用表与被测电路以并联的形式连接上。要选择表头指针接近满刻度偏转 2/3 的量程。如果电路上的电压大小估计不出来,就要先用大的量程,粗略测量后再用合适的量程,这样可以防止由于电压过高而损坏万用表。在测量直流电压时,要把万用表的红表笔触在被测的电路正极,而把黑笔触到电路的负极上,千万不能搞反。在测量比较高的电压时应该特别注意两只手分别握住红、黑表笔的绝缘部分去测量,或先将一支表笔固定在一端,而后触及被测试点。

(4) 充电变压器的测量　可以在变压器不通电情况下用万用表的欧姆挡初步估计一下其好与坏。先将万用表选择在 $R\times10\Omega$,测量一下变压器初级线圈的直流电阻值,一般在几百欧到几千欧,如果测量出的数值是无穷大,则说明该线圈已经断路,不能再使用。然后再测试一下初级线圈和次级线圈之间的绝缘电阻值,应是越大越好。如果阻值小说明初次级之间的绝缘不良,也不能使用。以上测量如果都是良好,就可以将变压器接上电源测量其输出电压值,对带有滤波电路的变压器要注意红、黑表笔应该正确地分别放在电压输出端的正负极上,如果被测量出的输出电压正常,说明该变压器的性能良好。这方面通常用在手机充电器上。

注意事项

・使用万用表之前,应充分了解各转换开关、专用插口、测量插孔以及相应附件的作用,了解其刻度盘的读数。

・万用表在使用时一般应水平放置在无干燥、无振动、无强磁场的条件下使用。

・测量完毕,应将量程选择开关调到最大电压挡,防止下次开始测量时不慎烧坏万用表。

参 考 文 献

[1] 郑劲，张子成. 汽车底盘电控系统与检修. 北京：化学工业出版社，2015.
[2] 索文义，代洪. 汽车电器设备电路与维修. 北京：化学工业出版社，2013.
[3] 姚焕新，刘红. 汽车发动机电控系统检测与维修. 哈尔滨：哈尔滨工业大学出版社，2013.
[4] 郑劲，张子成. 汽车发动机构造与维修. 北京：化学工业出版社，2010.
[5] 郑劲，胡天明. 汽车底盘构造与维修. 北京：化学工业出版社，2014.